Knaur

W0294909

Über die Autorin:

Lillian Too studierte Betriebswirtschaft in Harvard. In den 80er Jahren war sie Direktorin einer Hongkonger Bank, später wurde sie in den Vorstand einer Hongkonger Einzelhandelskette mit Milliardenumsätzen berufen. Heute leitet sie in Malaysia einen Verlag und eine Investmentfirma. Sie hat zahlreiche Bücher verfaßt und berät Großunternehmen bei Bauvorhaben.

Lillian Too

Feng Shui konkret

Ba Gua und Lo Shu –
die Hauptwerkzeuge der Feng-Shui-Praxis

Aus dem Amerikanischen
von Marie-Therese Hartogs

Knaur

Die amerikanische Originalausgabe erschien 1997
unter dem Titel »Applied Feng Shui« bei Konsep Books, Malaysia

Besuchen Sie uns im Internet: www.droemer-knaur.de

Deutsche Erstausgabe Oktober 1999
Copyright © 1993 Lillian Too
Copyright © 1999 der deutschsprachigen Ausgabe
Droemersche Verlagsanstalt Th. Knaur Nachf., München
Alle Rechte vorbehalten. Das Werk darf – auch teilweise –
nur mit Genehmigung des Verlages wiedergegeben werden.
Umschlaggestaltung: Susannah zu Knyphausen
Redaktion: Claudia Alt
Layout: Sabine Hüttenkofer
Druck und Bindung: Ebner Ulm
Printed in Germany
ISBN 3-426-76206-4

5 4 3 2 1

Inhaltsverzeichnis

Danksagung

Diesen Folgeband zu meinem Feng-Shui-Einsteigerbuch zu schreiben hat mir sehr viel Freude bereitet, und ich stehe in der Schuld meines geschätzten Meisters Yap Cheng Hai, dem ich nicht nur für seine außerordentliche Großzügigkeit danken möchte, daß er mich und durch mich wiederum meine Leser an den geheimen Formeln des Ba-Gua-Lo-Shu-Feng-Shui teilhaben läßt, sondern auch für seine himmlische Geduld im Erklären, Deuten und Überprüfen der Formeln und alten Texte.
Auch dem Präsidenten der Malaysian Chinese Association, YB. Datuk Seri Dr. Ling Liong Sik, möchte ich meine Dankbarkeit dafür zum Ausdruck bringen, daß auf einem Kongreß am 20. Februar 1993 Feng Shui duch seine Initiative ausführlich thematisiert wurde. Seine Unterstützung war für mich unsagbar wertvoll und ermutigend.
Große Anerkennung gilt auch einem Freund aus alten Tagen, Syed Adam Al-Jafri, einem bekannten Buchkritiker und Autor, für das hervorragende Vorwort, das er zu diesem Band verfaßt

hat, ebenso wie meinem neugewonnenen Freund, Atok Ilhan, dem Länderchef der Phillips-Unternehmensgruppe, der mein erstes Buch gelesen hat. Seiner Liebenswürdigkeit verdanke ich eine großartige kritische Betrachtung zu dem vorliegenden Buch. Allen, die mir mit ihren wertvollen und bereichernden Hinweisen und Überarbeitungen geholfen haben, möchte ich an dieser Stelle meinen tiefen Dank aussprechen. Ebenso den Hunderten von Menschen, die mir Erfolg wünschten, sowie den Lesern meiner ersten Bücher, von denen ich ein so fabelhaftes und zugleich anregendes Feedback bekam. Ich bin wirklich froh, daß Feng Shui ihnen ganz offensichtlich geholfen hat, und danke allen dafür, daß sie mich an ihren Erfahrungen haben teilnehmen lassen.

Lillian Too

Juli 1993

Was ist die Kompaß-Schule des Feng Shui?

Feng Shui ist die Kunst, sich Wind und Wasser zunutze zu machen. Feng Shui läßt uns den lebenswichtigen kosmischen Atem des Drachen einfangen – das Qi oder die alles treibende und bewegende Kraft in der Natur, im Freien wie in geschlossenen Räumen, zu Wasser, zu Land und in den Bergen ...
Qi ist überall.
Qi ist die unsichtbare Energie, die im menschlichen Körper pulsiert und die Landschaften dieser Welt mit Klang erfüllt – immer in Bewegung, umherwirbelnd, kreisend ... und sich schließlich niederlassend. Und wo immer sie sich niederläßt oder Qi entsteht, wird eine besondere Energieform freigesetzt, die wie ein Magnet Glück und Fülle anzieht, Gesundheit und Lebenskraft beschert und enormen Reichtum und Wohlstand schafft.
Das Schicksal des Menschen nimmt einen weitaus günstigeren Verlauf, wenn das Qi durch die praktische Anwendung von Feng Shui geschickt gebündelt und kanalisiert wird.

Ursprünglich richtete sich das hauptsächliche Interesse auf das Landschafts-Feng-Shui, bei dem die Formen und Umrisse der Berge und die Richtungen der Wasserläufe im Mittelpunkt aller Betrachtungen standen. Im Lauf der Jahrhunderte erkannten die Meister dieser Kunst jedoch, daß das Schicksal des Menschen in positivere Bahnen gelenkt werden kann, wenn das Qi der Umgebung mit dem Qi des einzelnen möglichst exakt in Übereinstimmung gebracht wird. Vor diesem Hintergrund entstand die Kompaß-Schule des Feng Shui.
Dieses Buch umfaßt eine der effizientesten klassischen Methoden der Kompaß-Schule. Sie bedient sich des Ba-Gua-Symbols mit seinen acht Trigrammen in Kombination mit dem magischen Lo-Shu-Quadrat. Diese faszinierenden Geheimformeln wurden alten handschriftlichen Texten entnommen, die während der Qianlong-Zeit unter der Qing-Dynastie entstanden sind. Auf den nachfolgenden Seiten werden sie vereinfacht dargestellt und ausführlich erläutert.
Benutzen Sie dieses Buch, um Ihre persönlichen Richtungen zu bestimmen und Ihr eigenes Qi mit dem Ihrer Umgebung in Einklang zu bringen. Damit schaffen Sie sich selbst ein optimales Feng Shui in allen Bereichen und Situationen Ihres Lebens.

Ein willkommener Folgeband

Lillian Toos bemerkenswertes Buch über Feng Shui eröffnet außergewöhnliche neue Einblicke in dieses alte chinesische Verfahren. Mein Leben und Arbeiten in diesem Teil der Welt hat mich zu der Überzeugung gebracht, daß es sich lohnt, tiefer in das Wesen des Feng Shui einzudringen; ich habe seine geheimnisvollen Kräfte in vielen Fällen und so manchen Situationen wirken sehen und hege heute keinerlei Zweifel daran, daß es tatsächlich gutes und schlechtes Feng Shui gibt. Ich habe auch herausgefunden, daß vieles im Feng Shui so logisch und folgerichtig ist, daß Geschäftsleute und karrierebewußte Manager es im Beruf durchaus vorteilhaft einsetzen können, um Glück und Erfolg in ihr Leben zu rufen.

Feng Shui ist ein überaus komplexes Thema, das Hintergrundkenntnisse der chinesischen metaphysischen Wissenschaften voraussetzt. Mit ihren ersten Büchern hat Lillian eine gründliche und umfassende Einführung in dieses Gebiet geliefert. Somit ist ihr neues Buch ein willkommener Folgeband.

Hier vertieft sie nun das Thema und konzentriert sich im wesentlichen auf Formeln und Methoden der Kompaß-Schule, die aus alten Texten entnommen wurden. Dabei werden Geburtsdaten herangezogen, um günstige und ungünstige Richtungen zu ermitteln. Die Bedeutung der beiden kraftvollen chinesischen Symbole, die den benutzten Ansätzen zugrunde liegen, kommen in dem Begriff des Ba-Gua-Lo-Shu-Feng-Shui besonders gut zum Ausdruck.
Lillian Too schreibt in ansprechender und leicht verständlicher Weise. Ihre Bücher sind gut strukturiert und mit zahlreichen Abbildungen versehen, so daß man sich mühelos in die Materie einliest. Darüber hinaus wird der Leser mit netten Anekdoten aus dem Alltag und Geschäftsleben unterhalten.
Da ich Lillian persönlich kenne und die hervorragende Qualität ihrer ersten Bücher beurteilen kann, bin ich davon überzeugt, daß auch der vorliegende Band viele sensationelle neue Erkenntnisse in der praktischen Anwendung des Feng Shui vermittelt.

Atok Ilhan
Generaldirektor der PHILLIPS GROUP OF COMPANIES in Malaysia,
Präsident der Internationalen Industrie- und Handelskammer von Malaysia

Vorwort

Mit der ihr eigenen Liebenswürdigkeit hat mich die Autorin gebeten, ein Vorwort zu ihrem großartigen neuen Buch über Feng Shui zu verfassen. Ich bin dieser Bitte nachgekommen, denn meine anfängliche Furcht, dieser Aufgabe nicht gewachsen zu sein, trat hinter der Aussicht zurück, für mich persönlich etwas Gutes und Nützliches dabei zu lernen.

Aus meiner begrenzten Sicht heraus liegt die eigentliche Attraktion ihrer Bücher darin, daß es Lillian Too gelungen ist, sprachliche, kulturelle und philosophische Abgründe zu überbrücken, und das in einer Welt, in der nur noch über Elektronik und Satelliten miteinander kommuniziert wird und die Verständigung der Menschen untereinander in den Hintergrund gedrängt zu sein scheint – eine gefährliche und gleichzeitig traurige Entwicklung.

Feng Shui bietet ein in sich stimmiges System von Hilfestellungen, das die Grenzen von Kultur und Zivilisation auf dem Weg zur spirituellen Reife transzendiert. Allzu lange wurde die

Weisheit der alten chinesischen Gelehrten und Weisen so beschrieben und ausgelegt, daß sie so gut wie ausschließlich Chinesen (mit Ausnahme einiger ausländischer Gelehrter) sowie Gesellschaften mit starker chinesischer Prägung in Kultur und Alltag wie beispielsweise Korea, Japan, Taiwan, Hongkong, Singapur vorbehalten blieb.
In einer Zeit des rasanten Wachstums in eine globale und weltweite Vernetzung hinein, ist es Lillian Toos besonderes Verdienst, das sprachlich verschlüsselte Wissen, die Philosophie und Praxis des Feng Shui übertragen und dargestellt zu haben; dabei hat sie große Klarheit in Ausdruck und Sprache unserer heutigen Zeit (und vielleicht auch der morgigen) bewiesen, ohne sich vom Kern der Sache zu entfernen.
Lillian Toos Werk baut auf der grundsätzlichen Vernetzung von Gesellschaft und Weltzivilisation auf, wie sie schon in längst vergessenen Zeiten aus grauer Vergangenheit bestand und auch heute noch besteht. Ihre Leistung erinnert mich an große Gelehrte wie den arabischen Schriftsteller Averroës alias Abu-al-Walid Muhd aus dem zwölften Jahrhundert und den Schweizer Psychoanalytiker Carl Gustav Jung. Averroës warf die Möglichkeit einer »Weltseele« auf und bemühte sich darum, die griechische und islamische Philosophie zusammenzubringen. C. G. Jung mit seiner Theorie vom »kollektiven Unbewußten« in unterschiedlichen Gesellschaften, Kulturräumen und Zivilisationen war der Wegbereiter der analytischen Psychologie. Später wandte er sich der Anthropologie und dem Okkulten zu, um sein Konzept von den Archetypen zu entwickeln, die als universale Symbole im kollektiven Unbewußten aller Menschen existieren.
Feng Shui ist keine Wissenschaft, die sich ohne weiteres mit dem logischen Verstand erschließen läßt. Es erfordert zumindest anfänglich ein gewisses Maß an Glauben und Vertrauen

in die Richtigkeit seiner Grundsätze. Aus dieser Sicht heraus ist die Menschheit in drei Gruppen gespalten, was ihre Beziehung zu dieser populärwissenschaftlichen Weisheitslehre Chinas betrifft:

In der ersten Gruppe finden wir diejenigen, die an Feng Shui glauben und es aus einem schlichten Verständnis heraus (oder sogar auch ohne das) annehmen; mit dieser Akzeptanz fühlen sie sich ihm auch gleichzeitig verpflichtet. Das hat den Vorteil, daß sie diesen Glauben in ihre Beobachtungen und Entscheidungen einbinden können.

Die zweite Gruppe umfaßt die Ungläubigen, die sich hauptsächlich von irgendeiner Form wissenschaftlicher (westlicher) Logik angezogen fühlen. Rein sachlich gesehen, ist Feng Shui für sie unakzeptabel und gilt allenfalls als eine schematisierte Idee oder Sammlung von Prinzipien. Mithin verwerfen sie Feng Shui kategorisch als etwas vom Spirituellen weit Entferntes und wissenschaftlich völlig Absurdes!

Die dritte Gruppe dürfte wohl von diesem Buch am meisten profitieren, nämlich all jene Menschen, die – manche sagen vielleicht glücklicherweise – noch nie etwas von Feng Shui gehört haben. Das mag zum Teil auf deren agnostizistische Einstellung zurückzuführen sein, der zufolge der Mensch eben nichts über Dinge jenseits des systematisch Erfahrbaren wissen kann. Zum größten Teil geben sich die Vertreter dieser Gruppe eher zurückhaltend als ablehnend, und in der Regel sind sie offen für Anregungen und bereit, Neues zu lernen. Solche Menschen lassen sich überzeugen, sind erst einmal die sprachlichen und kulturellen Barrieren durch Bücher dieser Art überwunden, besonders wenn sie von einer Autorin verfaßt sind, die ihre Glaubwürdigkeit unter Beweis stellt und eindrucksvoll zu dokumentieren vermag, daß eine Auseinander-

setzung mit diesem Thema in ein fundiertes, umfassendes Wissen vereint mit praktischem Können münden kann.
Feng Shui ist ein Symbol der chinesischen »Wissenschaft«, ebenso wie das elektromagnetische Spektrum ein Repräsentant der westlichen Wissenschaft ist. Bei letzterem machen die sichtbaren Lichtschwingungen nur einen winzigen Teil der gesamten Bandbreite der Emissionen aus. Der Rest – angefangen von den kürzesten bis hin zu den längsten Wellen – ist im allgemeinen für das menschliche Auge nicht sichtbar; und dennoch wird er weitestgehend als existent akzeptiert.
Die Tatsache, daß ein Großteil der Wellen unsichtbar ist, war hier nie ein Grund zur Ablehnung oder Verwerfung. Nehmen wir hingegen das Qi (Kräftelinien, Energie, Erdströmungen oder noch anschaulicher ausgedrückt »den kosmischen Atem des Drachen«) und das Feng Shui, so haben wir es hier mit noch unerforschten dynamischen Energien und Kräften zu tun, die zwischen Himmel und Erde auftreten und vergleichbar sind mit jenen Phänomenen, die wir im elektromagnetischen Spektrum mittels Apparaten und Instrumenten meßbar machen konnten. Die vielfältigen Möglichkeiten und sichtbaren Wirkungen von Feng Shui sind mithin vergleichbar mit der technologischen Beherrschung und Ausnutzung von elektromagnetischen Energien, die uns in den modernen Geräten von der Mikrowelle und dem CD-Spieler bis hin zu Radios und Fernsehern begegnen. Und genau wie hier elektromagnetische Emissionen zugleich produktiv und destruktiv sein können, so können auch das Qi und das Feng Shui sowohl segensreiche als auch verheerende Folgen haben. Das ist es, was die Chinesen so anschaulich als Glück und Unglück deuten!
Für den nichtchinesischen Leser dürfte die Fülle an volkstümlichen Überlieferungen aus China mit Mythen und Legenden, Anekdoten und bodenständigen Deutungen eine Quelle zu-

sätzlichen Interesses sein; und der unvoreingenommene ausländische Leser von Lillian Toos Werken wird zweifellos Parallelen in seinem eigenen Kulturkreis wiederfinden.
Mit diesem Buch können Sie somit eine wunderbare Reise ins Grenzenlose antreten und dabei die Menschheit besser verstehen lernen. Vielleicht können Sie gar durch die praktische Anwendung von Feng Shui Einfluß auf den Lauf der Dinge nehmen, die Höhen und Tiefen des eigenen Lebens besser erfassen und sich am Ende mit jedem einzelnen Augenblick Ihres Seins in Einklang wissen.

Tuan Syed Adam Aljafri
BA Hons & MA (Yale). Msc (Economics) (London)
Petaling Jaya 1993

Teil I

Die Philosophie des Feng Shui

1. Die Grundlagen des Feng Shui

Das kosmische QI

Feng Shui findet seinen schönsten Ausdruck im Fließen unsichtbarer Energien, die Himmel und Erde sachte durchstreichen, auf ihren Wassern treiben und, mit sanfter Brise weitergetragen, reichlich Glück und Wohlstand mit sich bringen, wo immer sie strömen und sich niederlassen mögen ...
Bei den Chinesen heißt diese Energie *Qi*.
Denken Sie an für die Augen nicht erkennbare feine Kräfte, die überall im menschlichen Körper und in der Umwelt zirkulieren, unsichtbar und unbemerkt, aber allzeit wirksam. Sie sind vergleichbar mit den Radiowellen, den Telekommunikationssignalen, dem Radar, den magnetischen Schwingungen ... Yoga-Anhänger bezeichnen sie als Prana, jenen inneren Atem, der den menschlichen Körper auf geheimnisvolle Weise energetisiert und ihm ganz besondere Stärke und außerordentliche Vitalität verleiht.
Für die Chinesen ist das Qi die geheimnisvolle innere Energie, die den Menschen Kraft und Lebendigkeit gibt. Qi entsteht, wenn ein erfahrener Mönch in tiefer Meditation seinen Atem

unter Kontrolle hält, wenn ein Kung-Fu-Meister einen zielsicheren Schlag austeilt, wenn der Künstler und Kalligraph einen besonders feinen Federstrich zu Papier bringt. Bei jeder dieser Tätigkeiten schwingt eine besondere Art innerer Vitalität in der Bewegung mit. Sie setzt ein einzigartiges Potential, eine Wirkkraft frei, welche die Atmung, den Schlag und den Federstrich begleitet und jede der Handlungen für sich unverwechselbar und unübertrefflich werden läßt. Somit sind dies alles Manifestationen des Qi im Menschen.

Im Feng Shui ist das Qi die in der Natur zirkulierende und sich bewegende Kraft, allzeit präsent in Innenräumen wie im Freien, zu Land, zu Wasser, jenseits der Berge ... Das Qi ist überall. Qi ist die unsichtbare Energie, die über die Länder und Kontinente dieser Welt ihre Schwingung ausbreitet – treibend, wirbelnd und sich zerstreuend oder zirkulierend und sich niederlassend. Und wo immer sich das Qi niederläßt, bringt es jene besondere Art von Energie mit sich, die außerordentlich großes Glück anzieht.

Beim Feng Shui oder der Kunst, sich »Wind und Wasser« zunutze zu machen, geht es im Prinzip um nichts anderes, als das Qi einzufangen oder zu erzeugen. Die alten Weisen Chinas sehen im Qi den »kosmischen Atem des Drachen« und sprechen ihm viele magische Bedeutungen zu, wie sie in der Lyrik ihren Ausdruck finden. Die chinesische Literatur ist reich an ungewöhnlichen Erklärungen, wie durch Ausgewogenheit und Harmonie in der Natur ein sprudelnder Quell von Qi-Energie entsteht. Diesen unsichtbaren Strömungen schrieben die Chinesen die kapriziösen Machenschaften von Himmel und Erde mit all ihren Auswirkungen auf das Schicksal der Menschheit zu. So betrachteten sie ihr Schicksal als ein mit den kreativen und destruktiven Kräften der Natur unentwirrbar verwobenes Los.

Aus diesem Verständnis heraus suchten sie zwangsläufig nach Erklärungsmustern in der Landschaftsform und dem Verlauf von Flüssen und Bergketten. Sie verglichen vieles aus der Natur und ihrem Gepräge mit animistischen Mächten – Drachen, Tigern, Phönixen und Schildkröten – und gingen der Frage nach, wie diese Tiere, allen voran der himmlische Drache, das Qi ein- und ausatmeten – jenes Elixier, das die Vitalkräfte des Lebens stimuliert.
Man glaubte, das Qi sei die Kraft, die die Welt und ihr Landschaftsgepräge, die Berge und Flüsse, Hügel und Täler, entstehen ließ. Das Qi bestimme die Konturen, Formen und Farben unserer Natur ebenso wie das gesunde Wachstum der Pflanzen und Bäume und aller darin lebenden Wesen bis hin zum Menschen.
Beim Menschen ist das Qi dieser Geist, der sein Denken und Verhalten prägt. Die Intensität seines Strahlens oder Nichtstrahlens im vergänglichen Körper ist entscheidend für das Heilsein und die Vitalität des einzelnen. Die Weisen Chinas strebten nach Vollkommenheit, indem sie das Qi im Inneren in Balance hielten, so daß es reibungslos und ungehindert den Körper durchfließen und dabei eine Aura von pulsierender Energie entstehen lassen konnte.
Das Qi im Menschen ist quantitativ und qualitativ von Person zu Person unterschiedlich. Sehr oft treten Blockaden in den Qi-Strömen auf und verursachen Beschwerden, die wiederum Negatives nach sich ziehen. So wurden Techniken entwickelt, um den Qi-Fluß im menschlichen Organismus zu verbessern, beispielsweise durch meditative Übungen, Kung-Fu-Kampfkünste oder eine besonders kontrollierte Atmung.
Die Optimierung des inneren Qi-Flusses allein genügte jedoch nicht; der Mensch mußte auch mit Natur und Umwelt in Einklang leben. Das Qi im menschlichen Körper mußte also in Har-

monie mit dem Qi seines unmittelbaren Umfelds stehen. Das Qi im Haus und das Qi im Menschen mußten reibungslos fließen können und sich im Gleichklang miteinander bewegen. Heute wissen wir, daß diese harmonische Interaktion der zwei Qi-Arten genau das ist, was gutes Feng Shui ausmacht.
Feng Shui heißt, mit seiner Umwelt in Einklang zu leben, sich an dem Ort, den wir unser Zuhause nennen, wohl zu fühlen und sich entspannen zu können sowie voller Lebenskraft zu sein. In diesem Sinne kann uns Feng Shui Fülle und Glück bescheren.
Anfänglich gab es im Feng Shui bestimmte Leitlinien, nach denen man die Orte mit dem bestem Landschafts-Qi ermitteln konnte. Die ältesten Hinweise auf dieses Verfahren gehen auf die Tang-Dynastie in der Zeit um das neunte Jahrhundert nach der Zeitenwende zurück, als der brillante Berater am kaiserlichen Hof, Meister Yang Yun Sang, eine Reihe von Schriften verfaßte, in denen spezifische Leitlinien für das Landschafts-Feng-Shui niedergelegt waren. Der Schwerpunkt seines Ansatzes lag auf den Konturen der Berge und den Windungen der Wasserläufe.
Im Lauf der Jahrhunderte hat man jedoch erkannt, daß es gleichermaßen wichtig für das Schicksal des Menschen ist, das Qi der Natur mit dem Qi des einzelnen abzustimmen. Es ging also darum, das Qi des Menschen mit dem der Landschaft und des Gebäudes, in dem er lebte, in Einklang zu bringen. Nur so konnten alle Vorteile und der ganze Segen des Feng Shui genutzt und erschlossen werden.
Aus den Erkenntnissen der Formen-Schule hat sich mit der Zeit die Kompaß-Schule des Feng Shui herauskristallisiert. Mit den farbenfrohen Tiersymbolen und der Betonung des sogenannten Drachen- und Tigerpaars (Grüner Drache/Weißer Tiger) hat erstere das Landschaftsbild nach seinen Qi-Strömungen zu erklären versucht. Man schrieb einem Ort gutes oder schlech-

tes Feng Shui zu, je nachdem, wie die ihn umgebenden Hügel sich gegenüberstanden oder welchen Lauf die Flüsse darin nahmen.

Erst sehr viele Generationen später hat die Kompaß-Schule des Feng Shui den Versuch unternommen, die Qi-Strömungen der Landschaft mit denjenigen im menschlichen Organismus in Verbindung zu bringen. Hierbei wurde dem Bestreben Ausdruck verliehen, das Horoskop des einzelnen und die damit einhergehenden Eigenschaften und Elemente mit den Qi-Strömen der Erde und ihren Landschaften in Übereinstimmung zu bringen.

Diese zweite Schule benutzte das achtseitige Ba-Gua-Symbol mit seinen acht Trigrammen und kombinierte es mit dem magischen Lo-Shu-Quadrat. Damit war eine Methode gefunden, solche Himmelsrichtungen aufzuzeigen, die den einzelnen harmonisch in seine Umgebung einbanden.

Die so formulierten Leitsätze bildeten die Grundlage für die Planung von Yang-Gebäuden (das heißt Häusern, Räumen und Arbeitsplätzen im modernen Sinne), für die Anordnung der Räume verschiedener Familienmitglieder, für die Ausrichtung von Türen und Schlafzimmern, Küchen und Eingängen, ja sogar für Reise- und Umzugsrichtungen. Die Aussagen hingen großteils davon ab, wie man das Lo-Shu-Quadrat auf das Ba Gua der späteren Himmelssequenz legte und welche Zahlen sich dabei für die einzelnen Himmelsrichtungen ergaben.

Die Erfindung des Lopan, der als geomantischer Kompaß der Chinesen bekannt wurde, verdanken wir den Meistern der Kompaß-Schule und ihrer praktischen Erfahrung. Für Laien erfordert der Kompaß (und es gibt viele verschiedene Versionen davon) jedoch detailliertes Wissen von allzu vielen, allzu komplexen Zusammenhängen. Im allgemeinen wächst dem Feng-Shui-Anfänger die Aufgabe über den Kopf, die Symbolik der

Elemente, der Sterne und der Richtungen, der himmlischen Stämme und irdischen Zweige, die den Inhalt der vielen Ringe des Geomantie-Kompasses ausmachen, zu deuten.
Deshalb erschien es sinnvoll, die Theorie der Kompaß-Schule praxisnäher zu erläutern, das System schrittweise zu vereinfachen und übersichtliche Referenztabellen zusammenzustellen, die dem Anwender folgende Möglichkeiten bieten:

1. die jeweils günstigen und ungünstigen Richtungen und Orte zu ermitteln;
2. in ein Kurzstudium der Grundlagen und Philosophie des Feng Shui einzusteigen und auf diese Weise zumindest ein Verständnis der Prinzipien zu gewinnen, die im wesentlichen zu den Aussagen dieser Tabellen geführt haben;
3. sich mit dem authentischen Lopan vertraut zu machen, bevor ein westlicher Magnetkompaß zur Richtungsbestimmung benutzt wird;
4. die verschiedenen Permutationen und Kombinationsmöglichkeiten praktisch auszuprobieren. Der Schwerpunkt des angewandten Feng Shui liegt in der Auslegung der vorgestellten Techniken und Leitlinien. Das beste Fundament für die richtige Interpretation ist ein solides Wissen um die jeweiligen Einflüsse, die von den verschiedenen Symbolen ausgehen.

Bevor wir aber zur eigentlichen Methode und zu den Tabellen kommen, ist es notwendig, einen kleinen Exkurs voranzustellen und uns mit den Hintergründen der Feng-Shui-Praxis zu befassen, das heißt mit dem chinesischen Ganzhi-System, der Fünf-Elemente-Lehre, der I-Ging-Philosophie, den Ba Gua-Trigrammen und dem magischen Lo-Shu-Quadrat.

Der Lopan und das Ganzhi-System

Der Lopan ist ein fein ausgeklügeltes Instrumentarium mit vierundzwanzig konzentrischen Ringen, die sich um einen kleinen Magnetkompaß legen. Die inneren Ringe des Lopan zeigen die acht Trigramme und Himmelsrichtungen. Danach folgen die himmlischen oder Himmelsstämme und die irdischen oder terrestrischen Zweige – alles Begriffe aus dem Ganzhi-System. Für die Praxis des Feng Shui ist es wichtig zu wissen, daß sich uns die Geheimnisse des chinesischen Ba Gua und seine große Bedeutung im Feng Shui sowie die Einteilungen des Lopan ohne ein gewisses Grundverständnis dieses Systems nie richtig erschließen werden.

Wir haben es hierbei mit einer ganzen Reihe von zyklischen Sinnbildern oder Schriftzeichen zu tun, die hauptsächlich mit Tieren und den fünf Elementen assoziiert sind. Im Prinzip besteht das Ganzhi-System aus zweiundzwanzig Symbolen, die sich wiederum in zwei Gruppen untergliedern: Zehn Zeichen sind den himmlischen Stämmen und zwölf den irdischen Zweigen zugeordnet.

Die Stämme beziehen sich auf die Elemente und haben jeweils einen harten oder Yang-Aspekt und einen weichen oder Yin-Aspekt. Die Elemente werden auch durch die vier himmlischen Tiere des Ba Gua repräsentiert: die schwarze Schildkröte (Norden), der zinnoberrote Phönix (Süden), der grüne Drache (Osten) und der weiße Tiger (Westen). Der fünfte Platz in der Mitte wird vom gelben Drachen eingenommen. Die fünf Elemente und die ihnen zugeordneten vier himmlischen Tiere verkörpern ein uraltes Wissen darüber, wie sich die himmlischen Kräfte so steuern lassen, daß sie auf irdische Schicksale Einfluß nehmen. Mit anderen Worten: Sie versinnbildlichen die Formen-Schule des Feng Shui.

Die Zweige hingegen beziehen sich auf die irdischen Kräfte, dargestellt in den zwölf chinesischen Tierzeichen: Ratte, Ochse (oder Büffel), Tiger, Hase, Drache, Schlange, Pferd, Schaf (oder Ziege), Affe, Hahn und Schwein (oder Eber).
In den Wechselwirkungen dieser insgesamt zweiundzwanzig Symbole, so glaubt man, drücke sich das gesamte Geschehen im Universum aus. Von daher rührt ihre große Bedeutung für die Theorie und Praxis des Feng Shui. Vor diesem Hintergrund läßt sich auch die Wirkungsweise der chinesischen Kompaß-Methode besser begreifen. Die zehn himmlischen Stämme sollen die Einflüsse der himmlischen Kräfte spiegeln, und diese wiederum hängen mit den fünf Elementen zusammen, wie sie den vier großen Himmelsrichtungen zugeordnet sind. Die zwölf irdischen Zweige betreffen die Dinge auf der Erde (die Tiersymbole), und diese wiederum beziehen sich auf die zwölf Zwei-Stunden-Einheiten eines Vierundzwanzig-Stunden-Tages, auf die zwölf Monate des Jahres und die zwölf Jahre, die den zwölf Zodiakaltieren entsprechen. Diese zwölf Jahre ergeben in der Permutation mit den fünf Elementen (12 mal 5) den Sechzig-Jahres-Zyklus, der alle sechzig Jahre von neuem beginnt. Die Chinesen sehen in jener Schnittstelle zwischen den irdischen Zweigen und den himmlischen Stämmen den Wohnort und Quell der Qi-Kräfte des irdischen Drachen. Das macht die Kompaß-Methode des Feng Shui, die das Ba Gua und das Lo-Shu-Quadrat (nach der späteren Himmelssequenz der Trigramme) benutzt, auch so außerordentlich wirkungsvoll. Die Kombination der Zweige und Stämme verdeutlicht zudem auf anschauliche Weise die Interaktion von himmlischen und irdischen Kräften in der Ordnung aller Dinge im menschlichen Leben. Die Weisen Chinas haben über das Wissen verfügt, wonach die zehn himmlischen Stämme und die zwölf irdischen Zweige das gesamte Schicksal des Menschen bestimmen.

Der frühere Lopan

Der hier abgebildete Lopan hat sechzehn Ringe. Die Einteilung bezieht sich auf mehrere divinatorische Systeme. Im Zentrum befindet sich der Magnetkompaß mit Sitz im sogenannten Himmelsteich. Um ihn herum gliedern sich die acht Trigramme nach der früheren Himmelssequenz. Von hier ausgehend veranschaulicht der Lopan die vierundzwanzig Kompaßpunkte, die den Stämmen und Zweigen entsprechen und in weiteren Ringen mit den fünf Elementen in Beziehung gebracht sind, ebenso wie eigens definierte günstige und ungünstige Grade (oder Richtungen). Diese Illustration dient dem Leser lediglich zur Information. Die mit der Kompaß-Methode (zur Feststellung von günstigen und ungünstigen Kompaßpunkten) arbeitenden Feng-Shui-Meister legen ihren Aussagen gewöhnlich die spätere Himmelssequenz-Anordnung der acht Trigramme zugrunde.

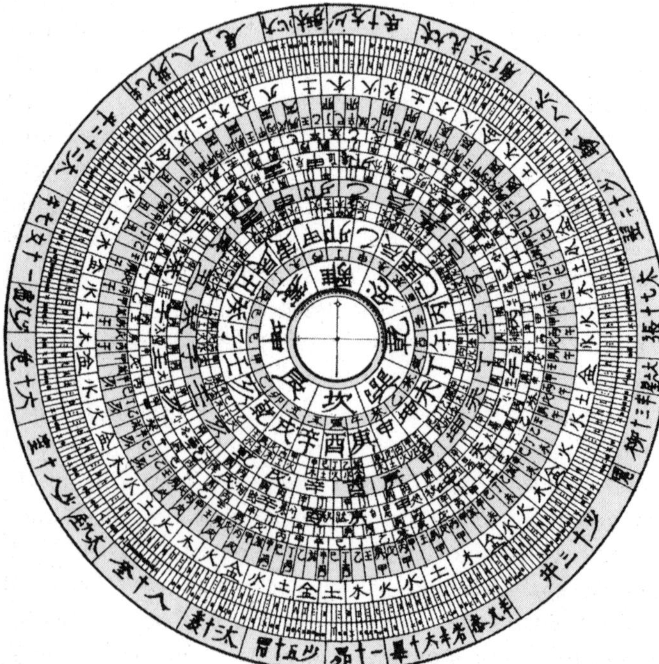

Die zwei parallel strukturierten Reihen von Stämmen und Zweigen des Ganzhi-Systems bilden die Grundlage der chinesischen Astrologie. Durch jahrhundertelange Beobachtungen hat man in China weitere Zusammenhänge zwischen Vorgängen in der Natur und den Mond-, Jahreszeiten- und Sonnen-Phasen im Sechzigerzyklus des Ganzhi-Systems erkannt. Darauf beruht der chinesische Almanach oder Tong Shu, mit dessen Hilfe sechzigjährige Prognosen über die Zeitqualität bestimmter Perioden erstellt werden können, je nachdem, welche Position diese im Ganzhi-System einnimmt.

Im Feng Shui schlägt sich der Einfluß des Ganzhi-Systems durch die Stellung und den Gebrauch seiner Symbole innerhalb des geomantischen Lopan nieder. Die zentrale Bedeutung des Ba Gua mit seinen zugeordneten Symbolen und die spezielle Zahlenanordnung entsprechend dem Lo-Shu-Quadrat sind gleichzeitig auch Indikatoren der gegenseitigen Abhängigkeit von himmlischen und irdischen Kräften in allen schicksalsrelevanten Angelegenheiten. Keine der beiden ist der anderen an Einfluß überlegen.

In diesem Zusammenhang sei dem Leser ins Gedächtnis gerufen, daß das Schicksal des Menschen von drei Arten von Kräften oder Glück abhängig ist: Das Himmelsglück (Tien Chai) bestimmt, ob jemand reich oder arm geboren, klug oder dumm sein und Ehre oder Schande auf sich laden wird. Daneben steht das Erdenglück (Ti Chai), das die gleichen Wirkungen erzielt, nur eben unter dem Einfluß der irdischen Kräfte. Und schließlich schafft man sich das Menschenglück (Ren Chai) durch seine eigenen Handlungen und Charaktereigenschaften. Erst dieser Gesamtzusammenhang läßt erkennen, wie weit der Bogen des Feng Shui wirklich reicht. Feng Shui steht für Ti Chai und verkörpert mithin eine der schicksalbestimmenden Kräfte. Gutes Feng Shui allein garantiert noch keinen Wohlstand oder Erfolg, aber es kann das Schicksal zum Besseren wenden.

Der moderne Lopan

Der moderne Lopan zeigt, welche Entwicklung die elementaren Ringe des geomantischen Kompasses im Laufe der Zeit genommen haben. Im Zentrum befindet sich die Magnetnadel, die nach Süden weist. Unmittelbar um das Zentrum herum reihen sich acht Himmelsrichtungen mit den zugehörigen Trigrammen. Hier ist die Anordnung der späteren Himmelssequenz dargestellt. Im nächsten Ring erscheinen die Elemente. Somit entspricht der Osten (mit den Zahlen 1 und 2) dem Holz, der Süden (mit den Zahlen 3 und 4) dem Feuer, der Westen (7 und 8) dem Metall und der Norden (9 und 10) dem Wasser. Die Zahlen stehen für die himmlischen Stämme. Die das Element Erde repräsentierenden Stämme 5 und 6 symbolisieren das Zentrum und erscheinen nicht auf den Ringen, was auf eine andere Deutung der Trigramm/Element-Beziehung hinweist. Nach den Stämmen folgen die zwölf irdischen Zweige. Dieser Lopan verdeutlicht den Einfluß des Ganzhi-Systems auf die Kompaß-Methode des Feng Shui in anschaulicher Weise. Die Benutzung des Lopan kann für den Laien äußerst verwirrend werden, wenn er kein tiefer gehendes Wissen über die vielfältigen Permutationen zwischen Trigrammen, Stämmen und Zweigen sowie deren Folgeerscheinungen, über die Wechselwirkungen der Elemente und die Horoskopeinflüsse mitbringt. Es ist wesentlich unkomplizierter, mit vorgefertigten und von Meisterhand vereinfachten Tabellen zu arbeiten.

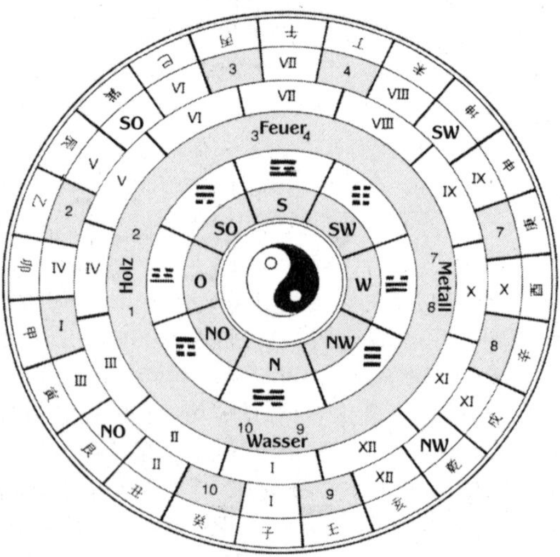

Die Symbolik der fünf Elemente

Die Deutung des menschlichen Schicksals in den Wechselwirkungen von himmlischen Stämmen und irdischen Zweigen bildet den Kern vieler Systeme der chinesischen Wahrsagekunst. In der Kompaß-Schule des Feng Shui wird das Geburtsjahr eines Menschen auch benutzt, um die maßgebliche Ba Gua-Zahl (fortan Gua-Zahl genannt) zu ermitteln. Anhand dieser Zahl lassen sich die entsprechenden Trigramme oder Lo-Shu-Zahlen bestimmen, die die günstigsten und ungünstigsten Richtungen für einen Menschen darstellen.
Daneben können auch die jeweiligen Elemente, also Wasser, Feuer, Metall oder Erde, im Horoskop eines Menschen festgelegt werden. Diese fünf Elemente stellen eine zusätzliche Dimension in der praktischen Anwendung des Feng Shui dar, denn ihr Zusammenwirken eröffnet eine weitere Möglichkeit, das Qi des Menschen in bezug auf sein Zuhause zu analysieren und zu harmonisieren.
Jedes Element stellt einen gewissen Qi-Aspekt dar, ebenso wie es bestimmten Farben, Tages- und Jahreszeiten, Richtungen, Planeten, Körperteilen und so weiter zugeordnet ist. Durch eingehende Betrachtung und systematische Untersuchung, wie diese Elemente mit- und ineinander wirken, läßt sich die praktische Feng-Shui-Arbeit nachhaltig verbessern.
Eine Elemente-Analyse kann nach verschiedenen Gesichtspunkten durchgeführt werden, wobei man jeweils ein bestimmtes Sinnbild hervorhebt, also entweder die vom jeweiligen Element vertretene Farbe oder die mit ihm assoziierte Jahreszeit oder aber die ihm zugeordnete Richtung und so weiter.
Allen diesen Symbolen sind zwei grundlegende Kreisläufe übergeordnet: der produktive (der positive oder schöpferische) und der destruktive (der negative) Zyklus. Nach einer festen

Ordnung wirken die Elemente im Kreislauf, wobei jedes Element ein anderes hervorbringt oder produziert, während es gleichzeitig ein anderes vernichtet oder zerstört.
Verstehen wir diese Abläufe und wissen sie (in symbolischer Form) im Alltag umzusetzen, beispielsweise bei der Anordnung von Räumen, der Auswahl von Farbzusammenstellungen oder bei der Erweiterung von Gebäuden, so werden wir aus dieser Erkenntnis heraus auch in anderer Hinsicht bei der Schaffung eines positiven Feng Shui profitieren.

Der produktive Zyklus

Im produktiven oder schöpferischen Zyklus:
erzeugt das FEUER die ERDE (Asche);
die ERDE bringt das METALL (Mineralien) hervor;
das METALL erzeugt das WASSER;
das WASSER bringt das HOLZ (Pflanzen) hervor;
und das HOLZ produziert das FEUER.

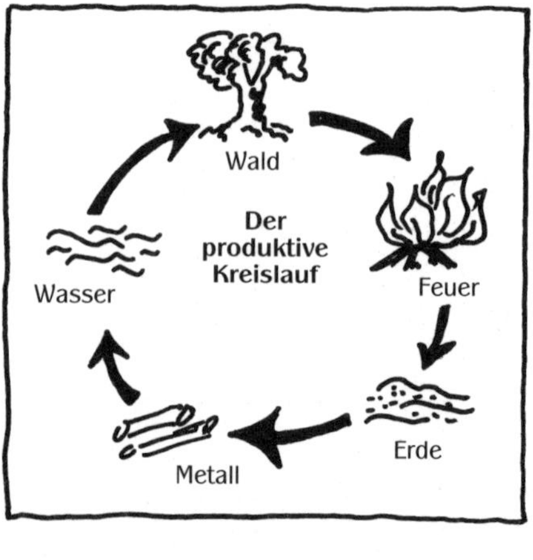

Dieser produktive Zyklus wird gewöhnlich in Form einer kreisförmigen Abfolge dargestellt, wie in der nebenstehenden Abbildung veranschaulicht. Um die Feng-Shui-Verträglichkeiten innerhalb eines Hauses qualitativ beurteilen zu können, muß man zunächst die verschiedenen Elemente kennen, die das persönliche Horoskop eines Menschen bestimmen, wobei dem Geburtsjahr die größte Wichtigkeit zukommt. Es ist in der tabellarischen Darstellung der Gua-Zahlen enthalten (siehe Tabellen A – D 1 im dritten Kapitel).
Die Elemente sind auch mit der Geburtsstunde assoziiert; ein Auszug aus dem chinesischen Almanach ist in der nachfolgenden Tabelle wiedergegeben.

Das Element der Geburtsstunde

23 h	bis	1 h	=	Holz
1 h	bis	3 h	=	Holz
3 h	bis	5 h	=	Feuer
5 h	bis	7 h	=	Feuer
7 h	bis	9 h	=	Erde
9 h	bis	11 h	=	Erde
11 h	bis	13 h	=	Metall
13 h	bis	15 h	=	Metall
15 h	bis	17 h	=	Wasser
17 h	bis	19 h	=	Wasser
19 h	bis	21 h	=	Wasser
21 h	bis	23 h	=	Wasser

Nun kennen Sie bereits zwei der wichtigsten Elemente, mit denen Sie geboren wurden. Mit dieser Information ausgestattet, können Sie jetzt die erste und einfachste Frage klären, nämlich ob eines Ihrer beiden Elemente das andere hervorbringt, ob sie sich neutral zueinander verhalten oder sich gegenseitig aufheben.
Manchmal weisen Geburtsjahr und Geburtsstunde das gleiche Element auf. Das deutet darauf hin, daß es im Übermaß vertreten ist. Die Chinesen lassen eine solche Interpretation jedoch normalerweise nicht so im Raum stehen, sondern forschen weiter und stellen auch das den Geburtsmonat und -tag bestimmende Element fest. Der interessierte Leser mag ein Lehrbuch der chinesischen Astrologie zu Rate ziehen und in den detaillierten Übersichten der Geburtstage und -stunden die entsprechenden Elemente nachlesen. In China spricht man vom »Paht Chee« oder von den »Acht Zeichen«, wenn die persönliche Typenkarte eines Menschen oder die sogenannten Säulen des Schicksals gemeint sind.
Traditionsbewußte Familien wählen häufig die Namen ihrer Kinder nach der Elemente-Analyse. Wenn also jemand in einem HOLZ-Jahr geboren ist, wäre etwas WASSERhaltiges im Namen günstig, weil WASSER bekanntlich HOLZ hervorbringt. Das mag alles seine Berechtigung haben, doch erfahrungsgemäß muß hin und wieder auch der gesunde Menschenverstand eingebracht werden, um diese Praxis etwas zu relativieren. Denn das WASSER kann zwar durchaus gut für das HOLZ sein, aber zuviel WASSER wird das HOLZ vernichten. Nehmen wir zum Beispiel den Fall des Geschäftsmannes, der in einem HOLZ-Jahr geboren wurde. Sehr richtig hat sein Vater WASSER in seinen Namen gelegt. Doch der ihm gegebene Name lautete »Tua Hai« (zu deutsch »Großes Meer«) – eindeutig ein Fall von zuviel

WASSER. Das Meer (Wasser) wird die kleine Pflanze (Holz) bestimmt verschlingen!
Wenn aber die Stunde und das Jahr der Geburt ebenfalls dem HOLZ zuzuschreiben sind und zudem eine Überbetonung dieses Elements vorliegt, braucht man es nicht zusätzlich noch zu verstärken; folglich besteht auch keine Notwendigkeit, WASSER im Namen aufzunehmen. Noch extremer läge der Fall, wenn zur Geburtszeit eines Kindes all seine »acht Zeichen« auf ein einziges Element hindeuten würden. Dann ist es massiv überbetont, und man sollte tunlichst einiges davon auflösen, indem man das Element, das es in Schach hält, in den Namen einfließen läßt. In unserem Beispiel vom HOLZ-Kind würde vielleicht »Kim« – zu deutsch Gold, hier für METALL stehend – den Überhang an HOLZ abschwächen. Man darf jedoch nicht vergessen, daß zuviel METALL wiederum auch schädlich sein könnte.
Bei der Betrachtung des produktiven Kreislaufs muß deshalb der Suche nach Ausgewogenheit unbedingt Rechnung getragen werden. Nach altem chinesischem Glauben verzehrt sich alles so weit, bis es ins Gleichgewicht kommt.
Dies wird im Buch der Wandlungen oder dem I Ging, dem chinesischen Klassiker, aus dem viele Weissagungskünste und -techniken (einschließlich des Feng Shui) entnommen sind, immer wieder unterstrichen.
In bezug auf die Elementeverteilung bedeutet Ausgewogenheit, daß für ein günstiges Feng Shui idealerweise alle fünf Elemente vertreten sein sollten. Dabei könnte das Element, das dem persönlichen (durch das jeweilige Geburtsjahr angezeigt) am nächsten steht, etwas stärker betont sein.

Der destruktive Zyklus

Beim destruktiven Kreislauf:
zerstört (entkräftet) HOLZ die ERDE;
ERDE zerstört (absorbiert) das WASSER;
WASSER zerstört (löscht) das FEUER;
FEUER zerstört (schmilzt) das METALL;
METALL zerstört (schneidet) das HOLZ.

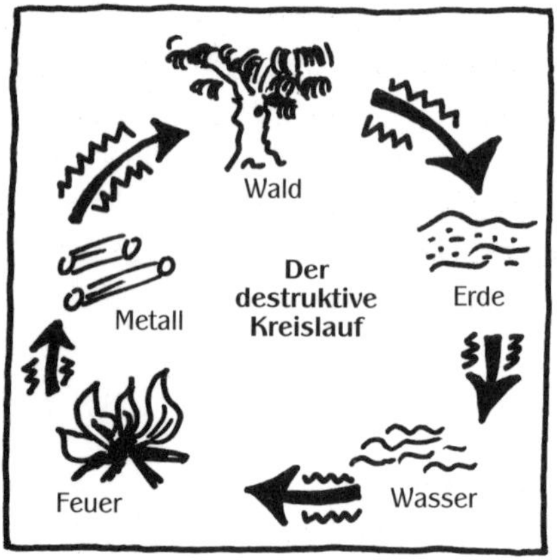

Bei beiden Kreisläufen, dem negativen wie dem positiven, folgen die Anwendungsprinzipien ähnlichen Gesetzmäßigkeiten. Die in bezug auf das persönliche Herrscherelement (nach dem jeweiligen Geburtsjahr ersichtlich) jeweils guten und schlechten Elemente herauszufinden ist nicht schwierig, doch das Zuviel oder Zuwenig davon richtig einzuschätzen kann relativ problematisch werden. Außerdem ist diese Beurteilung immer subjektiv.

Wenn ein einziges Element im Übermaß vertreten ist, sollte – wie im vorherigen Abschnitt beschrieben – dieses Zuviel mit

der Beigabe eines destruktiven Elements ausgeglichen werden, um Ausgewogenheit in der Persönlichkeit des Betreffenden zu erzielen.
Das Wissen um den destruktiven Zyklus schärft unsere Achtsamkeit für das, was im Umfeld eines Menschen »nicht stimmt« beziehungsweise »weh tut«. Wenn beispielsweise jemand in einem Jahr geboren wurde, das das FEUER als Element führt, dürften logischerweise viele Pflanzen (HOLZ) im Haus für eine angenehme Atmosphäre sorgen; hingegen wäre das Vorhandensein von WASSER (beispielsweise Aquarien, Teiche, Brunnen) nicht wünschenswert, denn WASSER zerstört das FEUER. Um das zuvor zitierte Beispiel des Geschäftsmannes wieder aufzunehmen, ist festzustellen, daß sein Name »Tua Hai« ganz sicherlich unangebracht erscheint, weil das »große Meer« das FEUER völlig auslöscht.

Allgemeine Anwendungen

In Anlehnung an die alten Schriften geht man in der Kompaß-Schule des Feng Shui davon aus, daß das durch die besten oder günstigsten Lo-Shu-Zahlen ausgewiesene Element ebenso wichtig (und deshalb ebenso bedeutsam und stark in seinen Auswirkungen) ist wie das vom jeweiligen Geburtsjahr vertretene. Im dritten Kapitel werden die Methoden und Tabellen vorgestellt, nach denen der Leser seine beste(n) Lo-Shu-Zahl(en) ermitteln kann. Die günstigste Lo-Shu-Zahl entspricht einem der acht Trigramme, das wiederum von einem der Elemente symbolisiert ist. Anhand des auf diese Weise identifizierten Elements kann man dann die Prinzipien des produktiven oder destruktiven Kreislaufs zur Anwendung bringen und im positiven Sinne umsetzen.

Die Elemente-Analyse mittels Ba Gua

Das hier abgebildete Ba Gua zeigt das spezifische Element eines jeden Trigramms. Die Anordnung der acht Trigramme um das Ba Gua erfolgte nach der Sequenz des späteren Himmels. Auf der Grundlage dieser Anordnung vertritt jedes Trigramm eine Himmelsrichtung. Der Feng-Shui-Praktiker kann nun jedes Element mit jeder Himmelsrichtung in Beziehung oder in Übereinstimmung bringen und dann entsprechend handeln.

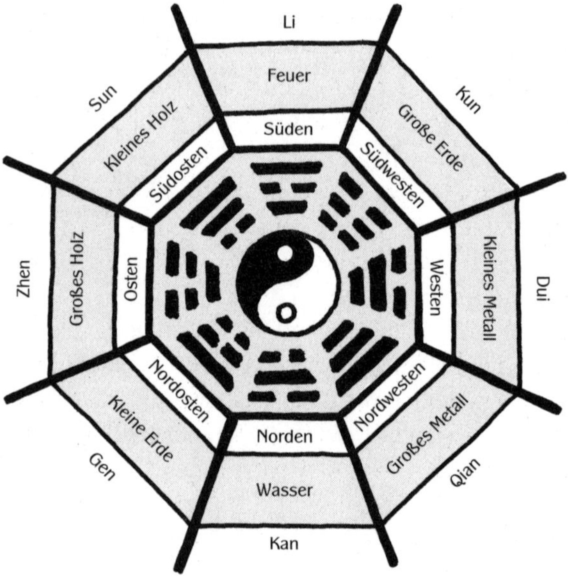

Die wechselseitige Beeinflussung der fünf Elemente läßt noch weitreichendere und tiefer gehende Assoziationen zu, wenn man sie im Licht der magischen Begleitvorstellungen des Ba Gua betrachtet. So sind beispielsweise drei der fünf Elemente als groß oder klein ausgewiesen, wie das Ba Gua auf der vorherigen Seite erkennen läßt.

Folglich ist:

- das große HOLZ der Osten (das Trigramm Zhen),
- das kleine HOLZ der Südosten (das Trigramm Sun),
- das große METALL der Nordwesten (das Trigramm Qian),
- das kleine METALL der Westen (das Trigramm Dui),
- die große ERDE der Südwesten (das Trigramm Kun),
- die kleine ERDE der Nordosten (das Trigramm Gen).

Die beiden einander gegenüberliegenden Elemente FEUER und WASSER stehen für sich selbst und sind als Süden (das Trigramm Li) beziehungsweise Norden (das Trigramm Kan) ausgewiesen.

Nach den alten Schriften über die Ba Gua- und Lo-Shu-Methode des Feng Shui liefern die produktiven und destruktiven Zyklen zwar allgemeine Hinweise zur Verträglichkeit oder Unverträglichkeit der einzelnen Elemente, dennoch sind bei einer eingehenderen Analyse weitere Aspekte in den Beziehungen untereinander zu beurteilen.

Folgendes ist beispielsweise zu bedenken:

- Es heißt zwar METALL zerstöre das HOLZ; man kann aber ebensogut argumentieren, daß ein kleines Metall (eine Axt, ein Messer, eine Säge) das große Holz formt und in Stühle, Tische und andere Möbelstücke verwandelt. Nun zerstört das Metall nicht mehr, sondern wertet das Holz auf. Das kleine Metall ist also sicherlich gutes Feng Shui für das große Holz.

- Es heißt zwar, WASSER lösche das FEUER aus; aber man kann andererseits beobachten, daß Feuer für kleinere Wassermengen etwas Gutes ist, denn es kocht das Wasser und verwandelt es in Dampf zur Erzeugung von Energie und Kraft. Auch hier können wieder zwei feindliche Elemente Gutes füreinander tun. Die Energieerzeugung dürfte sicherlich für gutes Feng Shui stehen.
- Es heißt zwar, ERDE vernichte das WASSER; man kann es sicherlich aber auch so sehen, daß die Kombination von Erde und Wasser ein fruchtbares Umfeld für das Wachstum von Pflanzen und Bäumen entstehen läßt und somit Leben ermöglicht. Ein Element ohne das andere ist zu nichts nutze. Folglich müssen also die kleine Erde und Wasser gutes Feng Shui bedeuten, denn nur die große Erde absorbiert das Wasser.
- Es heißt zwar, HOLZ bringe FEUER hervor; allerdings kann zuviel Holz das Feuer auch auslöschen. Also bringt nur das kleine Holz gutes Feng Shui für das Feuer.
- Es heißt zwar, ERDE bringe METALL hervor; das dürfte sich zweifelsohne nur auf die große Erde beziehen, denn wie kann die kleine Erde Metall hervorbringen? Folglich ist es die große Erde, die gutes Feng Shui für das Metall bringt.

Im Sinne der Schriften wird hier nochmals auf die Zyklen als solche eingegangen. Aus den negativen und positiven Kreisläufen erhalten wir nur eine einzige Sicht der Elemente, aber es gibt noch weitere Verbindungen und Abhängigkeiten, die in die Betrachtung einfließen sollten. Ebenso wie nämlich WASSER das FEUER vernichtet, kann dies auch die große ERDE. Und auf

gleiche Weise wie FEUER das METALL zerstört beziehungsweise zum Schmelzen bringt, kann es auch HOLZ vernichten.
Zudem sei darauf hingewiesen, daß nur drei der fünf Elemente stets in greifbarer Form existieren, nämlich METALL, HOLZ und ERDE. Die restlichen zwei Elemente, also FEUER und WASSER, »verschwinden«. Wenn FEUER ausgelöscht wird, hört es auf zu existieren, und WASSER »verdampft« in der Atmosphäre.
Was sich daraus für das Feng Shui ableiten läßt, verraten uns wiederum die alten Texte, wonach METALL, HOLZ und ERDE sich nicht ins Nichts auflösen können. Dieser Aspekt ihrer Beziehung wird zur Bestimmung der für ein Vorhaben günstigen Zeitpunkte herangezogen. Dem chinesischen Almanach zufolge vertritt jeder Tag des Jahres eines der fünf Elemente (in chinesischen Tageskalendern ist dieses Element jeweils ausgewiesen). Wenn mithin die günstigste Lo-Shu-Zahl eines Menschen entweder im Norden oder Süden steht, das heißt dem WASSER oder FEUER zugeordnet ist, sollten bei der Auswahl von Terminen für wichtige Unternehmungen solche Tage gemieden werden, die einem Element entsprechen, das FEUER oder WASSER vernichten kann, denn diese Elemente können sich im Nichts verlieren, also das Glück oder die guten Einflüsse vollständig zerstören. Die anderen drei Elemente hingegen sind in dieser Hinsicht weniger kritisch.
Auf diese Weise lassen sich noch weitere Permutationen im Beziehungsgeflecht der fünf Elemente deuten. Das alles bestimmende Ziel in der Betrachtung ist immer, Ausgewogenheit und Harmonie herzustellen. Die Elemente allein lassen ein bestimmtes Bild entstehen. Sobald sie aber in ihrer Gewichtung und Bedeutung zueinander neu definiert werden, wandelt sich das Bild, und das Ergebnis sieht ganz anders aus.

Andere Interpretationsmöglichkeiten

Die Theorie von den fünf Elementen (Wu Xing) blickt auf eine lange und kontinuierliche Geschichte in der chinesischen Kultur und Zivilisation zurück. Die Architektur Chinas ist davon wesentlich geprägt worden, und zwar völlig unabhängig von der Beeinflussung durch das Feng Shui.

Chinesischen Gelehrten zufolge wurde der Charakter der fünf Elemente erstmals im »Zhou Shu« in der Zeit des sechsten Jahrhunderts vor der Zeitenwende erläutert. Darin wird ihre Reihenfolge mit Wasser, Feuer, Holz, Metall/Gold und Erde angegeben. Sie wurden als Vertreter der fünf unterschiedlichen Formen von Materie betrachtet, mit denen der Mensch ständig in Berührung war.

Doch es sind nicht die Elemente selbst, die sich in der Kombination gegenseitig bedingen und alle sonstigen Dinge entstehen lassen, sondern es ist die Essenz, das Wesen eines jeweiligen Elements. Je nachdem, wie die Elemente untereinander kombiniert sind, kann daraus großes Glück oder Leid für den Menschen erwachsen; das konnten wir schon am Beispiel des produktiven und destruktiven Kreislaufs beobachten.

Aber die Bedeutung der Elemente geht weit über ihr immanentes Wesen hinaus. Jedes Element repräsentiert oder symbolisiert auch andere Dinge, die andere Interpretationen ihrer Bedeutung und Zusammenhänge zulassen. Die nachfolgende Tabelle auf Seite 45 zeigt sechs weitere Entsprechungen.

Aus dieser Tabelle ersehen wir mögliche Kombinationsformen zwischen den fünf Richtungen, den fünf Farben, den fünf Tönen in der Musik, den fünf Wetter- oder atmosphärischen Elementen und den fünf Emotionen. Die Interpretation wird in erster Linie vom produktiven und destruktiven Zyklus bestimmt, wenngleich stets auch andere Faktoren mit betrachtet werden. Weitere Erkenntnisse lassen sich gewinnen, wenn wir einen

	HOLZ	FEUER	ERDE	METALL	WASSER
Himmels-richtung	Osten	Süden	Zentrum	Westen	Norden
Wetter	Wind	Hitze	Nässe	Trockenheit	Kälte
Lebens-stadium	Geburt	Heran-wachsen	Entfaltung	Reife	Alter
Emotion	Zorn	Freude	Vernunft	Liebe	Angst
Ton	**Jue**	**Zhi**	**Gong**	**Shang**	**Yu**
Farbe	Grün	Rot	Gelb	Weiß	Schwarz

zusätzlichen Aspekt der Elemente näher beleuchten, zum Beispiel die fünf Farben. Von diesen Farben ist Grün beziehungsweise Blau diejenige der sprießenden Blätter. Sie symbolisiert das linde Frühlingserwachen, das Aufkeimen der Saat, die Zeit des Beginns und entspricht dem Osten.

Nach dieser Analyse sollten die im östlichen Teil eines Hauses angeordneten Räumlichkeiten mit grünen Ziegeln gedeckt oder grün gestrichen werden. Vielleicht kann dort auch ein Kinderzimmer eingerichtet werden. Die so angewandte Elemente-Theorie wird Harmonie in das Leben der Bewohner einkehren lassen, besonders wenn alle anderen Bereiche des Gebäudes nach ähnlichen Kriterien aufgeteilt und gestaltet sind.

In der sogenannten Verbotenen Stadt in Beijing waren die Gebäude im östlichen Teil mit grünen, glasierten Ziegeln gedeckt. Es gab noch einen anderen Grund für dieses Phänomen: Man wählte solche Dachziegel, weil im Lebensrhythmus nach der Elemente-Lehre die Jugend dem Holz und dem Osten zugeschrieben wird. In den Gebäuden im Ostteil der Stadt, die während der Qianlong-Periode unter der Qing-Dynastie errichtet wurden, lebten die jungen Prinzen. Deshalb auch die grüne

Ziegeleindeckung! Ähnliche Gründe waren bestimmend dafür, daß die Gemächer der Kaiserin und der Konkubinen des verstorbenen Kaisers im westlichen Flügel des Palastes angeordnet und weiß gestrichen wurden: Sie befanden sich zu der Zeit bereits im reiferen Alter, und ihr Lebensstadium entsprach somit dem Metall, also dem Westen.

Im »Verbotenen Palast« gibt es weitere Beispiele für die konsequente Anwendung der Fünf-Farben-Theorie im Rahmen der Elementen-Lehre. Die Terrassen des Palastaltars wurden beispielsweise mit Belägen in fünf unterschiedlichen Farbgebungen entsprechend ihrer jeweiligen Himmelsrichtung ausgestattet. Die Wände rings um den Altar wurden ebenfalls mit jeweils andersfarbigen Fliesen belegt: grün im Osten, rot im Süden, weiß im Westen, schwarz im Norden und gelb im Zentrum.

In unserer heutigen Zeit dürfte es nicht schwerfallen, die Fünf-Elemente-Lehre in die Praxis des Feng Shui einfließen zu lassen, besonders wenn es um die Auswahl von Farben für Räume und Bauteile, Dachziegeln und Bodenfliesen geht. Denken Sie immer daran, daß die fünf Elemente Ausdruck des kosmischen Gefüges sind. Wir haben es hier stets mit dynamisch aufeinander einwirkenden Kräften zu tun und nicht mit etwas Statischem und Unveränderlichem.

Vergessen Sie auch nicht, daß die Elemente je nach dem Abstand zueinander mal destruktiv, mal produktiv sein können. Solch eine zyklische Sicht durchdringt fast alle Bereiche der chinesischen Philosophie, so auch die Praxis des Feng Shui. Aus diesem Grund müssen wir uns jetzt näher mit dem Buch der Wandlungen oder dem I Ging beschäftigen, um tiefer in diese Welt der zirkulären Bewegungskräfte einzutauchen, die den dynamischen Wandel im Leben der Menschen bewirken.

2. Das I Ging und das Ba Gua

Das I Ging oder das Buch der Wandlungen

Im I Ging ist die Weisheit vieler Jahrtausende zusammengefaßt. Beide Zweige der chinesischen Philosophie, der Konfuzianismus und der Taoismus, haben hier ihre gemeinsamen Wurzeln. Und von allen konfuzianischen Klassikern ist nur das I Ging der großen Bücherverbrennung unter Kaiser Qin Shi Huangdi im Jahre 213 v. Chr. entgangen.

Die Anfänge des I Ging reichen in das mythische Altertum zurück. Als Weissagungsbuch oder Buch der Weisheit hat es die bedeutendsten Gelehrten Chinas über die Jahrhunderte hindurch bis auf den heutigen Tag beschäftigt. Fast alles, was in der dreitausend Jahre alten chinesischen Kulturgeschichte an großen und bedeutenden Gedanken hervorgebracht wurde, ist durch dieses Buch angeregt. Nicht nur die Philosophie, auch die Naturwissenschaft und die Staatskunst Chinas haben immer wieder aus dieser Weisheitsquelle geschöpft. Ja, bis in den normalen Alltag hinein ist das ganze chinesische Leben von seinen Einflüssen durchsetzt. Die Ursprünge vieler verschlüsselter Geheimnisse des Feng Shui liegen in diesem einzigartigen Werk.

Fast alle Aspekte der vielfältig verwobenen Prinzipien und Symbolik im Feng Shui – etwa das Konzept der Dreiheit von Himmel, Erde und Mensch, die Verbindung zum Ga Bua und dem magischen Lo-Shu-Quadrat, die Vorstellungen von Ausgewogenheit und Harmonie, die Wechselwirkungen von Yin und Yang, dem Positivem und Negativem – wurden insgesamt entweder aus den Deutungen der Schriften oder Wurzeln des I Ging selbst abgeleitet.

Der Einfluß des I Ging auf die Philosophie des Feng Shui findet seinen ganz speziellen Niederschlag in der vordergründigen Rolle, die das achtseitige Ga Bua-Symbol mit seinen acht Trigrammen spielt. Viele der sogenannten Orakelformeln sind aus der speziellen Stellung dieser Trigramme und den damit verbundenen symbolischen Vorstellungen abgeleitet; aus letzteren sind wiederum die vierundsechzig Hexagramme des I Ging hervorgegangen. Es besteht also ein enger Zusammenhang zwischen verschiedenen Feng-Shui-Theorien und den divinatorischen Aspekten des I Ging, was sich deutlich in den sehr ähnlichen philosophischen Überlegungen von Harmonie und Ausgewogenheit der beiden spiegelt.

Angesichts dieser Ähnlichkeiten muß mit dem Versuch, zwischen den Ebenen der Bilder und Symbole einerseits und den verschiedenen Konzepten aus allen Wissensgebieten des Feng Shui andererseits zu differenzieren, zwangsläufig auch eine tiefere Beschäftigung mit dem klassischen I Ging einhergehen. In erster Linie sind dabei dessen Ursprünge und Geschichte zu betrachten, ebenso wie die Urzeichen, aus denen die Hexagramme abgeleitet wurden.

Das Wissen von den Ursprüngen schenkt uns wertvolle Einblicke in die charakteristischen Merkmale und Interpretations-

möglichkeiten der Ga Bua-Trigramme. Diese Trigramme spielen eine zentrale Rolle bei den Überlegungen, wie das Feng Shui im Einzelfall verbessert werden kann; mehr dazu erfahren Sie im dritten Kapitel, das dem Feng Shui des Ga Bua-Lo-Shu gewidmet ist.
Die Kenntnis der Trigramme und der ihnen zugeordneten Symbole verstärkt das theoretische Fundament vieler Feng-Shui-Leitlinien. Dieses Verständnis dürfte sicherlich auch der Kunst der Geomantie in der Praxis eine größere Glaubwürdigkeit verleihen.
Es gibt nicht viele authentische und verläßliche Übersetzungen des I Ging. Die ersten wurden Ende des neunzehnten Jahrhunderts von zwei Wissenschaftlern der westlichen Welt, de'Harlez und James Legge, gefertigt. Doch zweifellos ist die von Richard Wilhelm gefertigte Übersetzung die mit Abstand beste und inhaltsreichste. Über zehn Jahre verbrachte er mit dem Studium und der Übertragung der Schriften sowie der dazugehörigen Kommentare des I Ging. Wilhelm lebte lange Zeit in China und beherrschte die Sprache in Wort und Schrift bis zur Vollkommenheit. In Zusammenarbeit mit den letzten großen Gelehrten seiner Zeit gelang es ihm, die chinesischen Klassiker zu verstehen und die Fülle der darin enthaltenen Bilder aus chinesischer Sicht zu begreifen.
Wilhelm begann sein Werk 1911 nach der chinesischen Revolution, als Qingdao der Aufenthaltsort einer Reihe der bedeutendsten chinesischen Gelehrten wurde. Unter ihnen befand sich auch Lau Nai Süan, der, wie Wilhelm in der Vorrede zur ersten Ausgabe schreibt, » ... mir die Wunder des Buches der Wandlungen erschloß«. Lau war ein Gelehrter der alten Schule, einer der letzten, die mit der großen Flut von Kommentaren, die sich im Lauf der Jahrhunderte um das Buch der Wandlungen angesammelt hatten, vertraut waren. Unter Laus kundiger Füh-

rung und nach ausführlicher Besprechung des Textes nahm die Übersetzung langsam Formen an. Das Projekt wurde durch den Ausbruch des Ersten Weltkriegs unterbrochen, danach jedoch wieder aufgenommen und vollendet. »Es waren schöne Stunden innerer Erhebung, die ich mit dem alten Meister damals verlebte«, sagte Wilhelm. Sein deutsches I-Ging-Werk wurde einem anderen Gelehrten, Cary F. Baynes, zur Übertragung ins Englische übergeben. Damit konnte die Weisheit des I Ging einem noch breiteren Publikum zugängig gemacht werden.

Im Ausland lebende Chinesen wie die Autorin und viele ihrer Zeitgenossen, deren Wissen und Darstellungen der sogenannten »authentischen chinesischen Kultur« bestenfalls eine adaptierte Zusammenfassung von Sekundärliteratur, Aberglauben und mündlichen Überlieferungen sein kann, schulden sowohl Wilhem als auch Baynes großen Dank dafür, daß sie der westlichen Welt dieses Werk erschlossen haben. Denn diese so spezielle Übertragung des I Ging richtet sich nicht allein an eine Welt von Akademikern, sondern auch und vielleicht sogar mehr noch an Menschen überall auf Erden, die sich Gedanken über ihre Verbundenheit mit den Kräften der Natur und deren Wechselbeziehungen zum Universum und ihren Mitmenschen machen. Sie wendet sich auch an all jene unter uns, die den Schleier beiseite schieben möchten, der so vieles in den chinesischen metaphysischen Wissenschaften (Feng Shui inbegriffen) umgibt.

Bei den Recherchen zu den Ursprüngen und Bedeutungen des I Ging hat sich die Autorin weitgehend auf die Richard-Wilhelm-Übersetzung gestützt. Wo es sich als sinnvoll erwies, wurde auch auf die Leggesche Übertragung zurückgegriffen und auf das erst kürzlich veröffentlichte Buch von Da Lui »Chinese Coin Divination through the I-Ging«.

Wer tiefer in die Materie eindringen möchte, sollte unbedingt das Werk von Richard Wilhelm heranziehen.

Die Geschichte des I Ging

Vier legendäre, fast mythische Figuren werden als Verfasser und Väter des I Ging oder Buches der Wandlungen genannt: Fuxi, König Wen, sein Sohn, der Herzog von Zhou, und Konfuzius, der wohl berühmteste unter den großen Denkern Chinas. Fuxi wird als Erfinder der linearen Zeichen angesehen, die sich in Form der acht dreilinigen TRIGRAMME Ausdruck verschaffen. Sie werden erstmals in zwei größeren Sammlungen erwähnt, dem I Ging der mythischen Xia-Dynastie (um 2205 v. Chr.) mit dem Namen Lianshan und dem I Ging aus der Shang-Dynastie mit dem Namen Gui Tsang. Diese Trigramme sind die Wurzeln der später entstandenen Hexagramme und werden auch als Urkomponenten des Ga Bua-Symbols betrachtet.
König Wen, der Ahnherr der Zhou-Dynastie (1150–249 v.Chr.), arbeitete das System der Trigramme weiter aus und formulierte die vierundsechzig HEXAGRAMME. Diese Zahl ergab sich durch Verdoppelung der Trigramme aus dreilinigen in sechslinige Zeichen, wobei die Trigramme selbst mannigfach kombiniert wurden. So ergaben sich acht mal acht Kombinationen und entsprechend vierundsechzig Permutationen. König Wen soll ferner jedes einzelne Hexagramm mit kurzen Urteilen versehen und auf diese Weise die Grundlage für weite Teile der philosophischen Weisheitslehre des I Ging geschaffen haben.
Sein Sohn, der tatkräftige Herzog von Zhou, verfaßte die Texte zu den einzelnen Linien der Hexagramme und ordnete ihnen Bedeutungen zu, je nachdem, wann und wie sie sich wandelten. Seine Beiträge bildeten die Grundlage für das Werk »Die Wandlungen von Zhou«, das später als Orakelbuch im Gebrauch war. Diese in zahlreichen historischen Aufzeichnungen der alten Zeit gesammelten »Wandlungen« ließen das I Ging in ganz

anderem Licht erscheinen und seine Philosophie in die Nähe der Weissagekunst rücken.

Konfuzius

Das war der Stand der Dinge, als der große Weise Konfuzius das I Ging entdeckte. Er beschäftigte sich im hohen Alter intensiv mit dem Studium der darin enthaltenen Texte, Urteile und Bilder. Auch er erweiterte den Umfang des Buches durch eine Reihe von Kommentaren, die allgemein als die sogenannten »Flügel« bezeichnet werden. Während jener Zeit entstand eine umfassende Literatur um das Buch, deren Fragmente immer noch Teil der Kommentare des modernen I Ging sind. Da sich diese Kommentare inhaltlich und in bezug auf die Auslegungen zum Teil erheblich voneinander unterscheiden, kann die große Rolle von Konfuzius für die Entwicklung des I Ging nicht genug betont werden. Auch seine Schüler haben weitere Beiträge zum I Ging geliefert.
Das Buch der Wandlungen entging dem Schicksal der anderen Klassiker bei der berühmten Bücherverbrennung unter dem Tyrannen Qin Shi Huangdi. Doch in jener Epoche war das I Ging bereits überall als Wahrsage- und Zauberbuch verbreitet.
Und genau zu jener Zeit, also im dritten Jahrhundert vor Christus, wurde die Ying-Yang-Lehre von den Han-Gelehrten der damaligen Epoche mit einer Flut von populärwissenschaftlichen Interpretationen des I Ging trivialisiert. Ihr ganzes Sinnen und Trachten war darauf ausgerichtet, die geheimnisvollen und magischen Aspekte des I Ging aufzubauschen und in den Vordergrund zu stellen. Erst um 226 n. Chr. wurde das Buch der Wand-

lungen wieder als ein Weisheitsbuch angesehen und später in der Song-Zeit (960–1279 n. Chr.) weiter ausgefeilt und zu einem Lehrbuch der Staats- und Lebensphilosophie erhoben. Im dreizehnten Jahrhundert versuchte man erneut, dem Orakel-Charakter des I Ging das Wort zu reden, und diese metaphysische Sicht haftet dem Buch bis zum heutigen Tag an. Während der letzten chinesischen Dynastie ließen sich die Interpretationen und Kommentare zum Buch erneut von den Han-Gelehrten inspirieren und waren mithin stark von magischem Gedankengut durchtränkt. Diese Sichtweise hat sich seither gehalten, und heutzutage steht I Ging als *das* chinesische Wahrsagewerk schlechthin hoch im Kurs. Während der Kangxi-Periode entstand schließlich eine sehr gute Ausgabe des Buches; darin sind die alten Schriften und Kommentare voneinander getrennt. Letztere enthalten komplette Auszüge von Texten, die die Jahrhunderte überdauert haben. Der Übersetzung von Wilhelm liegt diese Kangxi-Ausgabe zugrunde.

Dieser kurze Abriß der Geschichte des I Ging und seines Werdegangs durch die Jahrhunderte gibt uns Einblicke in den Gehalt und Sinn des Werkes und insbesondere auch eine Vorstellung von der Fülle an Bildern und Symbolen, die in den Erklärungen und Deutungen der Hexagramm-Linien enthalten sind.

In diesem Zusammenhang ist es sinnvoll, sich daran zu erinnern, daß sich die Entwicklung der Feng-Shui-Theorie und Praxis immer im Bannkreis des Buches der Wandlungen vollzog, zumindest seit der Tang-Dynastie. In dem Maße, wie sich die Betrachtung des I Ging von einem Jahrhundert zum nächsten wandelte, fand also parallel dazu auch eine Entwicklung in bezug auf die praktische Anwendung und den theoretischen Ansatz des Feng Shui statt. Was das bedeutet, wird uns erst klar, wenn wir die Effektivität des Feng Shui hinterfragen. Funk-

tioniert es denn wirklich? Ebenso kann man die Wirksamkeit des I Ging als Weissagungsbuch in Frage stellen. Lassen sich damit denn wirklich und wahrhaftig Geschehnisse voraussagen?
In beiden Fällen drängen sich magische Assoziationen auf. Beide Ansätze beruhen jeweils auf ähnlichem Bildmaterial, besonders was die linienförmigen Symbole, die Trigramme und Hexagramme, anbelangt, deren Verwobenheit mit der Natur (den Jahreszeiten und Landschaften) und ihren Kräften (Wind, Wasser, Feuer und Donner) sowie den Himmelsrichtungen einzigartige Manifestationen von übernatürlichen oder zumindest metaphysischen Wirkkräften zu versinnbildlichen scheint. Wer ein gewisses Maß an Ehrfurcht und Demut walten läßt, muß erkennen, daß ein so komplexer Ansatz wie das Feng Shui und eine so tiefe Weisheit wie das I Ging nur deswegen die Stürme der Zeit überdauern konnten, weil die in beiden schlummernden Möglichkeiten wirklich und wahrhaftig genial sein müssen, denn wie sonst wäre es ihnen gelungen, Generation um Generation zu faszinieren.

Das Ga Bua des späteren Himmel

Mit den dazugehörigen Himmelsrichtungen, Trigrammen und anderen Symbolen.

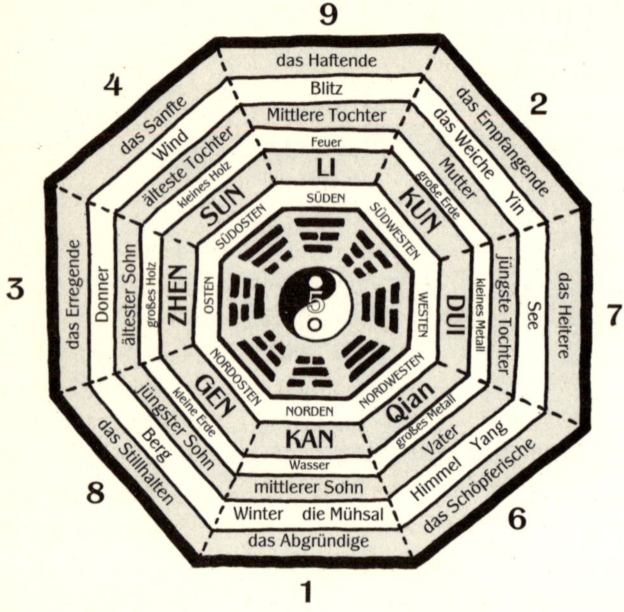

Das im Zentrum des Ba-Gua dargestellte Yin-Yang-Symbol spiegelt den »Weg des Himmels und der Erde« wider und besagt, daß alles und jedes in die zwei einander gegenüberstehenden und voneinander unabhängigen Yin- und Yang-Elemente unterteilt werden kann. Das entspricht dem Glauben, daß alle Dinge auf der Erde aus der Vereinigung von Gegensätzlichem bestehen. In der Darstellung der verschiedenen Symbole in den acht Segmenten des Ba-Gua und der Zuordnung zu den jeweiligen Trigrammen spiegelt sich diese dualistische Sicht des Universums.

Die Trigramme

Die acht Urzeichen oder Grundtrigramme sind die Wurzeln der vierundsechzig Hexagramme des I Ging. Jedes Trigramm ist eine Kombination aus drei horizontalen Linien, die entweder durchgezogen (——) oder unterbrochen sind (— —).

In ihrer Gesamtheit symbolisieren und repräsentieren diese Trigramme eine Dreiheit von Weltprinzipien, bestehend aus dem sogenannten Subjekt (Mensch), dem Objekt, das die Form verleiht (Erde), und dem Inhalt (Himmel). Die Erde nimmt im Trigramm den unteren Platz ein, der mittlere gebührt dem Menschen und der obere dem Himmel. In der Summe der Bedeutungen der acht Trigramme soll zudem die Idee des Kosmos vollständig ausgedrückt sein.

Eine weitere wichtige Eigenschaft der Trigramme besteht darin, daß sie ineinandergreifen und so ihren Beziehungen jeweils neue Aspekte verleihen. Dieses Zusammenspiel findet Ausdruck in Sätzen wie »Himmel und Erde bestimmen die Richtung« oder »Berg und See vereinigen sich« oder »Donner und Wind regen sich gegenseitig an« oder »Wasser und Feuer bekämpfen sich nicht gegenseitig«.

Jedes Trigramm hat seinen eigenen mannigfaltigen Ausdruck in Bedeutungen, Symbolen und konnotativen Verbindungen gefunden. Die Trigramme sind rund um die acht Seiten des oktogonal geformten Ga Bua angeordnet, und zwar in zwei allgemein anerkannten Sequenzen, der frühen sowie der späteren Himmelssequenz beziehungsweise -anordnung.

Feng-Shui-Berater der Kompaß-Schule beziehen sich in ihren Aussagen sehr häufig auf diese Trigramme, denn Sinn und Bedeutung dieser Zeichen liefern ihnen wertvolle Anhaltspunkte. Die Trigramme werden nämlich nicht nur mit den entsprechenden Kardinalpunkten und Himmelsrichtungen in Verbindung gebracht, sondern vertreten, zusätzlich zur zuvor erwähnten Symbolik, eines der fünf Elemente, das sich entweder als weicher oder harter beziehungsweise lichter oder dunkler Aspekt darstellt und ein Yin- oder Yang-Attribut mitführt; gleichzeitig ist jeweils auch ein bestimmtes Mitglied der Familie angesprochen.

Die Permutationen dieser Trigramm-Attribute lassen in der Regel vielfältige und nicht immer auf Anhieb einsichtige Interpretationen zu. Trotzdem sind diese Bedeutungen und Auslegungen häufig insoweit entscheidend, als sie die Bandbreite der Feng-Shui-Arbeit erweitern und gleichzeitig Aufschluß darüber geben, was aktiviert werden soll und wie sich die Sinnbilder im einzelnen oder insgesamt in der konkreten Welt umsetzen lassen, um Positives zu bewirken. Dies ist besonders dann der Fall, wenn das/die persönliche(n) glückverheißende(n) Trigramm(e) im Horoskop eines Menschen ermittelt worden ist/sind.

Die Methode zur Bestimmung glückverheißender Trigramme ist im dritten Kapitel detailliert beschrieben. Grundsätzlich wird jeder Mensch entweder als eine »West-Person« oder eine »Ost-Person« angesehen, und jeder hat vier glückverheißende und vier unheilverheißende Himmelsrichtungen.

Beim Ga Bua-Lo-Shu-Feng-Shui (manchmal auch Neun-Sterne-Methode des Feng Shui genannt) geht es zunächst um die Frage, welches diese glückbringenden und unglückbringenden Richtungen im einzelnen sind, um dann darauf aufzubauen. Bevor wir uns dieser Aufgabe zuwenden, sollten wir uns jedoch zunächst ein möglichst umfangreiches und solides Wissen über die zahlreichen Bedeutungen der Trigramme und über ihre Wechselwirkungen aneignen.

Die acht Trigramme sind: QIAN, das Schöpferische; KUN, das Empfangende; CHEN, das Erregende; SUN, das Sanfte; DUI, das Heitere; GEN, das Stillhalten, KAN, das Abgründige, und LI, das Haftende.
Im folgenden werden diese Trigramme und ihre wesentlichen Sinnbilder und Bedeutungen im einzelnen beschrieben:

Das Trigramm »QIAN«, das Schöpferische, besteht aus drei ungebrochenen Linien. Dem Wesen nach Yang, wird es häufig mit dem Vater, dem Familienoberhaupt, dem Patriarchen, dem Männlich-Väterlichen assoziiert. Qian bedeutet auch der Himmel, das Firmament, die himmlischen Sphären, Stärke, Aktivität, Kraft, Erhabenheit, lichte Farben, Energie und Beharrlichkeit.
Aus der Verdoppelung des Qian entsteht das erste Hexagramm des I Ging, dessen Kraft und Macht in zweifachem Sinn zu verstehen ist, das heißt als das starke kreative Wirken der Gottheit aus dem Universum und als das kreative Wirken der Regierenden oder Führer in der Welt des Menschen. Das mit Qian assoziierte Element ist das große Metall, und das symbolische Tier ist das Pferd, von dem Kraft, Durchhaltevermögen, Festigkeit und Stärke ausgehen.
Zu den weiteren Symbolen des Schöpferischen zählen der Jade, der in sich selbst schon ein Symbol der Reinheit und Festigkeit (ebenso wie das Metall) ist, ferner runde und kreisförmige Gegenstände, das Kalte, das Eis. Die zugeordnete Himmelsrichtung ist der Süden bei der frühen Himmelssequenz des Ga Bua und der Nordwesten bei der späteren Himmelssequenz. In der Praxis des Feng Shui wird mit der Himmelsrichtung nach der späteren Anordnung, das heißt dem Nordwesten, gearbeitet.

Das Trigramm »KUN«, das Empfangende, besteht aus drei gebrochenen Linien. Die geteilte Linie entspricht der schattigen, weichen, rezeptiven Urkraft des Yin. Es repräsentiert die Mutter, und sein Attribut ist das Weiblich-Mütterliche und die Hingabe; sein Bild ist die große Erde, die keine Parteilichkeit kennt. Das Kun symbolisierende Tier ist die Kuh mit einem Kalb als Bild der Fruchtbarkeit.

Kun ist das perfekte Gegenstück von Qian, dem Schöpferischen (Gegenstück, nicht Gegensatz, denn das Empfangende bekämpft das Schöpferische nicht, sondern ergänzt es vielmehr). Kun ist die Natur gegenüber dem Geist, die Erde gegenüber dem Himmel, das Räumliche gegenüber dem Zeitlichen, das Weiblich-Mütterliche gegenüber dem Männlich-Väterlichen.

Bei der Interpretation von Kun in bezug auf das Schicksal des Menschen und seine Verhältnisse findet sich der Grundsatz dieser Ergänzung von Qian und Kun nicht nur in den Beziehungen zwischen Mann und Frau, sondern auch von Fürst und Minister, Vater und Sohn oder Arbeitgeber und Arbeitnehmer.

Nach den I-Ging-Kommentaren muß Kun unter der Leitung und Anregung von Qian, dem Schöpferischen, stehen, um sein heilvolles Wirken zu maximieren. Die Kun entsprechende Himmelsrichtung ist der Norden bei der frühen Himmelsanordnung und der Südwesten bei der späteren Himmelssequenz.

Das Trigramm »ZHEN«, das Erregende, besteht aus zwei gebrochenen Yin-Linien über einer ungebrochenen Yang-Linie. Es repräsentiert den ältesten Sohn und wird oft mit Bewegung und Entscheidung, Heftigkeit und Schrecken assoziiert. Als Bild dient der Donner, und das Symbol ist der Drache, der aus der Tiefe hervorbrechend wunderbar und herrlich bis in die stürmischen Himmel aufsteigt. Dies wird durch die eine starke Linie veranschaulicht, die unterhalb der beiden weichen Linien machtvoll empordringt. Das Trigramm wird von einer dunkelgelben Farbe symbolisiert, die sich nach außen hin ausbreitet und das üppige Wachstum des Frühlings verkündet, das die Erde mit dem Gewand der Pflanzen überzieht. Das Element dieses Trigramms ist folgerichtig das große Holz. Im I Ging bildet die Verdoppelung dieses Trigramms das Hexagramm Zhen, das beschrieben wird als »... Erschütterung, die Furcht und Zittern erregt, was dazu führt, daß man vorsichtig wird, und Vorsicht bringt das Glück und Heil ... ein Symbol der inneren Ruhe inmitten des Sturmes äußerer Bewegung«.
Zhen bedeutet auch Donner, »der alles im Umkreis von hundert Meilen in Schrecken versetzt, zugleich das Symbol eines mächtigen Herrschers, der weiß, wie man sich Respekt verschafft, aber dabei auch sorgfältig und genau im kleinsten ist«. Zhen hat seinen Platz im Nordosten bei der frühen Himmelsanordnung und vertritt den Osten bei der späteren Himmelssequenz.

Das Trigramm »SUN«, das Sanfte, wird aus zwei ungebrochenen Yang-Linien über einer gebrochenen Yin-Linie gebildet. Dieses Trigramm vertritt die älteste Tochter, und sein Attribut ist in dem Wort »eindringlich« zusammengefaßt. Das Sanfte hat als Bilder das kleine Holz, den Wind und die Unentschlossenheit. Sun wird vom Hahn symbolisiert, dessen Stimme die stille Morgenluft durchdringt. Es charakterisiert »Händlernaturen«, denen Gewinne in den Schoß fallen und sich dann am Markt verdreifachen. Sun wird zuweilen als ein Zeichen von Heftigkeit und Vehemenz gedeutet. Es repräsentiert zugleich Weiß und Reinheit, die beide manchmal auch als Sinnbild des Yin-Prinzips hingestellt werden. Hier steht das Yin am unteren Platz, ganz am Anfang. Sun ist dem Südwesten nach der frühen Himmelssequenz beigeordnet und dem Südosten nach der späteren Himmelssequenz.

Das Trigramm »DUI«, das Heitere, umfaßt eine gebrochene Yin-Linie oberhalb von zwei ungebrochenen Yang-Linien. Die beiden Yang-Linien sind die Herrscher des Trigramms, obwohl sie unfähig sind, als regierende Herrscher zu handeln. Dui vertritt die Heiterkeit, die Freude und die jüngste Tochter. Ihm ist das Element kleines Metall zugeordnet. Zu ihm gehört auch das Bild des Sees, der alles Lebendige erfreut und erfrischt.

Dui ist ferner der Mund. Wenn die Menschen einander positive Gefühle mitteilen, so geschieht dies durch den Mund. Eine Yin-Linie erscheint oberhalb von zwei Yang-Linien; das deutet an, daß die beiden Prinzipien einander erheitern und das nach

außen hin zum Ausdruck bringen. Dui bedeutet auch abfallen und aufbersten. Bei den Bodenarten steht es für das Harte und Salzige. Dui ist die Konkubine, eine Assoziation, die von den Verbindungen der jüngsten Tochter abgeleitet wurde. Es ist das Bild des Schafs, das nach außen weich und innerlich stur wirkt, wie es diese Form der Linienanordnung erkennen läßt.
Bei der früheren Himmelssequenz steht das Trigramm im Südosten, unter der späteren hingegen im Westen; und es ist deshalb mit der Vorstellung vom Herbst verknüpft. Für die Feng-Shui-Praxis lautet das wichtigste Stichwort für Dui »Freude«.

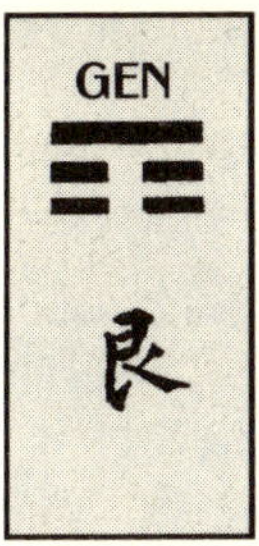

Das Trigramm »GEN«, das Stillhalten, besteht aus einer ungebrochenen Yang-Linie über zwei gebrochenen Yin-Linien. Gen vertritt den jüngsten Sohn in der Familie. Das Trigramm bedeutet buchstäblich »Stillstand«, ein durch das Bild des Berges veranschaulichter Zustand. Dieses Symbol des Berges hat eine geheimnisvolle Bedeutung. Hier, in der tiefen Verborgenheit der Stille, liegt der Ort, wo aller Dinge Anfang und Ende ist. Tod und Leben, Sterben und Wiederauferstehen – das sind Gedanken, die uns beim Übergang von einem gerade zu Ende gehenden in ein neues Jahr bewegen. Gen steht somit für eine Zeit der Einsamkeit, die zugleich ein Verbindungsglied zwischen einem Ende und einem Anfang ist. Das Gen beigeordnete Element ist die kleine Erde; nach der früheren Himmelssequenz der Trigramme liegt sein Ort im Nordwesten, und bei der späteren Himmelssequenz ist Gen im Nordosten vertreten.

Das Trigramm »KAN«, das Abgründige, besteht aus einer ungebrochenen Yang-Linie, die von zwei gebrochenen Yin-Linien eingeschlossen ist. Kan vertritt den mittleren Sohn. Sein Element ist das Wasser und seine Jahreszeit der Winter. Kan bedeutet Perle, Schlauheit sowie verborgene Dinge. Es wird auch als Symbol der Gefahr und Melancholie angesehen, denn eine (starke) Yang-Linie ist von zwei (schwachen) Yin-Linien eingeschlossen. Kan gilt häufig als das Trigramm, das Assoziationen mit »Mühsal« suggeriert. Wie keines der anderen Trigramme ist es der Repräsentant von Arbeit schlechthin. Es ist kein fröhliches Trigramm.

Kan hat als symbolische Farbe Rot – jenes Rot, das der Flüssigkeit im Körper, also dem Blut, ähnelt. Kan stand nach der frühen Himmelssequenz ursprünglich im Westen, wurde aber unter der späteren Himmelssequenz in den Norden gestellt, dem Platz, den zuvor Kun, das Empfangende, innehatte.

Das Trigramm »LI«, das Haftende, schließlich besteht aus einer gebrochenen Linie in der Mitte, eingeschlossen von zwei starken (ungebrochenen) Yang-Linien. Li ist das Feuer und vertritt die mittlere Tochter. Li ist auch die Sonne, die Helligkeit, der Blitz, die Hitze und die Trockenheit. Der Charakter des Trigramms deutet auf etwas nach außen hin Festes, das aber hohl, schwach und weich im Inneren ist.

Dieses Trigramm zeigt starke Abhängigkeit an, doch eine Art von Abhängigkeit, die positiv und förderlich ist, so wie bei der Pflanze, die an der Erde »haftet« und dabei wächst, oder bei »Sonne und Mond, die ihre Helligkeit in ihrer Verhaftung am

Himmel erreichen«. Das weiche Element in Li ist die zentrale Linie, deshalb ist sein Bild das einer starken, aber fügsamen Kuh.

Ferner lodert in Li das Feuer, und es gilt der Satz »... was hell ist, steigt empor«. Im spirituellen oder divinatorischen Sinne vermag das Trigramm mit seinem Licht (solange es in seiner Helligkeit beständig bleibt) die Welt zu »erleuchten«.

Nach der frühen Himmelssequenz nimmt Li zwar den Osten ein, doch unter der späteren Himmelssequenz ist sein Platz im Süden, der die Sommersonne repräsentiert, die alle irdischen Dinge im Licht erstrahlen läßt.

Im Buch der Wandlungen werden noch weitere Sinnbilder mit den Trigrammen in Verbindung gebracht; gleichzeitig liefert es ausführliche Kommentare, die den Charakter der Linien selbst kritisch beurteilen.

Für den Gebrauch der Trigramme im Feng Shui liegt ihre Bedeutung jedoch hauptsächlich (wenn auch nicht ausschließlich) in ihrer Beziehung zu den Himmelsrichtungen, den fünf Elementen, dem Familienmitglied, das sie vertreten, und den Gegebenheiten der Natur, die sie verkörpern.

Hat man erst einmal diese Prinzipien und Zusammenhänge begriffen, kann man normalerweise auch die grundlegenden Ableitungen, die den Schwerpunkt der Feng-Shui-Arbeit und -Methodik ausmachen, verstehen.

Für die Kompaß-Schule des Feng Shui ist auch ein adäquates Wissen über die sequentiellen Anordnungen der Trigramme von Bedeutung, denn diese geben zum einen Aufschluß über die Ursprünge des Ga Bua und drücken zum anderen die Sicht der menschlichen Existenz im Licht des Ga Bua aus. Nach der Überlieferung gibt es zwei allgemein anerkannte Anordnungen, die des frühen Himmels und die des späteren Himmels.

Die frühe Himmelssequenz

Hierbei sind die acht Trigramme in einer paarweisen Anordnung aufgeführt, die nach dem Volksglauben auf den ursprünglichen Gründer Fuxi zurückgeht und mithin bereits in der Zeit der Zhou-Dynastie existierte. Diese frühe Sequenzformation, auch unter der Bezeichnung »Ur-Anordnung« bekannt, stellt die beiden Trigramme Qian und Kun, das Schöpferische und das Empfangende, den Himmel und die Erde, in den Süden beziehungsweise Norden. Diese zwei gänzlich Yang- beziehungsweise gänzlich Yin-Trigramme bilden mithin die Nord-Süd-Achse. Es folgt die Gen-Dui-Achse, das heißt der Berg und der See; ihre Kräfte fließen ineinander, denn der Wind weht vom Berg in Richtung See, während Wolken und Nebelfelder vom See in Richtung Berg ziehen. Es handelt sich hier also um eine zirkulierende Beziehung. Die Gen-Dui-Achse verläuft von Nordwesten nach Südosten.
Die dritte Achse wird von Zhen und Sun – Donner und Wind – gebildet, die sich gegenseitig stärken, wann immer sie auftreten. Ihr Verlauf ist von Nordosten nach Südwesten.

Schließlich stellen Li und Kan, also Feuer und Wasser, die verbleibende Achse. Obwohl diese beiden Elemente in der physischen Welt zunächst als unvereinbare Gegensätze erscheinen mögen, gleichen sie sich nach Fuxi in ihrem Erst- oder Urzustand gegenseitig aus, so daß es in Wirklichkeit überhaupt keinen Konflikt zwischen ihnen gibt!
Diese Sicht von Feuer und Wasser muß gebührende Beachtung finden, wenn wir die wechselseitigen Beziehungen der fünf Elemente untereinander analysieren und insbesondere den traditionellen destruktiven Zyklus betrachten, wonach Wasser als das »Feuer auslöschende« Element gilt.

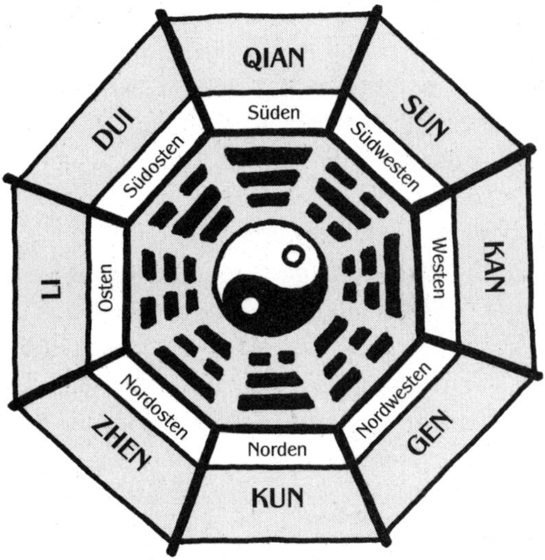

Frühe Himmelssequenz

Wenn die Trigramme in Bewegung kommen und ineinander übergehen, geschieht dies in zweifacher Richtung:
Erstens die übliche Bewegung im Uhrzeigersinn. Sie ist kumulativ und nach vorne gerichtet, strömend und zunehmend, so daß im Verlauf der Zeit diese Vorwärtsbewegung die künftigen Ereignisse bestimmt.
Zweitens registrieren wir auch eine gegenläufige, nach rückwärts gerichtete Bewegung, einrollend und zusammenziehend, die die Zeit an sich vorüberziehen läßt; auf diese Weise werden die Samen der Zukunft geschaffen. Erläuternd läßt sich dazu sagen: Wer die Essenz dieser Rückwärtsbewegung begriffen hat, vor dessen Auge entfaltet sich die zukünftige Lage in aller Klarheit.
Die Ur-Anordnung drückt auch die Kräfte der Natur in sogenannten Gegensatzpaaren aus. So hat der Donner, eine elektrisch geladene Kraft, den Wind als seinen Gegensatz. Der Regen, der die Saat wässert und sie zum Keimen bringt, hat die Sonne, die die Wärme liefert, als Gegenspieler. Dies ist ein weiteres Beispiel für die Behauptung, daß »Wasser und Feuer sich *nicht* gegenseitig bekämpfen«.
Zum besseren Verständnis der gegenläufigen Kräfte nehmen wir das Trigramm Gen, das Stillhalten, das die Beendigung jeglicher Ausdehnung und allen Wachstums signalisiert. Sein Gegensatz, das Trigramm Dui, das Heitere, bringt die Ernte hervor. Und wenn wir uns die leitenden Kräfte des Schöpferischen und des Empfangenden anschauen, die gemeinsam die großen Gesetze des Seins repräsentieren, so bilden auch diese beiden eine Paarung von Gegensätzlichem.

Nach Fuxi kam glücklicherweise König Wen, der die Reihenfolge der Trigramme neu bestimmte, um eine Sicht der »Inneren Welt« des Menschen zu ermöglichen, eine Sicht, die eine weni-

ger tiefgründige Auslegung der Trigramme zu implizieren scheint. So entstand die spätere Himmelssequenz, die zweifellos den irdischen Aspekten und Beziehungen der verschiedenen charakteristischen Merkmale der Trigramme näher kommt.
Nach der modernen Interpretation beider Anordnungen stellt die frühe Himmelssequenz die Idealvorstellung des Universums dar, wie sie von den Trigrammen veranschaulicht wird. Die spätere Himmelssequenz hingegen zeigt die praktische Anwendung der Trigramme auf der Erde. Im weiteren Sinne gestattet die spätere Himmelsdarstellung also eine strategisch bessere und verständlichere Sicht der menschlichen Existenz.
Die beiden Anordnungen haben auch ihre äquivalenten »Hu-Tu«- und »Lo-Shu«-Schemata, die die magischen Aspekte der Trigramme plastischer hervorhoben, doch darüber später mehr. Jetzt wenden wir uns sinnvollerweise erst einmal der späteren Himmelsanordnung zu.

Die spätere Himmelssequenz

Die spätere Himmelsanordnung der Trigramme wird auch als die der »Inneren Welt« bezeichnet. Hierbei wurde den Trigrammen ihre Gruppierung in Gegensatzpaaren genommen und ihnen statt dessen eine kreisförmige und zeitliche Reihenfolge entsprechend ihrer jeweiligen Manifestation zugeordnet. Darin sind die Jahreszyklen ersichtlich mit ihren vier Jahreszeiten, die Tageszyklen mit dem Wechsel von Tag und Nacht und so weiter. Bei dieser neuen Anordnung scheint eine direktere Beziehung zwischen den Kardinalpunkten und den Jahreszeiten zu bestehen.
Die Anordnung der Trigramme rings um das Ga Bua hat sich dadurch radikal verändert.

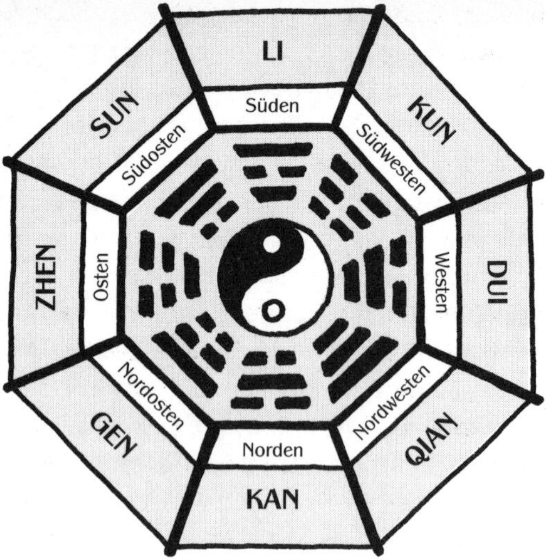

Der spätere Himmel

Gemäß dem I Ging läßt sich folgendes dazu sagen:
Das Jahr beschreibt die kreative Tätigkeit Gottes im Trigramm ZHEN, das Erregende, das im Osten steht und Frühling (den Beginn) bedeutet. Alle lebenden Dinge erscheinen im Zeichen des Erregenden, und sie werden zur Vollendung geführt im Zeichen des Sanften (SUN), das im Südosten steht. Das Haftende (LI) ist die Helligkeit, in der alle Wesen sich gegenseitig wahrnehmen. Es ist das Trigramm des Südens. So wandten sich die Weisen gen Süden (dem Licht zu), wenn sie nach dem Sinn des Universums lauschten. Darauf folgt das Empfangende, das für die Erde steht. Die Erde ernährt alle Geschöpfe. DUI oder das Heitere zeigt sich inmitten des Herbstes, gefolgt von QIAN, dem Schöpferischen, im Nordwesten und KAN, dem Wasser,

im Norden. Dann folgt das Zeichen GEN, das Stillhalten, im Nordwesten, wo Anfang und Ende ihre Vollendung finden. Damit schließt sich der Zyklus.

Die Reihenfolge der Trigramme spiegelt die Harmonie und immanente Ausgewogenheit des Jahres wider. Die obige Beschreibung veranschaulicht das Leben, wie die Natur es erfährt. Die Trigramme sind den Jahreszeiten und den Kardinalpunkten zugeordnet, um die ureigene Harmonie der Natur wiederzugeben. Man kann auch den jahreszeitlichen Rhythmus auf den eines gewöhnlichen Tages übertragen. Nehmen wir dazu beispielsweise das Trigramm ZHEN, das den Frühling vertritt; es kann ebensogut für den Morgen, also den Beginn des Tages, stehen. Das nächste Trigramm SUN repräsentiert den Wind, der das Eis im Winter zum Schmelzen bringt, und das Holz, welches keimt und wächst. Das bringt uns zu LI, das den Sommer und die Tagesmitte vertritt. Und so fahren wir fort mit den verbleibenden Trigrammen, so wie sie in der Reihenfolge des Zyklus vorkommen und dabei immer Harmonie und Ausgewogenheit verkünden.
Die spätere Himmelsanordnung ist insgesamt leichter nachvollziehbar, denn ihre Grundannahmen kommen den Lebensformen auf der Erde wesentlich näher. Deshalb wird in letzter Zeit diese Sequenzdarstellung des Ga Bua in der chinesischen Astrologie und im Feng Shui benutzt. Auch das Ganzhi-System der himmlischen Stämme und irdischen Zweige bezieht sich ebenso wie die Kompaß-Schule des Feng Shui weitgehend auf die spätere Himmelsanordnung des Ga Bua. Deshalb beruhen auch die meisten Lopans im Feng Shui, wenngleich nicht alle, auf dieser Sequenz. Es ist wichtig, diese beiden Anordnungen genau auseinanderzuhalten, nicht nur weil die jeweils zugrundeliegende Philosophie eine ganz andere ist, sondern weil vom

praktischen Standpunkt aus in beiden von jedem Trigramm unterschiedliche Himmelsrichtungen vertreten werden.
Im Rahmen der Methoden der Kompaß-Schule des Feng Shui sollte der angehende Praktiker unbedingt von einem weiteren Meilenstein in der Entwicklung Kenntnis haben: der historisch verbrieften Geschichte von der Entdeckung der magischen Quadrate, Hu-Tu und Lo-Shu.
Über diese Vierecke ist während der Han-Dynastie viel diskutiert und geschrieben worden, denn die damaligen Gelehrten haben sich sehr intensiv mit den magischen und weissagenden Aspekten des Ga Bua und I Ging befaßt. Von ihren Arbeiten hat vieles die Jahrhunderte nicht überdauert, insbesondere soweit sie das »Magische Tao« betreffen.
Was uns jedoch erhalten blieb, sind die mit dem Aufkommen der Yin/Yang-Theorien entwickelten Ideen. Das Augenmerk galt fortan dem Aspekt der Ausgewogenheit, und zugleich besann man sich wieder auf die Tugenden der Harmonie in Natur und Umwelt. So wurde das Ga Bua bereitwillig als aktive Philosophie angenommen und nicht länger als eine fatalistisch-passive Denkweise abgestempelt.
Die Vorbehalte gegen das »Magische« entsprangen stets einem tiefen Glauben. Und diejenigen, die mit der Weisheit des Ga Bua und seinen Trigrammen aktiv weiterarbeiteten, hielten an der unvermeidlichen Schlußfolgerung fest, daß das Schicksal wirklich und wahrhaftig veränderbar sei, wenn man nur um seine Gesetzmäßigkeiten wüßte und in der Lage wäre, die Geheimnisse und ursprünglichen Mechanismen des Ga Bua zu entschlüsseln. In der praktischen Anwendung des Feng Shui spiegelt sich das Festhalten der Chinesen an diesem Glauben wider. In der Tat scheint Feng Shui eine jener Methoden zu sein, die nahezu unverfälscht bis ins zwanzigste Jahrhundert erhalten geblieben sind.

Um die Geheimnisse des Ga Bua zu lüften, haben sich die früheren und heutigen Gelehrten intensiv mit dem mysteriösen Lo-Shu-Schema oder magischen Quadrat auseinandergesetzt. Im oder um das Jahr 2205 v. Chr. (also vor etwa viertausend Jahren) soll eine edle Schildkröte aus dem legendären Lo-Fluß emporgestiegen sein. Auf ihrem breiten Panzer trug sie neun Zahlen, die in einem Gittermuster angeordnet waren. Das Muster stimmte mit den acht Ga Bua-Trigrammen überein, wie sie sich rings um einen neunten zentralen Punkt legten.

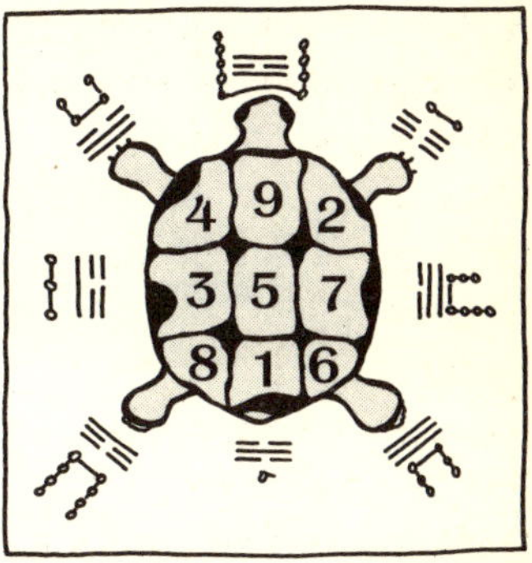

Die Lo-Shu-Zahlen auf der Schildkröte

Die Zahlen waren so angeordnet, daß die Summe einer jeden Dreierreihe, in beliebiger Richtung gelesen (ob horizontal, vertikal oder diagonal), immer die gleiche Zahl ergab, nämlich fünfzehn. Diese Zahl stimmt mit der Anzahl von Tagen einer jeden der vierundzwanzig Phasen des Sonnenjahres überein.

Die Anordnung der Zahlen in einem 3 x 3 = Neun-Felder-System hat die Symbolik und Mythologie der chinesischen Kultur weitgehend beeinflußt. Das Zahlenschema wurde schon bald ein fester Bestandteil in der Betrachtung der Trigramme nach der späteren Himmels-Ga-Bua-Anordnung. Gleichzeitig ging man in der Symbolik weiter und verband die Zahlen mit den vier himmlischen Tieren (dem Drachen, der Schildkröte, dem Tiger und dem Phönix) sowie mit den fünf Elementen. Das Lo-Shu-Quadrat diente auch der taoistischen Magie als Grundlage, und viele Rituale aus dem Taoismus orientieren sich noch immer an dem Lo-Shu-Schema.

Das Lo-Shu-Quadrat war nun keineswegs das erste Zahlenschema. Bereits neunhundert Jahre zuvor, also um 2943 v. Chr., soll der Sage nach Fuxi selbst auf dem Rücken eines Drachenpferdes, das dem Gelben Fluß entstieg, ein Zahlenschema überbracht worden sein. Bei diesem Schema, dem sogenannten Hu-Tu (siehe nebenstehende Abbildung), ergaben alle geraden oder ungeraden Zahlen in der Summe immer zwanzig, wenn man die fünf in der Mitte ignorierte. Wie unschwer erkennbar, ist das Hu-Tu-Schema jedoch nicht auch nur annähernd so beeindruckend wie das Lo-Shu-Muster!

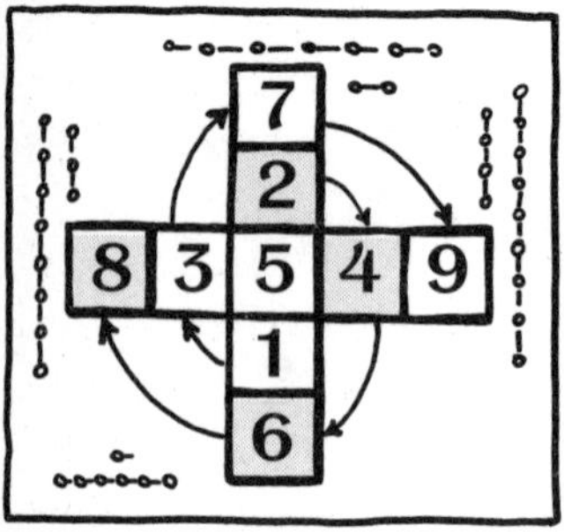

Hu-Tu-Schema

Das Hu-Tu wird gewöhnlich mit den Trigrammen nach der frühen Himmelsanordnung in Verbindung gebracht. So unbestreitbar seine Existenz auch ist, es reicht – wenn man das Potential beider Systeme miteinander vergleicht – nicht an das Lo-Shu heran. Mit den mystischen und mysteriösen Attributen des Lo-Shu-Schemas haben sich sowohl die religiös als auch philosophisch orientierten Gelehrten aller Zeiten beschäftigt, und auch in unseren Tagen lebt es als ein Mysterium fort – immer noch wirksam und stets geheimnisvoll.

Die sogenannten magischen Aspekte des Lo-Shu schlagen sich stark in den Methoden der Kompaß-Schule des Feng Shui nieder. Die alten Meister billigen dem Quadrat eine sehr enge Verwobenheit mit den nach der späteren Himmelssequenz angeordneten Trigrammen zu. Die in diesem Buch beschriebene

Feng-Shui-Methode (siehe drittes Kapitel), von der sich so manche Richtung der heutigen Kompaß-Schule inspirieren läßt, ist eng mit den rätselhaften Geheimnissen des Lo-Shu-Schemas verwoben.
Die Gelehrten, die sich mit dessen Ursprüngen vertiefend auseinandergesetzt haben, behaupten, daß es verblüffende Ähnlichkeiten zwischen den Zahlen des Schemas und bestimmten Kraftsymbolen aus anderen Kulturkreisen gibt, insbesondere aus der althebräischen Tradition, deren bedeutungsvolles Siegel des Planeten Saturn in mancherlei Hinsicht dem Lo-Shu-Quadrat ähnelt. Wenn auch ein Großteil dieser Überlegungen im spekulativen Bereich angesiedelt bleibt, darf hier nicht übersehen werden, daß wir eine sehr komplexe Lehre zu verstehen suchen, deren Ursprünge bis ins frühe Altertum zurückreichen. Unbestreitbar bleibt die Tatsache, daß es innerhalb der chinesischen Kultur (deren Wurzeln womöglich mit denen anderer Völker und Gesellschaften verbunden sind) einen Wissensschatz gibt, der uns wichtige Aufschlüsse über die wahre Wirkungsweise der Kräfte des Universums gibt.
Es sei eine seltsame Sache, schreibt der berühmte Psychologe C. G. Jung, daß ein so talentiertes und intelligentes Volk wie das der Chinesen nie etwas entwickelt habe, was man gemeinhin als Wissenschaft bezeichnet. Er bezieht sich in seiner Erkenntnis auf den westlichen Weg der Wissenschaft. Er sagt, die Wissenschaft der westlichen Welt baue auf dem Kausalprinzip als der allgemeingültigen Wahrheit auf. Doch ebenjene Pfeiler der Kausalität sind es, die heute die Fundamente der Wissenschaft erschüttern: Laut Jung wissen wir heute, daß alles, was wir unter dem Begriff »wissenschaftliche Gesetze« führen, nur statische Wahrheiten sind, die notgedrungen auch Ausnahmen zulassen müssen. Wie läßt sich die absolute Gültigkeit von

Natur- oder wissenschaftlichen Gesetzen überhaupt unter Beweis stellen?
Feng Shui oder die sogenannte chinesische »Landschafts-Magie« beinhalten nichts anderes: nämlich die praktische Anwendung von Naturgesetzen unter Berufung auf die Weisheit (Wissenschaft) der Alten. Das mag auch erklären, warum sich Chinesen im allgemeinen so intensiv und akribisch mit den Gesetzen von Harmonie und Ausgewogenheit beschäftigen. Sie alle tragen die feste Überzeugung in sich, daß es im gesamten Kosmos eine Kraft oder mehrere Kräfte gibt, die man nutzen beziehungsweise »anzapfen« kann, um ein vollkommeneres Dasein entstehen zu lassen. Vielleicht ist dies das Qi? Jener wunderbare Atem des Drachen, dessen lyrischer Name seine phänomenalen Kräfte in Schönheit erstrahlen läßt? Doch was hat das mit dem Negativen und Positiven auf sich, mit dem Sich-Ergänzen von Gegensätzen und einer Daseinsform, wie sie so vielsagend und dennoch so rätselhaft in der Yin-Yang-Philosophie zum Ausdruck kommt?
Das magische Lo-Shu-Quadrat scheint uns den Weg zu weisen, wie sich etwas von der geheimen Weisheit aus früheren Zeiten Chinas entschlüsseln läßt. Warum? Weil es funktioniert und sich beispielsweise in der Praxis des Feng Shui, das damit arbeitet, immer wieder bestätigt. Es belohnt den Anwender mit reichlich irdischem Glück. Vielleicht ist es also mehr das Lo-Shu-Quadrat mit seiner einfachen Zahlenanordnung als das Ga Bua, das uns den Schlüssel zur Weisheit der Alten in die Hand gibt – eine so wissenschaftliche Weisheit, daß man sie durchaus als magisch bezeichnen könnte!

Teil II

Die Kompaß-Schule

3. Das Feng Shui des Ba-Gua-Lo-Shu

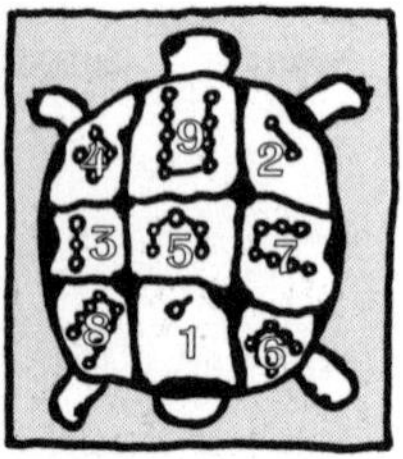

Die Lo-Shu-Zahlen

Die Ba-Gua-Lo-Shu-Methode des Feng Shui ist eine personenbezogene Technik, die auf dem individuellen Horoskop eines Menschen basiert. Anhand verschiedener aufbereiteter Tabellen, die auf den nachfolgenden Seiten vorgestellt werden, kann der Leser zwei wichtige Informationen beziehen, die ihn in die Lage versetzen, seine Wohn- und Geschäftsräume so auszurichten und zu gestalten, daß ein gutes Feng Shui vorherrscht. Diese beiden Informationen betreffen:

- die vier günstigsten und ungünstigsten Richtungen
- die vier günstigsten und ungünstigsten Orte innerhalb von Wohn- und Arbeitsstätten.

Zwischen *Richtungen* und *Orten* besteht ein fundamentaler Unterschied; und wenn wir uns diesen immer wieder vor Augen führen, bleiben uns in der späteren Anwendung Fehler erspart. Die der Ba-Gua-Lo-Shu-Methode des Feng Shui zugrundeliegenden Formeln stellen einen wichtigen Zweig der Hokkienschen Kompaß-Schule dar.

Die meisten der in englischer Sprache verfaßten Bücher über Feng Shui erwähnen diese Methode entweder überhaupt nicht, oder wenn, dann nur am Rande und bestenfalls in Form einer allgemeinen Beschreibung; Erläuterungen oder gar praktische Hinweise sind so gut wie nie enthalten. Und für die eigentliche Anwendung der Formeln gibt es effektiv nur wenig Hilfestellung. So ist es beispielsweise unmöglich, die günstigsten oder ungünstigsten Richtungen für jemanden zu ermitteln, ohne Zugang zu den aufbereiteten Tabellen (die die persönlichen Horoskopdaten eines Menschen berücksichtigen) zu haben. Ebenso kann sich niemand die sogenannten glückverheißenden Richtungen zunutze machen oder die unheilvollen vermeiden, wenn genaue Instruktionen und Leitlinien fehlen. Im übrigen würde ein gewisses Verständnis der zugrundeliegenden Ba-Gua- und Lo-Shu-Philosophie auch nicht schaden!

Die in diesem Buch vorgestellten Tabellen und Anwendungsformen sind einem uralten Handbuch aus dem Besitz von Meister Yap entnommen; die handgeschriebenen Texte fielen ihm vor etwa dreißig Jahren in die Hände. Das mittlerweile stark abgegriffene Lehrbuch ist offensichtlich von einem Feng-Shui-Praktiker in Südchina von Hand aus einem Werk abgeschrieben worden, das während der Qianlong-Periode unter der Qing-Dynastie entstanden sein muß. Eine Kopie dieses handschriftlichen Originals fand zu Beginn dieses Jahrhunderts ihren Weg nach Malaysia.

Meister Yap brauchte etwa drei Jahre, um die Geheimnisse der in dem Handbuch enthaltenen Formeln und Aussagen zu entschlüsseln. Nachdem er sie interpretiert und im Detail begriffen hatte, machte er umfangreichen Gebrauch von den in jenem Werk dargelegten Feng-Shui-Methoden. In seiner vieljährigen Erfahrung mit diesem Handbuch und dessen Richtlinien hat Meister Yap nicht ein einziges Mal »Schiffbruch« erlit-

ten. Vielmehr gelang es ihm, dem Alltag und dem Leben seiner Klienten und Freunde einen entschieden positiveren Verlauf zu geben. Auf diese Weise konnte eine ganze Reihe der ortsansässigen Geschäftsmagnate und Millionäre direkt von besagtem Wissensschatz profitieren.
Vielen Menschen gelang es auch, spezifische Familien-, Erziehungs- oder Partnerschaftsprobleme sowie berufliche oder gesundheitliche Schwierigkeiten zu bewältigen, nachdem sie ihre Wohnungen oder Räumlichkeiten anders aufgeteilt hatten und sich demzufolge im Einklang mit den für sie günstigeren oder gar optimalen Richtungen befanden, wie sie das Ba-Gua- und Lo-Shu-System ausgewiesen hatten. Seit über zwanzig Jahren arbeitet die Autorin nunmehr mit der von Meister Yap entwickelten Ba-Gua-Lo-Shu-Methode des Feng Shui.
Für die Anwendung dieser Technik empfiehlt sich folgende Vorgehensweise: Machen Sie sich zunächst mit den Ursprüngen, den charakteristischen Merkmalen und den Grundsätzen des Ba-Gua (insbesondere das der späteren Himmelsanordnung) und seinen acht Trigrammen vertraut. Auf diese Weise eignen Sie sich das notwendige Hintergrundwissen über die wichtigen Symbole, Himmelsrichtungen und Elemente – die Säulen dieser Trigramme – an. Darüber hinaus sollten Sie die Geschichte des magischen Lo-Shu-Quadrats kennen, denn die Anordnung der neun Zahlen in seinen neun Feldern steht in direkter Verbindung mit dem späteren Himmels-Ba-Gua. Dieses Beziehungsgeflecht bildet den Eckpfeiler der ganzen Methode.
Je besser wir die Querverbindungen zwischen den Symbolen verstehen und ihre Abhängigkeiten untereinander begreifen, desto genauer können wir die mit Hilfe der Methode ermittelten Ergebnisse interpretieren und praktisch umsetzen. Ebenso wichtig ist ein solides Wissen von den fünf Elementen (Feuer, Wasser, Metall, Erde und Holz), ihres wechselseitigen Wirkens

und der zahlreichen, oft komplexen Einflüsse, die sie aufeinander haben.
Für den Anwender bedeutet das, tiefer einzutauchen und über die einfach strukturierten produktiven und destruktiven Kreisläufe der Elemente hinausschauen zu lernen, um beispielsweise auch zwischen dem »kleinen Holz« und dem »großen Holz« differenzieren zu können. Die hier angesprochenen grundsätzlichen Überlegungen wurden im vorhergehenden Teil dieses Buches bereits ausführlich behandelt und kommentiert. Dem Leser sei an dieser Stelle noch einmal nahegelegt, sich zumindest einen Überblick über die wechselseitigen Beziehungen und die Bedeutung der Symbolik und der Bilder zu verschaffen, bevor er sich der praktischen Seite des Ba-Gua-Lo-Shu-Feng-Shui zuwendet.
Zudem sollte man in der Praxis der Kompaß-Schule des Feng Shui die verschiedenen Komponenten der Formen-Schule nie außer acht lassen. Dabei geht es um die Betrachtung der Landschaft und des Terrains der unmittelbaren Umgebung im Hinblick darauf, wie sich der lebendige Atem des Drachen und die zirkulierenden Qi-Strömungen nutzbar machen lassen; wie man die Vorstellungen von Harmonie und Ausgewogenheit am besten realisieren kann; und das wohl Wichtigste überhaupt, wie man etwa lauernde »Giftpfeile« entdecken und seine Aufmerksamkeit und Wachsamkeit für solche sogenannten Sha-Träger schulen kann.
Die natürlichen Landschaftsformen können ebensowenig ignoriert werden wie die von Menschenhand errichteten Strukturen und scharfkantigen Ecken, die Sha-Qi erzeugen könnten – jene unheilvollen Energien, die Pech und Unglück bringen. Fast alle Feng-Shui-Meister und klassischen Schriften stimmen darin überein, daß derartige Gebäudeformen um jeden Preis vermieden oder mit entsprechenden Ableitvorrichtungen verse-

hen werden müssen. Selbst wenn optimale Richtungsbedingungen bei einem Menschen gegeben sind und alles so ausgelegt ist, daß reichlich Glück und Segen fließen müßten, reicht ein tödlich wirkender Giftpfeil aus, um das gute Feng Shui völlig zunichte zu machen!
Wer sich ausführlich mit der Formen-Schule des Feng Shui und den darin betonten Landschaftskonfigurationen vom Grünen Drachen und Weißen Tiger befassen möchte, kann das Einführungswerk der Autorin (»Die Grundlagen für Feng Shui«) zur vertiefenden Lektüre heranziehen. Die praktische Anwendung der Ba-Gua-Lo-Shu-Methode ist Teil der Kompaß-Schule. Zur Optimierung der Resultate empfiehlt es sich jedoch, die im vorliegenden Buch erörterten Techniken mit den Gedankengängen der Landschaftstheorie oder Formen-Schule des Feng Shui zu verknüpfen.

Die Gua-Zahl

Auf den folgenden Seiten erfahren Sie, wie Sie die jeweils günstigen Feng-Shui-Richtungen und -Orte im Sinne der Kompaß-Schule ermitteln können. Hierzu gehen Sie folgendermaßen vor: Ermitteln Sie zunächst Ihre »Gua«-Zahl (aus der Wortbildung Ba-Gua entlehnt) anhand Ihres persönlichen Horoskops. Ausschlaggebend hierfür ist Ihr Geburtsjahr, so wie es im Mondkalender erscheint. Die Tabellen 1 A – D weisen die Gua-Zahlen der Geburtsjahre von 1912 bis 2008 getrennt für Männer und Frauen aus.
Der erste Arbeitsschritt lautet, in der Tabelle 1 Ihre persönliche Gua-Zahl abzulesen. Schauen Sie sich zur Gegenprobe das mit Ihrem Geburtsjahr zusammenfallende Tierzeichen an, um sicher-

zugehen, daß die Zahl auch korrekt ist. Die den verschiedenen Jahren zugeordneten Gua-Zahlen wurden anhand von mathematischen Formeln errechnet, die aus den klassischen Schriften entnommen sind. Die Zahlen rücken jeweils getrennt für Männer und Frauen mal im Uhrzeigersinn, mal gegen den Uhrzeigersinn vor, so daß es in den meisten Jahren unterschiedliche Gua-Zahlen für beide Geschlechter gibt.
Die Gua-Zahl ist deshalb so signifikant, weil aus ihr die äußerst wichtigen Lo-Shu-Zahlen abgeleitet werden. Gleichzeitig liefert sie Hinweise auf bestimmte Charaktereigenschaften, wie sie für die Praxis des Feng Shui relevant sind, beispielsweise um Verträglichkeiten mit Geschäfts- oder Ehepartnern und Kindern einschätzen zu können und auf Anhieb die Himmelsrichtungen festzustellen, die für einen Menschen günstig oder ungünstig sind.

Die Lo-Shu-Zahlen

Nachdem Sie Ihre Gua-Zahl ermittelt haben, folgt nun als nächster Schritt die Bestimmung Ihrer Lo-Shu-Zahlen. Diese sagen etwas über die Orte innerhalb des Lo-Shu-Schemas aus, die für Sie persönlich am besten beziehungsweise ungünstigsten sind. Die Qualität des Feng Shui hängt maßgeblich von der Positionierung und dem Zusammenspiel der Räume ab, so wie es sich anhand Ihres Lo-Shu-Quadrats ergibt. Aus diesem Grund ist es von großer Wichtigkeit, die günstigen und ungünstigen Lo-Shu-Zahlen näher zu betrachten, wobei man Wesen und Merkmale der jeweiligen Zahlen genau kennen und gegeneinander abwägen muß, um ihre Wirksamkeit in den einzelnen Phasen der Umsetzung zu maximieren.

Tabelle 1 A: Gua-Zahl für Männer und Frauen

Mondkalender: 1912 – 1936

Tier	Geburtsjahr	Mann	Frau
Ratte (W)	18.02.1912 – 05.02.1913	7	8
Ochse (W)	06.02.1913 – 25.01.1914	6	9
Tiger (H)	26.01.1914 – 13.02.1915	5	1
Hase (H)	14.02.1915 – 02.02.1916	4	2
Drache (F)	03.02.1916 – 22.01.1917	3	3
Schlange (F)	23.01.1917 – 10.02.1918	2	4
Pferd (E)	11.02.1918 – 31.01.1919	1	5
Schaf (E)	01.02.1919 – 19.02.1920	9	6
Affe (M)	20.02.1920 – 07.02.1921	8	7
Hahn (M)	08.02.1921 – 27.01.1922	7	8
Hund (W)	28.01.1922 – 15.02.1923	6	9
Schwein (W)	16.02.1923 – 04.02.1924	5	1
Ratte (H)	05.02.1924 – 24.01.1925	4	2
Ochse (H)	25.01.1925 – 12.01.1926	3	3
Tiger (F)	13.01.1926 – 01.02.1927	2	4
Hase (F)	02.02.1927 – 22.01.1928	1	5
Drache (E)	23.01.1928 – 09.02.1929	9	6
Schlange (E)	10.02.1929 – 29.01.1930	8	7
Pferd (M)	30.01.1930 – 16.02.1931	7	8
Schaf (M)	17.02.1931 – 05.02.1932	6	9
Affe (W)	06.02.1932 – 25.01.1933	5	1
Hahn (W)	26.01.1933 – 13.01.1934	4	2
Hund (H)	14.01.1934 – 03.02.1935	3	3
Schwein (H)	04.02.1935 – 23.01.1936	2	4

Die Elemente: M = Metall, W = Wasser, H = Holz, F = Feuer, E = Erde

Tabelle 1B: Gua-Zahl für Männer und Frauen

Mondkalender: 1936 – 1960

Tier	Geburtsjahr	Mann	Frau
Ratte (F)	24.01.1936 – 10.02.1937	1	5
Ochse (F)	11.02.1937 – 30.01.1938	9	6
Tiger (E)	31.01.1938 – 18.02.1939	8	7
Hase (E)	19.02.1939 – 07.02.1940	7	8
Drache (M)	08.02.1940 – 26.01.1941	6	9
Schlange (M)	27.01.1941 – 14.02.1942	5	1
Pferd (W)	15.02.1942 – 04.02.1943	4	2
Schaf (H)	05.02.1943 – 24.01.1944	3	3
Affe (H)	25.01.1944 – 12.01.1945	2	4
Hahn (H)	13.01.1945 – 01.02.1946	1	5
Hund (F)	02.02.1946 – 21.01.1947	9	6
Schwein (F)	22.01.1947 – 09.02.1948	8	7
Ratte (E)	10.02.1948 – 28.01.1949	7	8
Ochse (E)	29.01.1949 – 16.02.1950	6	9
Tiger (M)	17.02.1950 – 05.02.1951	5	1
Hase (M)	06.02.1951 – 26.01.1952	4	2
Drache (W)	27.01.1952 – 13.01.1953	3	3
Schlange (W)	14.01.1953 – 02.02.1954	2	4
Pferd (H)	03.02.1954 – 23.01.1955	1	5
Schaf (H)	24.01.1955 – 11.01.1956	9	6
Affe (F)	12.01.1956 – 30.01.1957	8	7
Hahn (F)	31.01.1957 – 17.02.1958	7	8
Hund (E)	18.02.1958 – 07.02.1959	6	9
Schwein (E)	08.02.1959 – 27.01.1960	5	1

Die Elemente: M = Metall, W = Wasser, H = Holz, F = Feuer, E = Erde

Tabelle 1 C: Gua-Zahl für Männer und Frauen

Mondkalender: 1960 – 1984

Tier	Geburtsjahr	Mann	Frau
Ratte (M)	28.01.1960 – 14.02.1961	4	2
Ochse (M)	15.02.1961 – 04 02.1962	3	3
Tiger (W)	05.02.1962 – 24 01.1963	2	4
Hase (W)	25.01.1963 – 12 02.1964	1	5
Drache (H)	13.02.1964 – 01 02.1965	9	6
Schlange (H)	02.02.1965 – 20.01.1966	8	7
Pferd (F)	21.01.1966 – 08.02.1967	7	8
Schaf (F)	09.02.1967 – 29.01.1968	6	9
Affe (E)	30.01.1968 – 16.02.1969	5	1
Hahn (E)	17.02.1969 – 05.02.1970	4	2
Hund (M)	06.02.1970 – 26.01.1971	3	3
Schwein (M)	27.01.1971 – 15.01.1972	2	4
Ratte (W)	16.01.1972 – 02.02.1973	1	5
Ochse (W)	03.02.1973 – 22.01.1974	9	6
Tiger (H)	23.01.1974 – 10.02.1975	8	7
Hase (H)	11.02.1975 – 30.01.1976	7	8
Drache (F)	31.01.1976 – 17.02.1977	6	9
Schlange (F)	18.02.1977 – 06.02.1978	5	1
Pferd (E)	07.02.1978 – 27.01.1979	4	2
Schaf (E)	28.01.1979 – 15.02.1980	3	3
Affe (M)	16.02.1980 – 04.02.1981	2	4
Hahn (M)	05.02.1981 – 24.01.1982	1	5
Hund (W)	25.01.1982 – 12.02.1983	9	6
Schwein (W)	13.02.1983 – 01.02.1984	8	7

Die Elemente: M = Metall, W = Wasser, H = Holz, F = Feuer, E = Erde

Tabelle 1 D: Gua-Zahl für Männer und Frauen

Mondkalender: 1984 – 2008

Tier	Geburtsjahr	Mann	Frau
Ratte (H)	02.02.1984 – 19.02.1985	7	8
Ochse (H)	20.02.1985 – 08.02.1986	6	9
Tiger (F)	09.02.1986 – 28.01.1987	5	1
Hase (F)	29.01.1987 – 16.02.1988	4	2
Drache (E)	17.02.1988 – 05.02.1989	3	3
Schlange (E)	06.02.1989 – 26.01.1990	2	4
Pferd (M)	27.01.1990 – 14.02.1991	1	5
Schaf (M)	15.02.1991 – 03.02.1992	9	6
Affe (W)	04.02.1992 – 22.01.1993	8	7
Hahn (W)	23.01.1993 – 09.02.1994	7	8
Hund (H)	10.02.1994 – 30.01.1995	6	9
Schwein (H)	31.01.1905 – 18.02.1996	5	1
Ratte (F)	19.02.1996 – 06.02.1997	4	2
Ochse (F)	08.02.1997 – 27.02.1998	3	3
Tiger (E)	28.02.1998 – 15.02.1999	2	4
Hase (E)	16.02.1999 – 04.02.2000	1	5
Drache (M)	05.02.2000 – 23.01.2001	9	6
Schlange (M)	24.01.2001 – 11.02.2002	8	7
Pferd (W)	12.02.2002 – 31.02.2003	7	8
Schaf (W)	01.02.2003 – 21.01.2004	6	9
Affe (H)	22.01.2004 – 08.02.2005	5	1
Hahn (H)	09.02.2005 – 28.02.2006	4	2
Hund (F)	29.02.2006 – 17.02.2007	3	3
Schwein (F)	18.02.2007 – 06.02.2008	2	4

Die Elemente: M = Metall, W = Wasser, H = Holz, F = Feuer, E = Erde

Um mit den vier günstigen oder glückverheißenden Orten zu beginnen, schauen Sie nun in Tabelle 2 auf Seite 90 f. (2A oder 2B, je nachdem, ob Sie ein Mann oder eine Frau sind) nach den vier Lo-Shu-Zahlen, die Ihre vier besten Orte festlegen. Diese entsprechen den Feldern im Lo-Shu-Schema. Wenn Sie dieses auf den Grundrißplan Ihres Gebäudes oder Ihrer Wohnung legen, können Sie die Zonen oder Ecken darin identifizieren, die für Ihr Glück und Wohlergehen am zuträglichsten sind.

Beispiel eins: Wenn Sie am 03. März 1965 (Schlange im Element Holz) geboren und weiblichen Geschlechts sind, heißt Ihre Gua-Zahl 7. Aus der Tabelle 2B entnehmen Sie, daß Ihre guten Lo-Shu-Zahlen und damit Ihre besten Orte 6, 2, 8 und 7 lauten.

Beispiel zwei: Wenn Sie männlichen Geschlechts und am 28. Juni 1933 (Hahn im Element Wasser) geboren sind, lautet Ihre Gua-Zahl 4, und Ihre glückverheißenden Orte werden in der Tabelle 2A mit 1, 9, 3 und 4 ausgewiesen.

Die glückbringenden Orte

Jeder der vier günstigen Orte steht für eine andere Art von Glück. Selbst wenn sie in einer bestimmten Reihenfolge (allerbeste Lo-Shu-Zahl, zweitbeste usw.) angeordnet sind, liegen dieser Rangordnung rein praktische Erwägungen zugrunde. In Wirklichkeit sind alle vier Orte positiv. Im Feng-Shui-Handbuch werden sie wie folgt beschrieben:

Sheng Qi

Die allerbeste Lo-Shu-Zahl heißt SHENG QI, was übersetzt etwa »Atem erzeugen« bedeutet. Diese Zahl gibt Ort und Richtung im Lo-Shu-Schema an, die Sie bei Ihrer Terminplanung berücksichtigen sollten. Sie ist mit großem finanziellem Glück verbunden und gilt als der Ort, auf den Sie sich konzentrieren sollten, wenn es um die Verwirklichung materieller Ziele geht. Orientieren Sie Ihr Feng Shui nach dieser Örtlichkeit, so wird Ihnen Wohlstand zuteil. Wenn Sie Ihren Sheng-Qi-Ort und Ihre Sheng-Qi-Richtung erst einmal kennen, sollten Sie beide stets beachten. Sind Sie in der Politik engagiert, wird Ihnen dieser Lo-Shu-Ort eine hochrangige Position einbringen. Dies ist auch der Ort, der Ihnen fünf Söhne bescheren kann. Der Sheng-Qi-Ort im Lo-Shu-Schema weist Ihnen zugleich die Zone oder Ecke in Ihrem Haus oder Ihrer Wohnung aus, die sich zur Anordnung des Schlaf- und Arbeitszimmers am besten eignen. Er gibt ebenfalls Aufschluß über Ihre allergünstigste Himmelsrichtung, nach der Sie Ihre Haupteingangstüren anordnen sollten.

Tien Yi

Die zweitbeste Lo-Shu-Zahl lautet TIEN YI, was übertragen soviel wie »Doktor vom Himmel« bedeutet. Diese Zahl im Lo-Shu-Schema weist die Zone und Richtung aus, die Ihnen Reichtum in der Größenordnung des gehobenen Mittelstandes, gute Freunde und drei Söhne beschert! Man mag vielleicht versucht sein, sie als weniger segensreich als das Sheng Qi anzusehen, aber in der Feng-Shui-Praxis hat jede der günstigen beziehungsweise ungünstigen Lo-Shu-Zahlen ein ganz bestimmtes Wirk- und Eignungsfeld. Tien Yi entfaltet seine ganze Kraft, wenn es um die Heilung eines Familienmitglieds geht, das vielleicht schon längere Zeit unter unerklärlichen Krankheitssymptomen leidet. Sollten Sie also gesundheitlich angeschlagen oder gar krank sein, müssen Sie diese Richtung unbedingt aktivieren. Positionieren Sie dazu Ihren Reis- oder Wasserkocher so, daß der Geräteanschluß, also die Energiequelle, direkt in Ihre Tien-Yi-Richtung weist.

Tabelle 2A: Die besten Lo-Shu-Zahlen für Männer

Gua-Zahl	Allerbeste Lo-Shu-Zahl (Sheng Qi)	Zweitbeste Lo-Shu-Zahl (Tien Yi)	Drittbeste Lo-Shu-Zahl (Nien Yen)	Viertbeste Lo-Shu-Zahl (Fu Wei)
1	4	3	9	1
3	9	1	4	3
4	1	9	3	4
9	3	4	1	9
5	8	7	6	2
2	8	7	6	2
6	7	8	2	6
7	6	2	8	7
8	2	6	7	8

Nien Yen

Die drittbeste Lo-Shu-Zahl heißt NIEN YEN, was sich in etwa mit »Langlebigkeit und reiche Nachkommenschaft« übersetzen läßt. Diese Zahl beschreibt den Ort und die Richtung, wo ein harmonisches Familienleben am besten gedeihen kann. Wenn es viel Streit in der Familie gibt, ein unerfüllter Wunsch nach Kindern (Söhnen) besteht, kein geeigneter Ehepartner zu finden ist oder ständig Zwietracht zwischen Mann und Frau herrscht, dann sollte diese Lo-Shu-Zahl aktiviert werden, um die Situation positiv zu beeinflussen.

Tabelle 2B: Die besten Lo-Shu-Zahlen für Frauen

Gua-Zahl	Allerbeste Lo-Shu-Zahl (Sheng Qi)	Zweitbeste Lo-Shu-Zahl (Tien Yi)	Drittbeste Lo-Shu-Zahl (Nien Yen)	Viertbeste Lo-Shu-Zahl (Fu Wei)
1	4	3	9	1
3	9	1	4	3
4	1	9	3	4
9	3	4	1	9
5	2	6	7	8
2	8	7	6	2
6	7	8	2	6
7	6	2	8	7
8	2	6	7	8

Fu Wei
Die viertbeste Richtung lautet FU WEI. Diese Lo-Shu-Zahl gibt Aufschluß über die Richtung und den Ort, die ein erfülltes und gutes Leben versprechen, jedoch ohne solch spektakuläre Attribute wie Reichtum und Wohlstand. Wenn Ihre Eingangstür in der von dieser Lo-Shu-Zahl repräsentierten Richtung liegt oder sich Ihr Schlafzimmer in der entsprechenden Zone befindet, werden Sie mehr Söhne als Töchter in Ihrer Familie und in wirtschaftlicher Hinsicht ein gutes Auskommen haben. Wenn Fu Wei Ihrer Gua-Zahl entspricht und Sie die ersten drei Lo-Shu-Zahlen aufgrund von landschaftlichen Gegebenheiten oder aus sonstigen Zwängen heraus nicht aktivieren können, dann wird Fu Wei Sie vor Unheil und Pech sowie unheilvollem Feng Shui bewahren.
Die von den Lo-Shu-Zahlen vertretenen Orte beziehen sich auf die einzelnen Zonen oder Bereiche innerhalb eines Wohn- oder Geschäftsgebäudes. Zur Identifizierung dieser Zonen legt man das Lo-Shu-Schema über die Grundrißpläne des jeweiligen Objektes. Diese müssen sorgfältig gezeichnet sein und genaue Maßangaben enthalten. Deshalb raten Feng-Shui-Meister zu möglichst regelmäßigen (quadratischen oder rechteckigen) Formen beim Hausbau.

Die Arbeit mit dem Lo-Shu-Schema

Das hier abgebildete Lo-Shu-Schema wird auch magisches Quadrat genannt. Die darin enthaltenen Zahlen 1 bis 9 sind so angeordnet, daß jede Dreierreihe, ob in diagonaler, horizontaler oder vertikaler Richtung gelesen, in der Summe immer fünfzehn ergibt, was der Anzahl an Tagen einer jeden der vierundzwanzig Phasen eines Sonnenjahres entspricht. Das Lo-Shu-Zahlenmuster bildet die Grundlage verschiedener Sinnbilder im Kulturkreis Chinas, die sich um die fünf Elemente ranken und dem Ba-Gua mit seinen acht Trigrammen in der Anordnung des späteren Himmels entsprechen.

4	9	2
3	5	7
8	1	6

Die Lo-Shu-Zahlen

Der Legende zufolge wurde das Lo-Shu-Zahlenmuster der Menschheit auf dem Rücken einer großen Schildkröte präsentiert, die irgendwann um 2205 v. Chr. aus dem Lo-Fluß auftauchte. Es heißt, daß sich die mächtige taoistische Magie im wesentlichen aus den tiefen Geheimnissen der Lo-Shu-Zahlen speist. Tatsache ist, daß viele der uralten mystischen Rituale im Taoismus nach der Reihenfolge der neun Zahlen im Lo-Shu-Schema ablaufen.

Jede dieser Zahlen entspricht einem der acht Trigramme in dem Ba-Gua der späteren Himmelssequenz (wobei die Zahl 5 ihren Platz in der Mitte hat). Diese Zahlen stimmen wiederum mit einer der acht Himmelsrichtungen überein, was die tiefe assoziative Beziehung zwischen dem Lo-Shu und dem Ba-Gua erkennen läßt.

Diese Zusammengehörigkeit spiegelt sich in dem auf Seite 70 abgebildeten Ba-Gua wider.

Den durch die Lo-Shu-Zahl ausgewiesenen Ort oder Bereich ermittelt man, indem man das Lo-Shu-Schema unter Berücksichtigung der Himmelsrichtungen über den Grundrißplan eines Wohngebäudes legt. Das nachfolgende Beispiel zeigt Ihnen, wie das gemacht wird und wie dabei die günstigen Zimmer oder Bereiche eines Hauses entsprechend der jeweiligen Lo-Shu-Zahl des Eigentümers ermittelt werden.

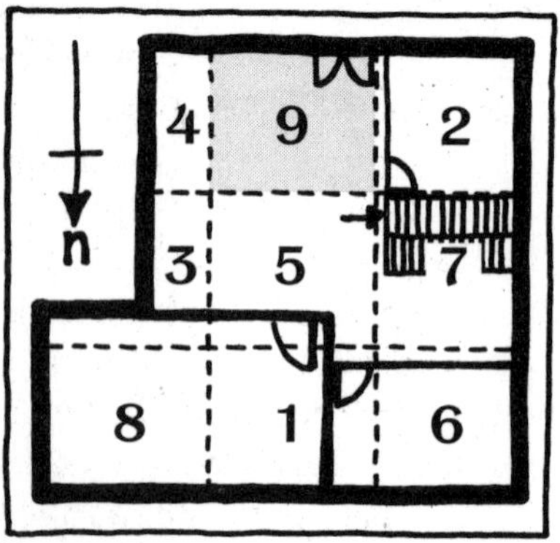

4	9	2
3	5	7
8	1	6

Das Lo-Shu-Quadrat

Beispiel: Das rechts abgebildete Lo-Shu-Schema mit seinen neun Zahlen wird in Übereinstimmung mit den Himmelsrichtungen, die den Trigrammen nach dem Ba-Gua in der Sequenz des späteren Himmels entsprechen, auf den Grundrißplan (links) gelegt. Wenn also Ihre allerbeste Lo-Shu-Zahl neun lautet, sollte Ihr Schlafzimmer im schattierten Bereich angeordnet und Ihr Haupteingang nach Süden ausgerichtet sein. Denken Sie daran, daß die Himmelsrichtungen jeweils vom Hausinnern *aus zu bestimmen sind. Ihr Schlafzimmer sollte in diesem Fall also oberhalb des schattierten Bereichs liegen und Ihr Bett möglichst mit dem Fußende nach Süden weisen. Es gibt noch viele weitere Anwendungsmöglichkeiten für das Lo-Shu-Quadrat, mit denen wir uns später befassen werden.*

Die Arbeit mit dem Ba-Gua der späteren Himmelssequenz

Als nächster Schritt folgt die Festlegung Ihrer glückverheißenden oder günstigen *Richtungen*. In dieser Phase wird das Lo-Shu-Schema mit dem späteren Himmelssequenz-Ba-Gua verknüpft. Hierzu legt man das Schema auf das Ba-Gua. Jede Zone des Lo-Shu entspricht einem der acht Trigramme des Ba-Gua, und diese Trigramme wiederum sind rings um das Ba-Gua nach der späteren Himmelssequenz angeordnet (von daher der Name, denn BA heißt »acht« und GUA »Zeichen«).
Jedes Trigramm entspricht einer Himmelsrichtung, die immer dann als günstig gilt, wenn die entsprechende Lo-Shu-Zahl ebenfalls als glückverheißend bestimmt wurde. Wann immer also die Rede von einer Lo-Shu-Zahl ist, läßt sich sofort die entsprechende Richtung feststellen. Dieses Zuordnungsschema verändert sich nie, da die Richtungen durch das jeweilige Trigramm bestimmt sind, das die betreffende Lo-Shu-Zone einnimmt. Dies unterstreicht noch einmal die signifikante Bedeutung, die der späteren Himmelsanordnung zukommt, im Gegensatz zur früheren Reihenfolge der Trigrammanordnung.
Das auf Seite 96 abgebildete Ba-Gua ist auf der Grundlage des Lo-Shu-Zahlenschemas in neun Felder aufgeteilt, wobei die Zahlen mit jeder einzelnen Himmelsrichtung exakt übereinstimmen. Das ergibt sich aus der Anordnung der Trigramme, das heißt, jede Zahl der neun Felder im Lo-Shu-Schema entspricht einer Richtung. Beachten Sie bitte, daß die Zahl 5, die gewöhnlich mit dem Feld in der Mitte assoziiert wird, in diesem Zusammenhang ohne Bedeutung ist.
Die spätere Himmelssequenz der Trigramme und ihre Himmelsrichtungen stimmen mit den Zahlen der Lo-Shu-Felder wie folgt überein:

Lo-Shu-Feld 9	=	Trigramm LI	=	SÜDEN
Lo-Shu-Feld 7	=	Trigramm DUI	=	WESTEN
Lo-Shu-Feld 1	=	Trigramm KAN	=	NORDEN
Lo-Shu-Feld 3	=	Trigramm ZHEN	=	OSTEN
Lo-Shu-Feld 2	=	Trigramm KUN	=	SÜDWESTEN
Lo-Shu-Feld 6	=	Trigramm QIAN	=	NORDWESTEN
Lo-Shu-Feld 8	=	Trigramm GEN	=	NORDOSTEN
Lo-Shu-Feld 4	=	Trigramm SUN	=	SÜDOSTEN

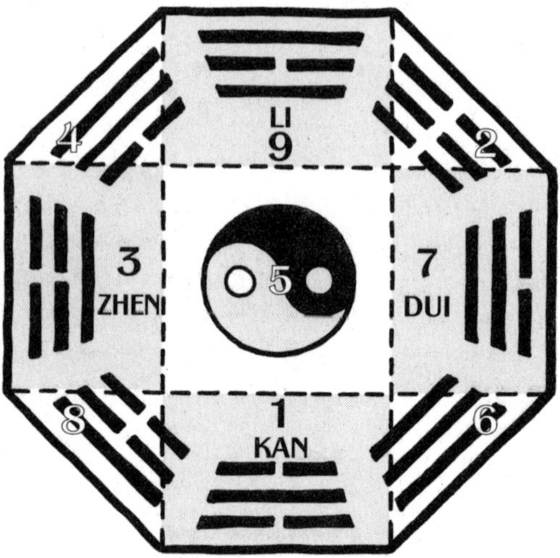

Spätere Himmelssequenz-Ba-Gua

Wie bereits erwähnt, spielen acht Richtungen eine signifikante Rolle. Vier davon gelten als die primären und die anderen vier als die sekundären Richtungen. In der Kompaß-Schule des Feng Shui kommt allen Richtungen die gleiche Gewichtung zu. Für den einzelnen sind vier dieser Richtungen segensreich und vier unheilvoll.

Das Ziel des Feng-Shui-Praktikers ist es nun, jeweils die vier besten und die vier schlechtesten Richtungen zu identifizieren. In Kenntnis der günstigen und ungünstigen Richtungen lassen sich auf diese Weise Wohnhäuser und Gebäude so ausrichten, daß das Glück maximiert und das Unglück minimiert wird, indem man von vornherein die unheilverheißenden Richtungen vermeidet.
Nach den Feng-Shui-Schriften der Kompaß-Schule gehören die Menschen unterschiedlichen Gruppen an, entweder der »östlichen« oder der »westlichen«. Es heißt, daß sich die Vertreter einer Gruppe untereinander besser verstehen als zwei Menschen mit unterschiedlicher Zugehörigkeit. Wenn Mann und Frau der gleichen Gruppe angehören, ist die Planung ihrer Wohnstätten und Schlafzimmer auch wesentlich einfacher, denn im Grunde genommen sind für beide die gleichen Richtungen und Orte im Haus günstig. Es sollte jedoch nicht vergessen werden, daß das Maß an Verträglichkeit oder Unverträglichkeit noch von anderen Faktoren abhängt, wie beispielsweise von den relevanten Elementen und Tierkreiszeichen der jeweiligen Personen. Die Gruppierung im Sinne der Kompaß-Schule ist also nur ein Maßstab für die Verträglichkeit untereinander und darf deshalb nicht als absolut betrachtet werden.

Die glückbringenden Richtungen ermitteln

Anhand von Tabelle 3 (wobei 3A für Männer und 3B für Frauen gilt) können Sie Ihre vier glückbringenden oder besten Richtungen ermitteln. Diese werden in absteigender Reihenfolge ihrer glückbringenden Bedeutung genannt.

Tabelle 3A (für Männer):
Ermittlung der besten Himmelsrichtungen

Gua-Zahl	Allerbeste Richtung	Zweitbeste Richtung	Drittbeste Richtung	Viertbeste Richtung
1	**Südosten**	**Osten**	**Süden**	**Norden**
3	**Süden**	**Norden**	**Südosten**	**Osten**
4	**Norden**	**Süden**	**Osten**	**Südosten**
9	**Osten**	**Südosten**	**Norden**	**Süden**
5	**Nordosten**	**Westen**	**Nordwesten**	**Südwesten**
2	**Nordosten**	**Westen**	**Nordwesten**	**Südwesten**
6	**Westen**	**Nordosten**	**Südwesten**	**Nordwesten**
7	**Nordwesten**	**Südwesten**	**Nordosten**	**Westen**
8	**Südwesten**	**Nordwesten**	**Westen**	**Nordosten**

Tabelle 3B (für Frauen):
Ermittlung der besten Himmelsrichtungen

Gua-Zahl	Allerbeste Richtung	Zweitbeste Richtung	Drittbeste Richtung	Viertbeste Richtung
1	**Südosten**	**Osten**	**Süden**	**Norden**
3	**Süden**	**Norden**	**Südosten**	**Osten**
4	**Norden**	**Süden**	**Osten**	**Südosten**
9	**Osten**	**Südosten**	**Norden**	**Süden**
5	**Südwesten**	**Nordwesten**	**Westen**	**Nordosten**
2	**Nordosten**	**Westen**	**Nordwesten**	**Südwesten**
6	**Westen**	**Nordosten**	**Südwesten**	**Nordwesten**
7	**Nordwesten**	**Südwesten**	**Nordosten**	**Westen**
8	**Südwesten**	**Nordwesten**	**Westen**	**Nordosten**

Beispiel 1: Wenn Ihre Gua-Zahl 6 lautet und Sie eine Frau sind, ist Ihre beste Richtung der Westen; die zweitbeste ist der Nordosten, die drittbeste der Südwesten und die viertbeste Richtung der Nordwesten. Sie gehören zur westlichen Gruppe.

Beispiel 2: Wenn Ihre Gua-Zahl 3 lautet und Sie ein Mann sind, ist Ihre beste Richtung der Süden, die zweitbeste der Norden, die drittbeste der Südosten und die viertbeste der Osten. Sie gehören zur östlichen Gruppe.

Sobald Sie Ihre besten Orte und Richtungen festgestellt haben, können Sie das Feng Shui in Ihrem Haus, Ihrer Wohnung oder in den von Ihnen bewohnten Räumen, in Ihren Geschäftsgebäuden, Ihrem Büro und an Ihrem Arbeitsplatz enorm verbessern. Weiterhin können Sie es sich zur Gewohnheit machen, sich immer in die für Sie günstigsten Richtungen zu setzen, wenn Sie einen Geschäftsabschluß aushandeln oder ein Vorstellungsgespräch führen möchten, studieren oder ein Examen ablegen, Mahjong spielen oder eine Wette abschließen, eine Bewerbung ausarbeiten oder einen Bericht schreiben.
Dem Ba-Gua-Lo-Shu-Verfahren der Kompaß-Schule liegt der Gedanke zugrunde, daß sich der individuelle Energiefluß, also das Qi in Ihrem Körper, nur dann harmonisch mit dem Qi Ihrer Umgebung verbindet, wenn Sie Ihre persönlichen Himmelsrichtungen und die Ihrer Wohn- und Geschäftsbereiche nach den Lo-Shu-Zahlen des eigenen Geburtsjahres orientieren.
Je stärker Sie also alles in Ihrem Umfeld auf Ihre besten Richtungen abstimmen und je mehr Sie sich bei Ihrer Arbeit und in der Anordnung Ihres Schlafzimmers nach den für Sie günstigsten Orten orientieren, desto reichlicher wird Ihnen das Glück zufließen.

Bei der Anwendung dieser Methode werden Sie allerdings auch feststellen, daß es nicht immer möglich ist, die allerbesten Richtungen und Orte zu aktivieren und für sich nutzbar zu machen. In solchen Fällen ist es ratsam, es mit den anderen drei glückbringenden Richtungen zu versuchen. Mithin ist ein gewisses Maß an Flexibilität gegeben.
Es wurde bereits erwähnt, daß die klassischen Feng-Shui-Texte die beste Richtung als *Sheng Qi* bezeichnen. Wenn Sie in der glücklichen Lage sind, all die von Ihnen selbst genutzten Räume sowie die Anordnung Ihrer Haupteingangstür, Ihres Schlafplatzes und so weiter in Übereinstimmung mit Ihrer allerbesten und damit günstigsten Richtung zu bringen, verheißen Ihnen diese Schriften ein exzellentes Feng Shui und ein Leben in Fülle mit großem Wohlstand und viel Glück. Meister Yap bringt dies oft scherzhaft ungefähr so auf den Punkt: »Wer immer seine besten Richtungen für sich nutzbar zu machen weiß, ohne sich dabei vom Sha Qi der Giftpfeile oder der unheilvollen Lage von Bergen und Gewässern verletzen zu lassen, wird ein Multimillionär in der vollen Bedeutung des Wortes!«
Die allerbeste Richtung gilt somit als außerordentlich glückbringend.
Die zweitbeste Richtung (Tien Yi) ist besonders dann gut, wenn jemand krank oder gesundheitlich angeschlagen ist und zum Beispiel unter Rückenproblemen, Kopfschmerzen, Migräne, schweren organischen Störungen oder gar ernsthaften Krankheiten zu leiden hat. Um vom Potential dieser Richtung zu profitieren, sollte die Anordnung des häuslichen Schlafzimmers ebenso wie die Ausrichtung des Bettes so geändert werden, daß man aus dieser zweitbesten Richtung auch wirklich Nutzen zieht.
Die drittbeste Richtung (Nien Yen) ist günstig für die Plazierung der Eingangstür zum Wohn- oder Schlafzimmer, wenn der Wunsch nach einer Harmonisierung des Familienlebens be-

steht. Nien Yen fördert im allgemeinen das Wohlwollen, die Toleranz und die harmonischen Beziehungen.
Die viertbeste Richtung (Fu Wei) bezieht sich auf das Individuum und seine Persönlichkeit. Obschon in der Glücksbringer-Skala nur an vierter Stelle rangierend, ist dies eine ausgesprochen gute Richtung, wenn es um die Verbesserung der eigenen Denkleistung und Klarsichtigkeit geht. Fu Wei fördert die persönlichen Talente und Fähigkeiten, weshalb besonders leitende Angestellte und Manager davon profitieren, wenn sie ihren Schreibtisch und Sessel am Arbeitsplatz dementsprechend ausrichten. Diese Richtung empfiehlt sich auch für Studenten, die sich auf ein Examen vorbereiten oder sich mit der Formulierung schriftlicher Arbeiten beschäftigen.

Die unglückbringenden Orte und Richtungen ermitteln

Um die vier Orte und Richtungen zu ermitteln, die im Leben eines Menschen unheilvoll sind, nehmen Sie Tabelle 4 (auch hier wiederum in 4A für Männern und 4B für Frauen untergliedert) und die Tabellen 5A und 5B zur Hand.
Wie bei den günstigen Lo-Shu-Zahlen, sind auch diese vier ungünstigen oder schlechten Ziffern und Himmelsrichtungen in aufsteigender Reihenfolge ihrer Schädlichkeit geordnet. Auch hierbei wird, wie zuvor beschrieben, das Lo-Shu-Schema und das spätere Himmelssequenz-Ba-Gua benutzt, um die relevanten Orte und Himmelsrichtungen zu bestimmen.

Tabelle 4B: Die schlechtesten Lo-Shu-Zahlen für Frauen

Gua-Zahl	Viert-schlechteste Lo-Shu-Zahl (Ho Hai)	Dritt-schlechteste Lo-Shu-Zahl (Wu Kuei)	Zweit-schlechteste Lo-Shu-Zahl (Lui Sha)	Aller-schlechteste Lo-Shu-Zahl (Chueh Ming)
1	7	8	6	2
3	2	6	8	7
4	6	2	7	8
9	8	7	2	6
5	9	1	3	4
2	3	4	9	1
6	4	3	1	9
7	1	9	4	3
8	9	1	3	4

Tabelle 5A (für Männer): Ermittlung der schlechtesten Himmelsrichtungen

Gua-Zahl	Viert-schlechteste Richtung	Dritt-schlechteste Richtung	Zweit-schlechteste Richtung	Aller-schlechteste Richtung
1	Westen	Nordosten	Nordwesten	Südwesten
3	Südwesten	Nordwesten	Nordosten	Westen
4	Nordwesten	Südwesten	Westen	Nordosten
9	Nordosten	Westen	Südwesten	Nordwesten
5	Osten	Südosten	Süden	Norden
2	Osten	Südosten	Süden	Norden
6	Südosten	Osten	Norden	Süden
7	Norden	Süden	Südosten	Osten
8	Süden	Norden	Osten	Südosten

Tabelle 4A: Die schlechtesten Lo-Shu-Zahlen für Männer

Gua-Zahl	Viert-schlechteste Lo-Shu-Zahl (Ho Hai)	Dritt-schlechteste Lo-Shu-Zahl (Wu Kuei)	Zweit-schlechteste Lo-Shu-Zahl (Lui Sha)	Aller-schlechteste Lo-Shu-Zahl (Chueh Ming)
1	7	8	6	2
3	2	6	8	7
4	6	2	7	8
9	8	7	2	6
5	3	4	9	1
2	3	4	9	1
6	4	3	1	9
7	1	9	4	3
8	9	1	3	4

Tabelle 5B (für Frauen):
Ermittlung der schlechtesten Himmelsrichtungen

Gua-Zahl	Viert-schlechteste Richtung	Dritt-schlechteste Richtung	Zweit-schlechteste Richtung	Aller-schlechteste Richtung
1	Westen	Nordosten	Nordwesten	Südwesten
3	Südwesten	Nordwesten	Nordosten	Westen
4	Nordwesten	Südwesten	Westen	Nordosten
9	Nordosten	Westen	Südwesten	Nordwesten
5	Süden	Norden	Osten	Südosten
2	Osten	Südosten	Süden	Norden
6	Südosten	Osten	Norden	Süden
7	Norden	Süden	Südosten	Osten
8	Süden	Norden	Osten	Südosten

Beispiel 1: Wenn Sie eine Frau sind und Ihre Gua-Zahl 3 lautet, sind Ihre schlechtesten Lo-Shu-Zahlen 2, 6, 8 und 7, wobei die 7 Ihre allerschlechteste Zahl beziehungsweise Ihr allerschlechtester Platz im Lo-Shu-Quadrat ist. Anhand dieser Zahlen können Sie ersehen, daß Ihre entsprechend ungünstigen Richtungen der Südwesten, der Nordosten und der Westen sind, wobei der Westen Ihre allerschlechteste Richtung ist.

Beispiel 2: Wenn Sie ein Mann sind und Ihre Gua-Zahl 5 lautet, sind Ihre ungünstigsten Lo-Shu-Zahlen 3, 4, 9 und 1, wobei die 1 Ihre unheilvollste Zahl oder Örtlichkeit im Lo-Shu-Quadrat ist. Daraus läßt sich entnehmen, daß die ungünstigen Richtungen für Sie der Osten, Südosten, Süden und Norden sind, wobei der Norden am unheilvollsten ist.

Diese vier ungünstigen Richtungen sind nicht gleichermaßen schlecht. Ebenso wie bei den günstigen Richtungen tragen auch sie Namen, die die Folgen einer Anordnung beispielsweise Ihrer Haupteingangstür oder Ihres Schlafzimmers in diese schlechten Richtungen beschreiben, nämlich:

Ho Hai
HO HAI wird mit »Unfälle und Mißgeschicke« übersetzt. Es handelt sich hierbei um eine Richtung, die ins Unglück und Verderben führt, doch nicht jene Art von Unglück, die das Ende aller Dinge heraufbeschwört. Wenn das Kopfende Ihres Bettes zum Beispiel in diese Richtung weist, könnten Sie einen kleineren Prozeß verlieren oder ihn zwar gewinnen, dafür aber gewisse Geldverluste in Kauf nehmen müssen. Von den vier ungünstigen Richtungen ist sie von geringstem Übel.

Wu Kuei

WU KUEI bedeutet übersetzt etwa die »fünf Geister«. Es handelt sich hierbei um die zweitschlechteste der ungünstigen Richtungen. Ist beispielsweise der Haupteingang Ihres Hauses so angeordnet, daß die Tür in diese Richtung weist, werden Ihnen alle Angestellten weglaufen. Feuer und Einbrecher könnten Sie heimsuchen, und schlimmstenfalls könnte Ihr jüngstes Kind einen Unfall erleiden oder sich verletzen. Sind all Ihre wichtigen Bereiche und Richtungen nach Wu Kuei orientiert, wird es in Ihrem Haus viel Streit und Auseinandersetzung geben, und Sie werden weder daheim noch am Arbeitsplatz ein friedliches Umfeld vorfinden. Andererseits können Sie die schlimmen Auswirkungen vermeiden, indem Sie beispielsweise die Toilette oder die Küche in der Wu-Kuei-Zone des Gebäudes anordnen.

Lui Sha

LUI SHA oder die »sechs Flüche« ist die drittschlechteste Position und Richtung. Sie fügt dem Familien- und dem Geschäftsleben großen Schaden zu. Es kommt zu rechtlichen Auseinandersetzungen in geschäftlichen Angelegenheiten, die Familienmitglieder werden ständig krank, und es könnte sogar jemand sterben. Die Feng-Shui-Meister empfehlen häufig eine Anordnung von Toilettenräumen in dieser Zone, um das schlechte Qi des dortigen Bereichs niederzudrücken.

Chueh Ming

CHUEH MING oder »totaler Ruin« beziehungsweise »Lebensende« ist die Lo-Shu-Zahl, die die allerschlechteste Richtung und den ungünstigsten Ort repräsentiert. Wenn Ihre Haupteingangstür auf Ihre persönliche Chueh-Ming-Position weist, werden Sie all Ihre Nachkommen verlieren; Ihre Kinder und Enkelkinder werden sterben, und Ihr Familienname wird zu existieren aufhören. Sie könnten auch Ihr ganzes Vermögen verlieren, und alles in Ihrem Leben läuft schief. Ihre ganze Familie leidet ständig unter anhaltenden gesundheitlichen Problemen. Meiden Sie diese Richtung um jeden Preis, denn sie möglicherweise tödlich.

Beispiel: Gua-Zahl 8 (männlich)

Ihre besten Richtungen: Südwesten, Nordwesten, Westen und Nordosten
Ihre schlechtesten Richtungen: Süden, Norden, Osten und Südosten
Ihre besten Lo-Shu-Zahlen beziehungsweise Zonen: 2, 6, 7 und 8
Ihre schlechtesten Lo-Shu-Zahlen beziehungsweise Zonen: 9, 1, 3 und 4

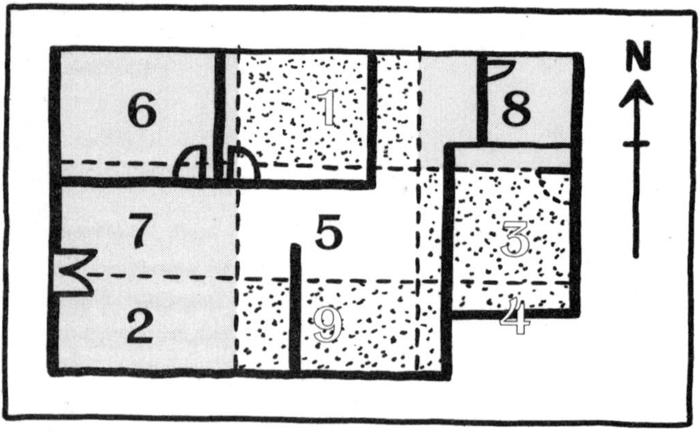

- *Für den Hausbesitzer selbst sind die besten Zonen im Haus die schattierten.*
- *Er sollte möglichst nicht in den gepunkteten Zonen schlafen oder arbeiten.*

Mit den Ausführungen dieses Kapitels ist der Grundstock für die Arbeit mit dem Ba-Gua-Lo-Shu-System des Feng Shui gelegt. Wer die Grundzüge dieses Verfahrens verstanden hat, kann sich weiteren Anwendungsformen zuwenden und tiefer in die Thematik einsteigen. Die hier gewonnenen Erkenntnisse können ebenfalls bei der Interpretation der Elemente und deren Verträglichkeit untereinander sowie des Feng Shui der Landschafts- oder Formen-Schule einfließen.

Teil III

Die praktische Anwendung

4. Die Anwendung der Formeln

Die Ba-Gua-Richtungen nutzen

Bei einem Wohnhaus oder Geschäftsgebäude unterscheiden wir acht Hauptrichtungen. Sie ergeben sich aus dem Ba-Gua nach der späteren Himmelsanordnung, wobei der Süden oben und der Norden unten angeordnet sind, wie es beim chinesischen Kompaß üblich ist. Nachdem Sie also Ihre vier günstigsten und Ihre vier unheilbringenden Richtungen ermittelt haben, können Sie sich nach folgender Checkliste weiter orientieren:

- Die Haupteingangstür Ihres Wohnhauses beziehungsweise Ihrer Geschäftsräume sollte zumindest in eine Ihrer günstigen Richtungen weisen, am besten in Ihre Sheng-Qi-Richtung..
- Die Tür zu Ihrem Schlafzimmer sollte ebenfalls in einer Ihrer glückbringenden Richtungen liegen, vorzugsweise in Ihrer Nien-Yen-Richtung.

- Der »Mund«* Ihres Ofens sowie Ihres Wasser- oder Reiskochers sollte in eine Ihrer günstigen Richtungen weisen, möglichst in Ihre Sheng-Qi- oder Tien-Yi-Richtung.
- Wenn Sie an Ihrem Schreib- oder Bürotisch sitzen, sollten Sie in eine Ihrer vier günstigen Richtungen blicken, möglichst in Ihre Sheng-Qi-Richtung.
- Geschäfts- oder andere wichtige Reisen sollten Sie aus einer der für Sie günstigen Richtungen antreten.
- Bei Umzügen in ein anderes Haus oder Land sollten Sie *aus* einer Ihrer günstigen Richtungen ankommen, vorzugsweise aus Ihrer Sheng-Qi-Richtung.

Damit sind die wichtigsten Anwendungsmöglichkeiten des Ba-Gua-Lo-Shu-Verfahrens der Kompaß-Schule bereits zusammengefaßt. Sobald Ihnen der Gebrauch des Magnetkompasses vertraut ist und Sie Ihre persönlichen günstigen Richtungen im Gedächtnis verankert haben, drängen sich von allein weitere Einsatzgebiete auf. Wenn Sie beispielsweise ein wichtiges Examen ablegen müssen, setzen Sie sich unbedingt mit Blick in die für Sie beste und günstigste Richtung.
Und wenn Sie Bewerbungsgespräche für ein Stipendium oder eine neue Arbeitsstelle und wichtige Auftragsverhandlungen führen, Ihrem Chef direkt gegenüberstehen oder einer entscheidenden Sitzung beiwohnen, dann sollten Sie sich tunlichst mit Blick in die für Sie günstigste Richtung setzen, um das Feng-Shui-Glück auf sich zu ziehen.

* Mit »Mund« bezieht sich die Autorin auf die Befeuerungsöffnung der Herde und Öfen alter Zeiten. Nach modernem Verständnis wird von ihr die maßgebliche Richtung für elektrische Kochgeräte wie Herde, Wasser- oder Reiskocher (in jedem großen Asien-Geschäft erhältlich) als die Richtung definiert, in der der elektrische Anschluß liegt; mehr dazu im nachfolgenden Abschnitt »Ausrichtung von Herd, Backofen ...« (Anm. d. Ü.)

Wer die Richtungen für einen der erwähnten Zwecke nutzen möchte, sollte sich zunächst einen guten Kompaß kaufen, wie er in der westlichen Welt üblich ist. Denken Sie aber daran, daß solche Modelle traditionsgemäß die Richtung Norden *oben* anzeigen, während im chinesischen System der Norden *unten* steht. Authentischer wäre zweifellos die Benutzung eines chinesischen Lopan – der Geomanten-Kompaß der Chinesen –, aber dies ist nicht unbedingt notwendig.
An dieser Stelle ist der Hinweis angebracht, daß die Verschiebungen im Magnetfeld der Erde nicht außer acht gelassen werden dürfen. Professionelle Feng-Shui-Berater kennen den Unterschied zwischen echtem und magnetischem Norden sehr genau und vertreten ausnahmslos die Auffassung, daß nur der magnetische Norden auf die Qi-Strömungen des Feng Shui reagiert. Manche gehen gar so weit, daß sie das vorherrschende magnetische Feld eines Ortes mit Spezialgeräten genauestens untersuchen und jede Veränderung in der geologischen Geländeform aufnehmen und registrieren.
Andere nehmen derartige Details weniger wichtig. Ihr Ansatz ist eher praxisorientiert, und sie bieten eine pragmatischere Erklärung an. Einen ganz gewöhnlichen westlichen Kompaß mit einer Magnetnadel zur Anzeige der Himmelsrichtungen zu benutzen, so meinen sie, sei fürs erste völlig ausreichend, um dem Magnetfeld der Erde Rechnung zu tragen. Bei der Anordnung von Türen, Sitz- und Schlafplätzen braucht man dann nur die Richtung um etwa ein bis zwei Grad zu verschieben mit der Maßgabe, daß die betreffende Person zwar nicht mehr direkt oder geradewegs in die jeweils günstige Richtung blickt, doch andererseits auch individueller Spielraum gegeben ist für den Fall, daß das direkt aus der günstigen Richtung strömende Qi allzu stark ist. Die Verschiebung um ein paar Grade nach links oder rechts mäßigt nämlich den Effekt von »allzu starkem Qi«

und ermöglicht dennoch eine direkte Nutzung der günstigen Richtung.

Abschließend sei noch ein Hinweis erlaubt: In der Theorie mag es ziemlich einfach erscheinen, den Ausführungen zum Ba-Gua-Lo-Shu-System des Feng Shui zu folgen, doch schon in den alten Schriften wird davor gewarnt, daß bei der Umsetzung der Methoden in die Praxis oft so manche Anfangsschwierigkeit auftritt. Einige Anwendungsformen mögen zunächst ziemlich verwirrend erscheinen, insbesondere weil die landschaftlichen Geländeformen und das Wechselspiel der Elemente ebenfalls in die Betrachtung eingehen müssen. Und eine Reihe von Ausnahmen zu den allgemeinen Regeln sind bei der Ermittlung der jeweils günstigen Richtungen zu berücksichtigen. Mit zunehmender Praxis löst sich das Rätsel des Feng Shui jedoch von selbst.

Das sagen die alten Texte zur ...
Ausrichtung der Haupteingangstür

Ist Ihre Gua-Zahl	... und Ihre HAUPTEINGANGSTÜR weist nach
6	• Südwesten, werden Sie reich und wohlhabend sein. • Nordosten oder Westen, werden Sie und Ihre Nachkommen ungewöhnlich erfolgreich und vermögend sein.
2	• Nordwesten, werden Mann und Frau in Harmonie miteinander leben. • Nordosten oder Westen, werden Sie vom König oder Landesfürsten geehrt und ausgezeichnet werden.
8	• Westen, werden Sie zahlreiche Nachkommen haben. • Nordwesten und Südwesten, wird Ihr Haus mit Reichtum, Wohlstand und Gold gesegnet sein.
7	• Nordosten, wird es Ihrer Familie gutgehen. • Nordwesten und Südwesten, wird sich das Vermögen ihrer Vorfahren unter Ihrer Obhut mehren und wachsen.
3	• Südosten, werden Sie schnell befördert werden und viele gute Kinder haben. • Süden und Norden, werden Sie bald berühmt werden und zu Reichtum gelangen.
4	• Osten, wird Ihre Familie brillante Gelehrte hervorbringen. • Süden und Norden, wird Ihnen auf Dauer Wohlstand zuteil.
1	• Süden, wird es Ihnen nie an Nahrung und Geld mangeln. • Osten oder Südosten, werden Sie viele Nachkommen haben.
9	• Norden, bedeutet dies reichlich Gold und Silber für Ihre Familie. • Osten und Südosten, werden Sie intelligente Söhne haben.

Die Anordnung des Haupteingangs (also dort, wo Sie täglich ein und aus gehen) sollte in die für Sie günstigste Richtung erfolgen. Dabei wird die Peilung mit dem Kompaß im Innern des Wohn- oder Geschäftsgebäudes so vorgenommen, daß Sie nach außen in die für Ihre Zwecke bevorzugte Richtung schauen. Auf der nebenstehenden Skizze ist das Vorgehen veranschaulicht.

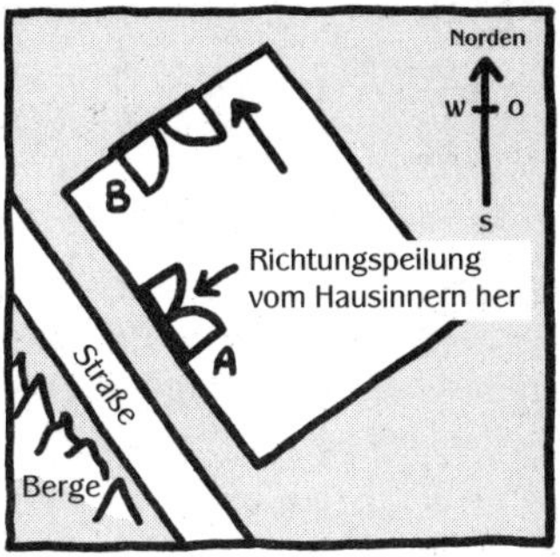

Angenommen Ihre günstigste Richtung ist der Südwesten (Sie gehören also der westlichen Gruppe an und Ihre Gua-Zahl lautet 8), dann sollte die Front- oder Eingangstür Ihres Hauses so angeordnet sein, daß sie nach Südwesten weist (auf der Abbildung mit A gekennzeichnet).
Wenn Ihr Blick im Südwesten aber auf einen Hügel, eine gerade Straße oder irgendeinen der »Giftpfeile« trifft, die bösartiges Qi ins Haus bringen, dann wählen Sie Ihre zweitbeste oder eine der anderen guten Richtungen. Im vorliegenden Fall ist die zweitbeste Richtung der Nordwesten (auf der Abbildung mit B gekennzeichnet).

Im allgemeinen ist es üblich, die Ausrichtung der Haupttür auf die Belange des Hausherrn oder Haushaltsvorstandes abzustimmen, es sei denn, dieser wäre aus irgendeinem Grund nicht der Ernährer der Familie. Wer die Sheng-Qi-Richtung – also die allergünstigste – zu nutzen weiß, dem wird reichlich finanzielles Glück beschert, und andere günstige Chancen und Möglichkeiten bieten sich automatisch an. Wo dies jedoch nicht praktikabel ist, läßt sich mit den anderen glückbringenden Richtungen ebenfalls ein gutes Feng Shui erzeugen. Sollte sich bei den übrigen Familienmitgliedern aufgrund der persönlichen Gua-Zahl der Südwesten als die für sie schlechteste oder unheilvollste Richtung herausstellen, raten die Feng-Shui-Meister in der Regel dazu, eine zusätzliche Tür anzulegen, das heißt eine Seitentür, die die betreffende(n) Person(en) dann häufiger benutzen kann (können).

Allerdings gibt es eine wichtige Ausnahme zu dieser Regel. Nach den alten Feng-Shui-Schriften sollten Sie nicht in einem Ost-Haus wohnen, wenn Sie zur westlichen Gruppe gehören, beziehungsweise nicht in einem West-Haus leben, wenn Sie der östlichen Gruppe angehören. Die überlieferten Texte definieren ein Ost-Haus als eines, dessen Haupteingang in eine der Richtungen der westlichen Gruppe weist – also nach Nordwesten, Südwesten, Nordosten und Westen. Ein West-Haus hingegen ist eines, dessen Haupteingang in eine der Richtungen der östlichen Gruppe weist – also nach Südosten, Osten, Süden oder Norden.

Aus den obigen Ausführungen ergibt sich somit, daß einige Menschen aus der östlichen und westlichen Gruppe ihre persönlichen Sheng-Qi-Richtungen zur Anordnung des Haupteingangs nicht nutzen können, ohne gegen diese Regel zu verstoßen.

Mithin können Angehörige der östlichen Gruppe, deren Gua-Zahl 1 oder 9 lautet, ihre Haupteingangstür nicht in die für sie günstigste Richtung weisen lassen, nämlich nach Südosten oder Osten, denn das würde ihre Häuser zu »West«-Häusern machen. Nur Angehörige der östlichen Gruppe, deren Gua-Zahl 3 oder 4 lautet, können von ihren jeweils besten Richtun-

gen profitieren, also vom Süden und Norden, denn beides sind Richtungen der östlichen Gruppe.
Die gleichen Grundsätze gelten für Angehörige der westlichen Gruppe. Nur wer als Gua-Zahl eine 2, 5 oder 8 hat, kann seine allerbeste Richtung für den Haupteingang nutzen. Begründen läßt sich das mit der Tatsache, daß sich der Nordosten und Südwesten direkt gegenüberliegen und die Betreffenden somit in eine Richtung der westlichen Gruppe blicken können, obschon sie in einem als »West«-Haus eingestuften Gebäude wohnen. Diese Regel ist auf den ersten Blick ziemlich verwirrend, doch vielleicht helfen die unten stehenden Skizzen zum besseren Verständnis.

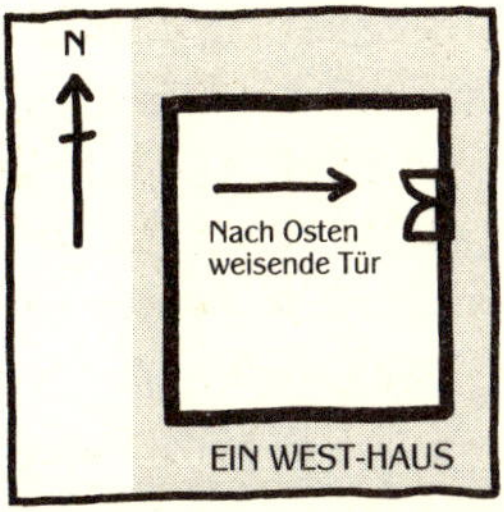

Die Skizze links zeigt ein West-Haus, weil die Eingangstür nach Osten weist. Nach den alten Schriften wird das Haus dadurch automatisch dem West-Bereich zugeordnet. Ein solches Haus ist somit für Angehörige der westlichen Gruppe besser geeignet.

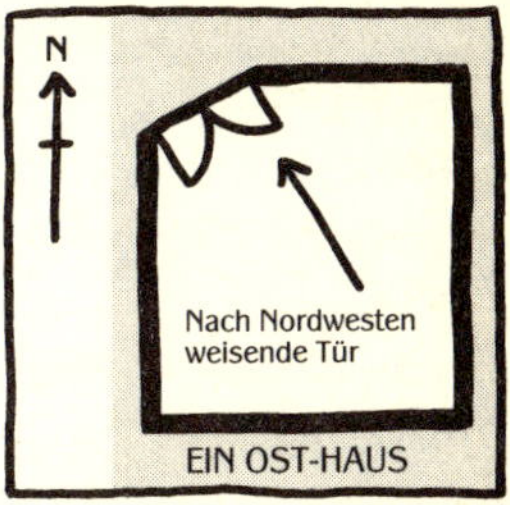

Die Skizze rechts hingegen zeigt ein Ost-Haus, weil die Eingangstür nach Nordwesten weist. Dadurch wird das Haus dem Ost-Bereich zugeschrieben, denn der Nordwesten liegt genau gegenüber dem Südosten, der eine Richtung der östlichen Gruppe darstellt. Ob ein Gebäude als Ost- oder West-Haus anzusehen ist, hängt folglich einzig und allein von der Orientierung der Eingangstür ab.

Die Ausrichtung der anderen Türen

Alle anderen Türen in einem Haus sollten theoretisch ebenfalls so angeordnet werden, daß sie in die für den Eigentümer günstigste Richtung weisen. Das ist natürlich selten realisierbar. Die Feng-Shui-Schriften, die sich mit dem Ba-Gua-Lo-Shu-System der Kompaß-Schule befassen, empfehlen normalerweise, möglichst die Schlafzimmertüren so auszurichten, daß sie den jeweiligen Benutzern der Räume zuträglich sind. Wenn Kinder also andere günstige Richtungen haben als ihre Eltern, wäre es sinnvoll, ihre jeweiligen Lo-Shu-Zahlen zu ermitteln, um die für sie guten Richtungen zu bestimmen.

Eine weitere Überlegung gilt der Richtung als solcher. Die alten Schriften besagen, daß es manchmal vorteilhafter sei, anstelle der Sheng-Qi-Richtung die Nien-Yen- (oder drittbeste) Richtung zu nutzen, weil Schlafzimmer etwas mit Familienharmonie und –beziehungen zu tun haben. Das würde das Familien-Qi stärken und dadurch Friede und Eintracht im ganzen Haus und besonders unter den Ehepartnern einkehren lassen. Mit der Orientierung der Schlafzimmertür in die Nien-Yen-Richtung können auch kinderlose Paare zu Nachwuchs kommen.

Eine weitere familienbezogene Anwendungsmöglichkeit richtet sich an ständig kränkelnde und von chronischen Leiden betroffene Angehörige. In solchen Fällen kann Abhilfe geschaffen werden, indem die Tien-Yi- (oder zweitbeste) Richtung der betreffenden Person aktiviert wird. Tien Yi bedeutet »Doktor vom Himmel«, und offensichtlich hilft es, wenn man sich diese Richtung zunutze macht und gleichzeitig andere Maßnahmen einleitet, zum Beispiel den elektrischen Anschluß des Herdes anders orientiert (mehr darüber später).

An manchen Stellen der alten Schriften wird ferner betont, daß zuweilen auch das Element der Haupteingangstür gestärkt werden kann, indem eine weitere Tür vom gleichen Element oder einem, das dieses hervorzubringen vermag, eingerichtet wird. Ist zum Beispiel die Haupttür dem Süden zugewandt, der das Feuer als Element vertritt, wäre es günstig, eine weitere in südöstliche Richtung weisende Nebentür vorzusehen. Der Südosten symbolisiert nämlich das kleine Holz, und Holz bringt bekanntlich Feuer hervor, das so noch heller »lodern« kann. Zudem gehören sowohl der Süden als auch der Südosten der östlichen Gruppe an, so daß sich auch in dieser Hinsicht für den Bewohner keine Richtungskollisionen ergeben. Ein wichtiger Grundsatz lautet hier: Gehen Sie immer zurück an den Anfang und ermitteln zunächst Ihre vier guten oder günstigen Richtungen, bevor Sie sich verfeinerten Betrachtungen und Details wie der Elemente-Analyse zuwenden.

Die Ausrichtung von Schreibtisch und Arbeitsplatz

Nun kommen wir zu einem anderen wichtigen Aspekt, wie sich gutes Feng Shui aktivieren läßt. Prüfen Sie einmal die Richtung, in die Sie beim Lernen und Arbeiten von Ihrem Schreibtisch aus blicken. Ist dies Ihre allergünstigste, so dürften Ihr Verstand klar und Ihre Entscheidungen zumeist richtig sein. Mit Blick in Ihre Sheng-Qi- oder Fu-Wei-Richtung sitzend, können Sie die Art von Einschätzungen und Bewertungen vornehmen, die Ihnen den Weg zu mehr Wachstum und Erfolg im Beruf frei machen. Achten Sie bei der Anwendung dieses Prinzips darauf, daß jeweils die korrekte Richtung aktiviert wird, also diejenige, in die Sie schauen; in der nachfolgenden Skizze ist das veranschaulicht.

Das hier abgebildete Büro gehört einer Rechtsanwältin mit der Gua-Zahl 5. Ihre günstigen Richtungen sind der Südwesten, Nordwesten, Westen und Nordosten. Sie sitzt an ihrem Schreibtisch mit Blick nach Westen, also in ihre Nien-Yen-Richtung. Sie kann nicht mit Blick nach Südwesten sitzen, denn sonst müßte sie den Rücken dem Fenster zukehren; das aber ist nicht ratsam, weil es sich negativ auf die Unterstützung und Hilfe von außen auswirken würde.

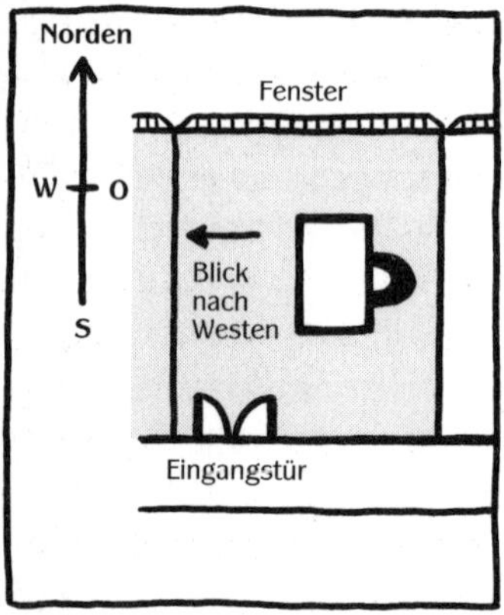

Sie könnte ihren Sitzplatz auch so wählen, daß sie in ihre anderen beiden guten Richtungen, Nordwesten und Nordosten, blickt, doch – wie aus der Zeichnung ersichtlich – müßte sie dabei ihren Schreibtisch schräg stellen; das ginge zwar auch, doch die Nien-Yen-Ausrichtung ist einrichtungs- und lagemäßig geradezu optimal.

Eine gute Anordnung des Schreibtisches im Raum trägt auch wesentlich zur Harmonisierung des Arbeitslebens bei. Wer als Manager in seine Nien-Yen-Richtung blickt, wird wenig Probleme mit seinem Personal haben und sicherlich den Büroalltag mit seinen gefürchteten innerbetrieblichen Intrigen souverän und ohne größere Schwierigkeiten meistern.
Bei unzähligen Gelegenheiten hat die Autorin praktische Erfahrungen mit der Richtigkeit dieser Feng-Shui-Regel sammeln können, denn sie konnte jahrelang die für sie persönlich günstigen Richtungen fruchtbringend in Anspruch nehmen. Erstmals profitierte sie davon, als sie von ihrem damaligen Arbeit-

geber, der Hong-Leong-Gruppe, mit den Verhandlungen über die malaiische Konzession für den Yamaha-Motorradkonzern betraut wurde. Der japanische Verhandlungspartner hatte sich angesichts der Tatsache, daß sie eine Frau war, spontan geweigert, mit ihr über Geschäfte zu reden. Und diesen anfänglichen Widerstand galt es irgendwie zu überwinden. Die Situation war fatal, und die Folgen hätten verheerend sein können. Da sie aber nicht die Absicht hatte, mit leeren Händen nach Kuala Lumpur zurückzufliegen, entschloß sie sich, ihre Richtung »auszutesten«. Langsam veränderte sie ihre Position, bis sie in ihre Sheng-Qi-Richtung blicken konnte. (Es war übrigens nicht einfach, im Café des Singapur Shangri La, wo die erste Konferenz stattfand, Himmelsrichtungen diskret zu ermitteln!) Die Verhandlungen schleppten sich zäh dahin, doch am nächsten Tag konnte sie – mit Blick in ihre glückbringende Richtung – den Durchbruch erzielen. Nach mehrmonatiger Verhandlung ernannte Yahama die Hong-Leong-Gruppe zum Alleinvertreter für Malaysia und Singapur.

Es mag grotesk klingen, sich mit Hilfe von günstigen Richtungen mysteriöse Glückssträhnen und Vorteile in geschäftlichen Verhandlungen verschaffen zu wollen, doch die Autorin ging damals von der Überlegung aus: »Was kann man dabei verlieren, und was ist der Preis dafür?« Feng Shui ist nun einmal eine metaphysische Wissenschaft, die sich mit der herkömmlichen Logik nicht erklären läßt. Es ist eine rein individuelle Entscheidung, an seine Wirksamkeit zu glauben, und tut man es, so wird damit niemandem Schaden zugefügt. Wenn etwas Gutes dabei herauskommt, warum sollte man es nicht zumindest versuchen?

Hat man erst einmal seine Berührungsängste verloren und eingeräumt, daß eine bewußte Wahl der jeweils günstigsten Richtung tatsächlich Feng-Shui-Glück bringen kann, eröffnen sich die vielfältigsten Anwendungsmöglichkeiten. Setzen Sie sich also stets mit Blick in Ihre beste Richtung, wenn Sie ein Vorstellungsgespräch haben, mit Ihrem Chef reden, an schwierigen Managementkonferenzen teilnehmen, einen wichtigen Projektvorschlag ausarbeiten, oder wenn Sie sich neue Lösungswege für problematische Situationen und mißliche Zwangslagen ausdenken müssen. Die Liste der möglichen Anwendungen ist schier unendlich.

Übrigens können Schüler und Studenten daheim viel effizienter ihr Pensum bewältigen, wenn sie in ihrer jeweils guten Richtung sitzen. Das Lernen wird von viel größerem und rascherem Erfolg gekrönt, weil es ihnen gelingt, sich nicht nur die Fakten »einzuverleiben«, sondern all das bis zu den Prüfungen Gelernte auch ebenso effizient wieder »herauszubringen«. Wer in der Klasse oder im Hörsaal mit Blick in seiner persönlich guten Richtung sitzt, wird eine harmonische und ausgewogene Schul- und Studienzeit haben. Die Beziehungen zu Freunden, Gleichaltrigen und Lehrern werden sich dann ebenfalls reibungslos und wohltuend gestalten.

Die Ausrichtung von Herd, Backofen und Kochgeräten

Die alten Schriften wie auch verschiedene Feng-Shui-Meister teilen die Auffassung, daß die Positionierung des Herdes oder Kochgerätes im Haus entscheidenden Einfluß auf das Wohlbefinden und Glück einer Familie hat. Selbst wenn alles richtig im Raum angeordnet sei, das Kochgerät mit seinem »Mund« aber in eine der vier tödlichen Richtungen weise, würde ihrer Meinung nach letztendlich negatives Feng Shui erzeugt.

Mit »Mund« ist hier die Stromquelle gemeint; etwa auf die modernen Familienreiskocher bezogen, ist der »Mund« gleichbedeutend mit der Stelle, wo der Strom zugeführt wird. Bei Ihrem Reiskocher sollte also die Stromzuführung am Gerät in eine für Sie günstige Richtung weisen. Zeigt er in Ihre Sheng-Qi-Richtung, so steht Ihnen Reichtum und Wohlstand ins Haus, und kehren Sie ihn Ihrer Tien-Yi-Richtung zu, wird sich Ihre Gesundheit stabilisieren. Orientieren Sie ihn in die Nien-Yen-Richtung, wird Ihr Familienleben angenehm und harmonisch verlaufen; es wird wenig Streit und Mißverständnisse geben.

Wenn andererseits der »Mund« des Herds (nach heutigem Verständnis also der Elektroanschluß des Gerätes) in Ihre Chueh-Ming-Richtung weist, wird schreckliches Unheil über Sie kommen; das kann bis hin zum Tod eines oder mehrerer Familienmitglieder gehen. Ist der Anschluß nach Liu Sha, den »sechs Flüchen«, oder nach Wu Kei, den »fünf Geistern« gekehrt, werden Sie in finanzielle oder auch juristische Probleme geraten, und ist er nach Ho Huai gewandt, so bedeutet das ebenfalls Unglück.

Weist der Elektroanschluß in eine Ihrer tödlichen Richtungen, so bringt das mehr Unheil als alle anderen Fehlorientierungen im Haus, wie beispielsweise die Anordnung der Haupteingangstür in der falschen Richtung. Wird eine

Familie von einer Serie von Fehlschlägen und Unglücken heimgesucht, findet sich die Ursache gewöhnlich in der falschen Ausrichtung von Geräteanschlüssen.

Reiserichtungen

Geschäftsreisen

Mit Hilfe des Ba-Gua-Lo-Shu-Verfahrens läßt sich für alle wichtigen Reisen Glück und gutes Feng Shui herbeiholen, ob es sich nun um eine Geschäftsreise nach Übersee, den Umzug in ein neues Haus oder ein anderes Land, die Verlagerung von Geschäftsräumen an einen neuen Standort oder einen Arbeitsplatzwechsel handelt. Im konkreten Fall muß man seinen Reiseweg also so planen und organisieren, daß die Reiserichtung für einen zuträglich und glückbringend ist.

Bei dieser Anwendungsmethode ist interessanterweise *nicht* die Richtung, in die jemand fährt, ausschlaggebend; es kommt vielmehr einzig und allein auf die Richtung an, aus der man kommt. Eine treffende Formulierung ist der Spruch: »Wo immer du hingehst, bringe das Glück aus deinem alten Ort mit dir.«

Reisen Sie zum Beispiel in Richtung Südwesten, so kommen Sie aus dem Nordosten. In diesem Fall müßte also der Nordosten die für Sie günstige Richtung sein. Und wenn Sie sich in südliche Richtung bewegen, kommen Sie zwangsläufig aus dem Norden. Mithin sollten Sie sich vergewissern, daß der Norden auch zu Ihren guten Richtungen zählt.

Die geographische Lage eines Reiseziels läßt sich natürlich nicht ändern. Was aber, wenn Ihre Reiserichtung zufällig Ihre Chueh-Ming-Richtung ist, also die schlechteste von allen? In dem Teil der klassischen Schriften, der sich mit Reiserichtungen befaßt, lautet die Empfehlung: Machen Sie einen Umweg! Arrangieren Sie Ihre Reise so, daß Sie *aus* einer günstigen Richtung her an Ihrem Ziel ankommen.

Umzüge

Das gleiche Prinzip gilt natürlich auch für den Umzug in ein neues Haus beziehungsweise Gebäude oder in ein anderes Land. Überprüfen Sie die Umzugsrichtung sehr sorgfältig und machen Sie notfalls einen Umweg! Je länger der Aufenthalt am neuen Wohnort vorgesehen ist, desto sorgfältiger sollte die Route dorthin geplant werden. Es ist unter Umständen auch sinnvoll, daß Mann und Frau getrennt reisen, wenn deren Gua-Zahl unterschiedlich ist; so können beide von der für sie jeweils besten Richtung profitieren.

Ähnliches gilt, wenn Sie versetzt werden und dies einen Ortswechsel erfordert. Achten Sie darauf, daß Sie am Umzugstag in Ihr neues Büro eine Route wählen – sei es nun von Zuhause oder von Ihrem ehemaligen Büro aus –, die aus Feng-Shui-Sicht Gutes verheißt. Diesem wesentlichen Detail keine gebührende Aufmerksamkeit zu schenken, könnte schwerwiegende Folgen für Sie haben.

Die Lo-Shu-Orte nutzen

Die von den Lo-Shu-Zahlen angezeigten Richtungen beruhen, wie wir wissen, auf den jeweiligen Trigrammen (nach der späteren Himmelssequenz-Anordnung). Die von den Zahlen symbolisierten Orte hingegen werden durch einfaches Auflegen des Lo-Shu-Schemas auf den Grundrißplan eines Hauses oder Gebäudes ermittelt. Das geschieht in der Form, daß die Ziffern und Himmelsrichtungen in Übereinstimmung gebracht und dann auf das zu untersuchende Haus oder Gebäude übertragen werden. Das Haus wird so theoretisch in neun Zonen entsprechend dem Lo-Shu-Schema aufgeteilt.

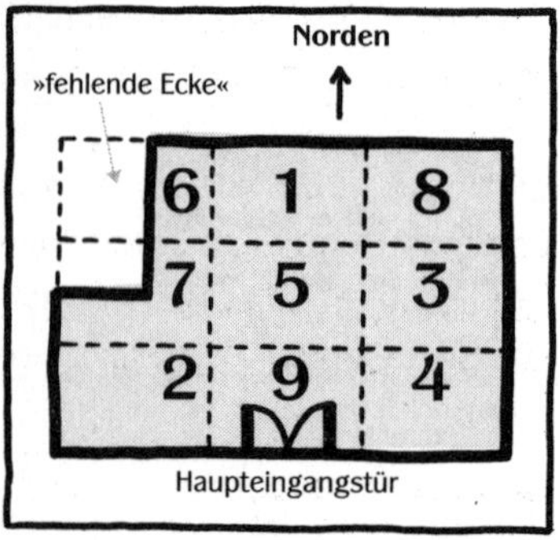

Das wird auf der nebenstehenden Skizze eines Standard-Grundrißplans vom Erdgeschoß eines mittelgroßen Hauses verdeutlicht. Wie Sie sehen, läßt sich das Ba-Gua-Lo-Shu ohne weiteres auf die Abmessungen des Hauses »anpassen«.

Feng-Shui-Meister empfehlen generell, daß ein Haus möglichst regelmäßige Formen haben sollte, wobei ein quadratischer Grundriß den klaren Vorteil bietet, daß alle neun Felder des Lo-Shu-Schemas in dem Haus vertreten sind. Wenn es sogenannte »fehlende Ecken« gibt, sollten diese möglichst in den für Sie ungünstigen Zonen liegen. Ansonsten wären Korrekturmaßnahmen oder andere Feng-Shui-Mittel, wie beispielsweise Spiegel einzusetzen, nötig, um die fehlenden Ecken zumindest symbolisch zu ersetzen.
Wenn ein Haus mehrere Stockwerke hat, wird jedes einzelne Geschoß wieder in gleicher Weise in neun Zonen aufgeteilt. Sobald dies geschehen ist, können Sie für alle Räume und Ecken des Gebäudes die Festlegung treffen, welche für Sie persönlich günstig und welche ungünstig sind.

Am sinnvollsten bezieht man natürlich bereits im Planungsstadium eines Hauses oder Gebäudes relevante Feng-Shui-Gesichtspunkte mit ein. Dazu ermittelt man die Zonen, die für die Bewohner oder Nutznießer jeweils am glückverheißendsten sind, und ordnet diese entsprechend auf der Grundrißzeichnung zu; das heißt, man reserviert die günstigen Räume für wichtige Funktionsbereiche wie Schlafen, Arbeiten (Büro und Lernen) und Bibliothek, während Toiletten und Badezimmer, Vorratsräume und die Küche in weniger günstigen Zonen untergebracht werden können.

Die zuvor abgebildete Skizze zeigt ein Haus mit Blick in eine Hauptrichtung, das heißt, der Eingang liegt nach Süden. Beachten Sie, daß bei Orientierung nach einer Sekundärrichtung die Lo-Shu-Ziffern situativ »angepaßt« erscheinen, wie auf der nachfolgenden Abbildung erkennbar ist.

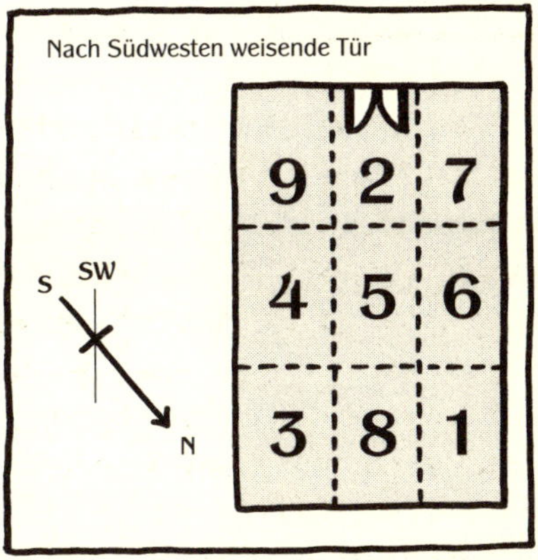

Wenn Sie selbst also eine derartige »Anpassung« vornehmen müssen, vergewissern Sie sich, daß alle Ziffern auch immer korrekt plaziert sind. Das läßt sich ganz einfach überprüfen, indem Sie die Zahlen mit der jeweiligen Himmelsrichtung abgleichen *oder* indem Sie die Ziffern in Dreierreihen vertikal, horizontal beziehungsweise diagonal im Kopf addieren und im Ergebnis jeweils fünfzehn erzielen. Wenn nicht fünfzehn dabei herauskommt, wissen Sie sofort, daß Ihnen irgendwo ein Fehler unterlaufen ist. Übrigens denken Sie daran, daß die fünf immer im Zentrum steht. Das hier beschriebene Verfahren der Kompaß-Schule des Feng Shui enthält sich jeglicher Kommentare zum mittigen Sektor des Schemas. Vielleicht sind alte chinesische Häuser deshalb in der Regel um einen zentralen Innenhof herum gebaut, wie wir ihn bei modernen Gebäuden auch heute noch in Form von sogenannten Luft- oder Lichtschächten und Innenhöfen vorfinden.

Aus dem Vorangegangenen wird deutlich, daß es weitaus einfacher ist, die passende Raumanordnung für zwei Partner im Haus zu finden, wenn beide der gleichen Gruppe (Ost oder West) angehören und somit auch die gleichen Räume für sie gut oder schlecht sind. Gehören sie hingegen unterschiedlichen Gruppen an, dürften eine Reihe von Anpassungen erforderlich werden. Die individuellen Abweichungen können zuweilen so groß sein, daß Mann und Frau im Interesse der Harmonie besser verschiedene Schlafzimmer beziehen.

Die Anordnung von Schlafzimmern

Im Idealfall sollten alle Schlafzimmer eines Wohnhauses in den Zonen liegen, die den günstigsten Lo-Shu-Zahlen des jeweiligen Benutzers entsprechen. Wenn die Raumanordnung in der Form gestaltet werden kann, daß jedem Mitglied der Familie der für ihn beste Ort, also der Sheng-Qi-Platz, zukommt, dann werden alle im Haus vom exzellenten Feng Shui profitieren. Will man dieses Glück noch weiter steigern, kann man die konkrete Schlafposition so arrangieren, daß das Kopfende des Bettes in die jeweilige Sheng-Qi-Richtung des Nutzers und die Eingangstür zu seinem Schlafzimmer dorthin weisen; dann wird sich ein außerordentlich wirksames und gutes Feng Shui einstellen. Die folgende Abbildung zeigt eine perfekte Schlafzimmerlage und -ausrichtung.

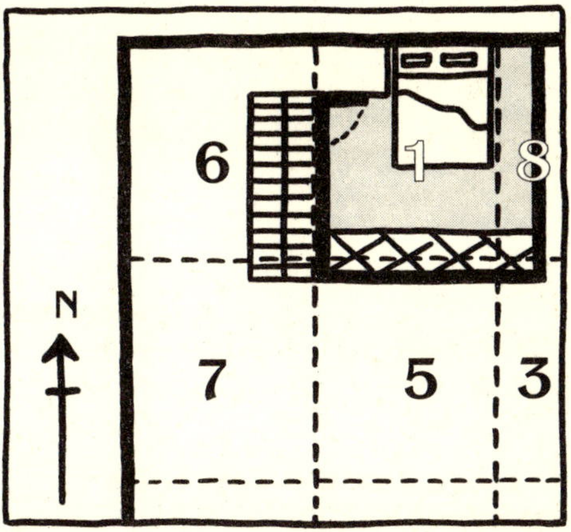

Auf dieser Skizze ist das Schlafzimmer einer Person mit der Gua-Zahl 4 abgebildet. Aus den früheren Tabellen können Sie ablesen, daß ihre Sheng-Qi-Richtung der Norden ist und die Sheng-Qi-Lo-Shu-Zone von der Zahl 1 symbolisiert wird. Alles ist perfekt: die Anordnung des Schlafzimmers ebenso wie die Ausrichtung der Schlafzimmertür und die des Bettes (Schlafposition). Wer hier schläft, wird von exzellentem Feng Shui begleitet.

In der Praxis ist es aber offensichtlich schwierig, wie die Abbildung verrät, gleichzeitig Raumzone, Bett und Schlafzimmertür

nach Norden zu orientieren. Zwei der drei Auflagen dürften realisierbar sein, alle drei zusammen zu verwirklichen erweist sich hingegen oft als unmöglich.
Kurz gesagt, nur in ganz seltenen Fällen lassen sich die Feng-Shui-Regeln optimal für jedes Familienmitglied umsetzen. Häufig müssen Kompromisse geschlossen werden, so daß sich der eine oder andere zwangsläufig in mancherlei Hinsicht mit weniger günstigen Richtungen zufriedengeben muß. Solange bei den wesentlichen Orientierungen eine der vier glückbringenden Richtungen oder einer der Orte Berücksichtigung findet, kann man davon ausgehen, daß dem Feng Shui angemessen Rechnung getragen wurde. Und so entscheiden auch die meisten Feng-Shui-Meister, wenn sie ihre Klienten im Hinblick auf die Anordnung von Räumen beraten und zu Grundrißplänen Stellung nehmen. In fast allen Fällen werden die Bemühungen dahin gehen, das Familienoberhaupt beziehungsweise den Haushaltsvorstand von allen für ihn persönlich guten Richtungen profitieren zu lassen.

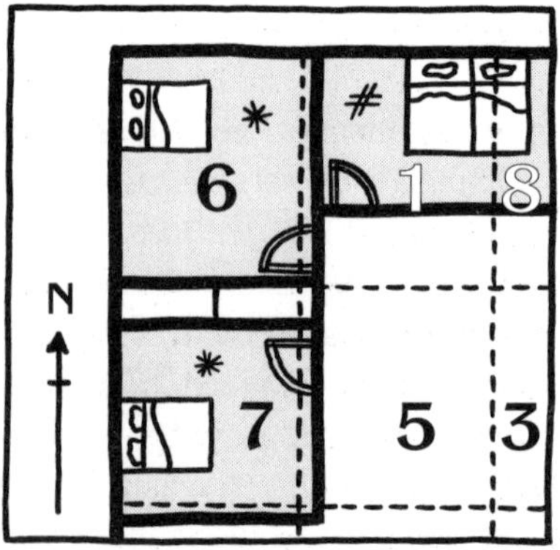

Die Abbildung links zeigt einen Teilbereich im ersten Obergeschoß mit der Anordnung von drei Schlafzimmern, von denen eines in der Ost-Zone (mit # gekennzeichnet) und zwei in der West-Zone (mit ✱ gekennzeichnet) liegen. Die Schlafzimmertüren und Betten weisen in verschiedene Richtungen. Überlegen Sie einmal, ob Sie die Räume Mitgliedern Ihrer Familie auf der Grundlage der relevanten Gua-Zahlen zuordnen können, und prüfen Sie, inwieweit die Türen und Schlafpositionen dann noch passen oder auf die neue Situation hin optimiert werden können. Die gestrichelten Linien zeigen die Lo-Shu-Zonenbegrenzung.

Wenn die günstige Zone entsprechend der Sheng-Qi-Ziffer des Hausherrn oder Haushaltsvorstands teilweise fehlt (beispielsweise aufgrund der Hausform), ist statt dessen die zweit- oder drittbeste Zone, also Tien Yi oder Nien Yen, zu wählen. Das ist allemal besser, als das Qi des Schlafzimmers in eine unheilvolle Richtung »abfließen« zu lassen. In diesem Zusammenhang ist der Hinweis angebracht, daß auch die Ausrichtung der Zonen in die zweit- oder drittbeste Richtung immer noch – wenn auch in anderer Hinsicht – positiv ist und sehr wohl das Qi aktivieren kann, so daß die Familie in anderen Bereichen als dem materiellen Wohlstand profitiert. Tien Yi ist für die Gesundheit zuträglich, während Nien Yi Hochzeiten und das Familienleben hervorragend unterstützt.
Zum Schluß noch ein Hinweis: Nehmen Sie immer recht genaue Maße, um Verzerrungen des magischen Quadrats zu vermeiden. Alle Zonen sollten etwa die gleichen Abmessungen haben und in der Gesamtheit die Größe des Baukörpers auf dem Grundrißplan ausmachen. Bei einem Haus mit rechteckigem Grundriß oder einem, das in Teilbereichen kürzer beziehungsweise schmaler ist als in anderen, ist solchen »fehlenden

Zonen« Rechnung zu tragen. Häufig geschieht das in der Weise, daß man in den Grundrißplan außerhalb des eigentlichen Hauses imaginäre Zonen einzeichnet, wie auf den Abbildungen ersichtlich.

Die Anordnung von Toilette, Badezimmer und Küche

Im Feng Shui sind Badezimmer, Toilette und Küche nicht mit positiven Assoziationen verbunden. Sie werden als Bereiche gesehen, in denen Waschen und Reinigen stattfindet; beson-

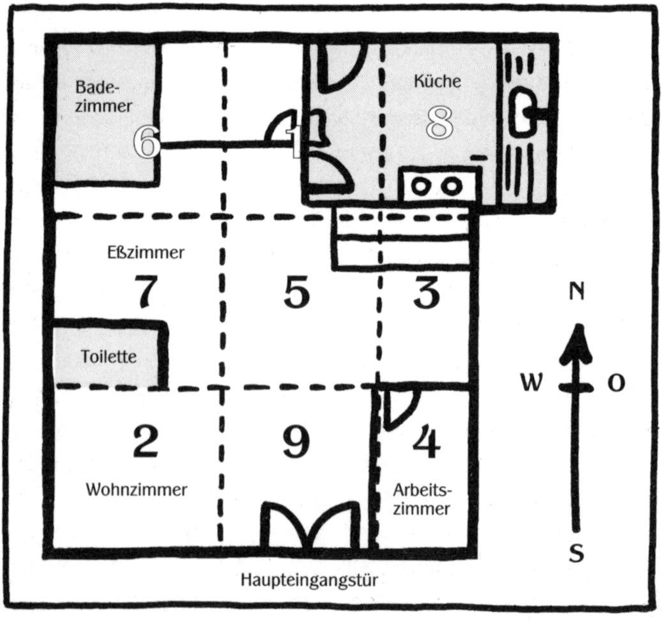

ders in den Toiletten wird der Unrat des Hauses weggespült. Deshalb halten die Feng-Shui-Schriften dazu an, solche Räume in Zonen anzuordnen, die eine der vier ungünstigen oder unheilvollen Orte vertreten. Naßzellen und Küchen können das Unglück gewissermaßen »zurückdrängen« und gleichzeitig etwaiges Sha-Qi, das dort lauern mag, in Schach halten.

Die Skizze veranschaulicht die Lage von Toilette, Bad und Küche in der Wohnung einer Person mit der Gua-Zahl 3. Nach den Tabellen sind die ungünstigen Lo-Shu-Zahlen somit die 2, 6, 8 und 7. Die Chueh-Ming-Zone ist durch die 7 symbolisiert; dementsprechend wurde in diesem Fall im Westen eine Toilette angeordnet. Die Küche liegt in der Zone 8 (Nordosten) und das Bad in Zone 6 (Nordwesten).

Toiletten sollten möglichst in der Chueh-Ming-Zone angeordnet werden oder, wenn das nicht geht, in den anderen ungünstigen Bereichen. Bei der Umsetzung dieser Forderung könnten natürlich Probleme auftauchen, wenn die Mitglieder der Familie unterschiedliche unglückbringende Lo-Shu-Zahlen haben. In solchen Fällen sollte der Hausherr zuerst bedacht und seiner ungünstigsten Zahl Rechnung getragen werden. Es würde nämlich großes Unglück bringen, wenn beispielsweise die Toilette in seiner persönlichen Sheng-Qi-Position läge; das würde bedeuten, daß sein Glück förmlich »fortgespült« wird.
Küchen sollte man ebenfalls in den ungünstigen Zonen des Hauses anordnen. Aber denken Sie daran, wenngleich die Küche an einem weniger zuträglichen Ort eingerichtet wird, muß der Geräteanschluß des Herdes dennoch stets so orientiert sein, daß er in eine glückbringende Richtung weist. Denn genau wie das Unglück am unglückseligen Ort »verbrannt« wird, zieht der Geräteanschluß auf wirksame Weise reichlich Glück an.

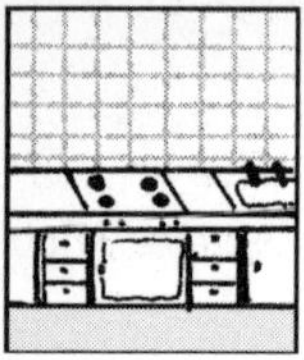

Das sagen die alten Texte zur ...
Anordnung von Küche und Herd

Liegen Küche o. Herd in Zone/Richtung ...	... ist mit folgendem zu rechnen:
SHENG QI	Fehlgeburt, Unbeliebtheit, Existenznöte
TIEN YI	Krankheit, Schwäche und langwierige Heilungsprozesse
NIEN YEN	Schwierigkeiten bei der Partnersuche, viel Streit
FU WEI	Geldmangel, kurzes Leben, dauernde Armut
CHUEH MING	Viele Söhne, Geld, Dienstboten, Gesundheit
LUI SHA	Sehr stabile Familienverhältnisse, keine Katastrophen, kein Feuer
HO HAI	Keine Geldverluste, keine Krankheiten
WU KUEI	Kein Feuer, kein Einbruch, keine Krankheit. Erfolg

- *Die Wahl der richtigen Lage für die Küche ist keine Nebensächlichkeit. Sie ist der wichtigste Raum in einem Haushalt. Wenn sie in den guten Bereichen einer Wohnung angeordnet ist, drängt sie das Glück der Familie zurück. Liegt sie hingegen in den weniger segensreichen Zonen, drängt sie das Unglück der Familie zurück.*

Das sagen die alten Texte zur ...

Anordnung von Teichen

- *Wenn Sie sowohl vor als auch hinter dem Haus einen Teich haben, werden die kleinen Kinder in diesem Haus schwerlich überleben.*
- *Liegt der Teich links von der Tür (von innen nach außen gesehen), wird jede Generation Erfolg haben und es zu Wohlstand und Besitz bringen.*
- *Wenn der Teich rechts von der Tür liegt, ist der Ehemann den Frauen besonders zugetan und wird höchstwahrscheinlich mehrere haben.*
- *Wenn ein Steingarten direkt vor Ihrer Front- oder Hintertür angelegt ist, werden Sie in Ihren schlechten Zeiten alles Geld verlieren, weil die Felsen Ihr Glück »zurückdrängen«.*

Die Anordnung von Studier- oder Arbeitszimmer

Eine der modernen Zeiterscheinungen ist das Arbeits- oder Studierzimmer mit einer kleinen Bibliothek, über das die meisten Familien heute verfügen. Im Rahmen des Feng Shui kommt der Anordnung dieses Raumes deswegen große Bedeutung zu, weil es sich hierbei um einen Ort konzentrierten Lernens und Arbeitens handelt. In einem günstigen Bereich untergebracht, wird die glückbringende Qi-Energie dorthin in Strömen fließen. Die beste Lo-Shu-Ziffer wäre in diesem Fall wohl der Sheng-Qi-Platz, aber auch die zweit-, dritt- oder viertgünstigen Orte kommen in Frage. Das Arbeitszimmer selbst sollten Sie so einrichten, daß Sie von Ihrem Sitzplatz aus in Ihre allerbeste Richtung schauen. Die Empfehlungen der Feng-

Shui-Meister gehen ferner dahin, etwaige Bücherregale so zu planen, daß diese nicht offen sind – die Fachböden wirken wie scharfe Kanten, die Sha-Qi erzeugen; sehen Sie also Schiebetüren vor, um die Regale zu schließen.
Wird das Arbeitszimmer hauptsächlich von Ihren Kindern zum Lernen und Erledigen der Hausaufgaben benutzt, denken Sie daran, die Sheng-Qi-Richtung Ihrer Kinder als Betrachtungsgrundlage heranzuziehen. Damit stellen Sie sicher, daß diesen der Raum von seiner Anordnung her zuträglich ist und gutes Feng Shui aktiviert.

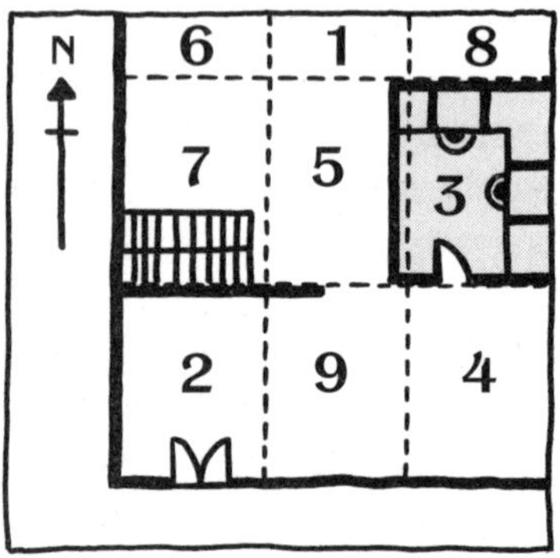

Beispiel:
Diese Abbildung zeigt ein Arbeitszimmer, wie es auf die Belange zweier Söhne eines Bekannten der Autorin abgestimmt wurde. Die beiden gehören der östlichen Gruppe an. Davids Gua-Zahl ist die 4 und Roberts die 9. Ihre günstigsten Richtungen und Lo-Shu-Zahlen differieren, doch die Anordnung dieses Raumes in der östlichen Zone des Hauses (Lo-Shu-Zahl 3) ist für beide gut. Im Arbeitszimmer sind zwei Schreibtische aufgestellt; der für Robert weist nach Osten (in seine drittbeste Richtung) und der für David nach Norden (in seine allerbeste Richtung).

Wenn Sie wissen möchten, ob Sie an Ihrem Arbeitsplatz glückbringende Energien anziehen, von denen Sie beruflich oder geschäftlich profitieren können, nehmen Sie die Lage Ihres Büros oder Ihres Schreibtisches genauer in Augenschein. Zusammen mit der Sitzrichtung sind dies die wichtigsten Aspekte, die es zu beachten gilt. Die optimale Raumanordnung beziehungsweise die Positionierung Ihres Schreibtisches sollte immer in dem Bereich erfolgen, der Ihren allerbesten Ort, also Sheng Qi, symbolisiert. Wenn sich das nicht realisieren läßt, versuchen Sie, Ihre anderen glückbringenden Richtungen zu nutzen. Setzen Sie sich jedoch niemals in einen Bereich oder Büroteil, der Ihre ungünstigen Richtungen vertritt. Sobald Sie sichergestellt haben, daß die gewählte Lage für Sie zuträglich ist, versuchen Sie zudem noch, Ihren Sitzplatz so zu orientieren, daß er in Ihre guten und glückbringenden Richtungen weist.
Bei der Gestaltung Ihres persönlichen Arbeitsumfeldes unter Zugrundelegung der für Sie günstigen Lo-Shu-Zonen und -Richtungen sollten Sie nicht versäumen, auf eventuell vorhandene »Giftpfeile« zu achten, die von Ecken und scharfen Kanten ausgehen. Und vermeiden Sie es auch, mit dem Rücken zur Tür oder zum Fenster zu sitzen. Denken Sie daran, daß das Büro nicht Ihr Zuhause ist, sondern ein Ort der Begegnung mit Kollegen, Angestellten und Chefs. Diese gehören nicht zu Ihrer Familie, und folglich ist die Wirkung von Sha-Qi-Energien hier weitaus bedrohlicher. Daheim können Sie ohne weiteres mit dem Rücken zur Tür sitzen, aber im Büro setzen Sie sich womöglich damit »Dolchstößen« von Menschen aus, denen Sie arglos Ihr Vertrauen geschenkt haben. Und mit dem Rücken zum Fenster sitzend, könnte es Ihnen gleichzeitig in Ihrer Arbeit an Unterstützung mangeln. Achten Sie also auf diese Details.

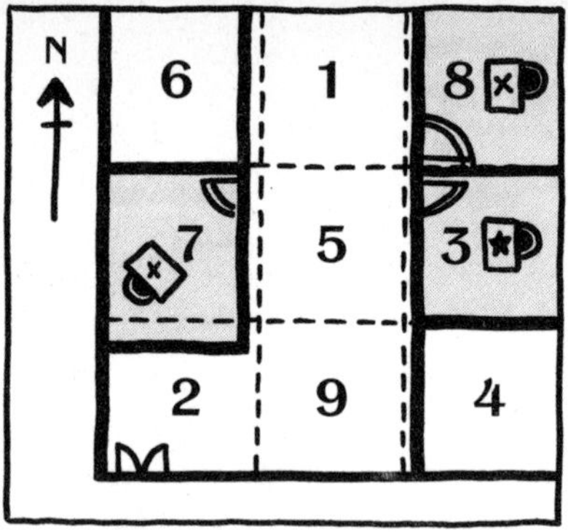

Hier ist der Grundriß eines Verkaufsbüros abgebildet.
Michael ist einer der Verkaufsleiter (Gua-Zahl 6); sein Büro befindet sich in der Zone 3 (Osten), die im Prinzip ungünstig für ihn ist, obwohl er in Richtung Westen blickt, also in seine allerbeste.
Wenn er in die mit x gekennzeichnete Zone 7 (Westen) wechseln und sich mit seinem Sitzplatz nach Nordosten orientieren oder *in die Zone 8 (Nordosten) – weiterhin mit Blick nach Westen – umziehen würde, könnte dies seiner Karriere als Verkäufer einen ungeahnten Schub geben.*

5. Fallstudien

In der Kompaß-Schule des Feng Shui basiert ein großer Teil der Anwendungen auf vorberechneten Tabellen und Formeln. Die dahinterstehenden Grundsätze und Theorien müssen in der Regel einfach als gegeben hingenommen werden. Wie bei fast allen metaphysischen Wissenschaften braucht man eine gute Portion Intuition, um die teilweise schwierigen Formeln und Aussagen zu deuten. Es ist eben nicht immer einfach, die Theorie einer Weisheitslehre oder eine Ideologie mit der konkreten Wirklichkeit des Alltags zusammenzubringen. In der praktischen Anwendung des Feng Shui erweist sich die Fülle der zu prüfenden Faktoren zuweilen als derart unüberschaubar, daß einem die ganze Aufgabe schier verleidet wird. Man muß also sehr viel Geduld mitbringen.

Die Theorie des Feng Shui ist leicht zu verstehen. Selbst die mit den Grundsymbolen assoziierten kulturellen Zusammenhänge dürften für die meisten von uns kaum jenseits des Fassungsvermögens liegen. Dies gilt für das Ba Gua und Lo-Shu ebenso wie im weiteren Sinne für die zyklische Bewegung von Yin und Yang sowie die Weisheit der I-Ging-Philosophie, und nicht

zuletzt die oft verwirrenden Widersprüchlichkeiten der Wechselwirkungen zwischen den fünf Elementen.
Die Theorie ist jedoch eine Sache, die Praxis und Effektivität von Methoden sind hingegen eine ganz andere.
Letztendlich kommt es darauf an, ob denn Feng Shui in dem konkreten Fall wirklich hilft. Und wenn ja, wie kann der Laie in der praktischen Anwendung der Formeln vorgehen?
Die Autorin kennt diese Problematik nur allzugut, denn oft genug steckte sie selbst in dem Dilemma und wußte nicht recht, welchen Schritt sie als nächstes gehen sollte. Wie vermittelt man also Feng-Shui-Wissen und -Erfahrung an andere?
Die Autorin hat sich für die weithin bekannte Lehrmethode anhand von Präzedenzfällen und praktischen Beispielen entschieden, wie sie sie selbst Jahre zuvor an der Harvard Business School gelernt hatte. Auf diese Weise wird der Leser für die feinen Unterschiede der Feng-Shui-Anwendung sensibilisiert, wie sie im Gebrauch der für eine bestimmte Person ermittelten Lo-Shu-Zahlen und Himmelsrichtungen auftreten. Die vorgestellten Fälle sind eine Mischung aus alten Feng-Shui-Klassikern und den Aufzeichnungen von Meister Yap.

Der Beamte am Hofe

Den »Mund« des Ofens anders ausrichten, um das Schicksal zu wandeln

Ein hoher Beamter konnte auf eine brillante Karriere am Hof des Kaisers zurückblicken. Herr Tao hatte große Reichtümer anhäufen können, mehrere Konkubinen und viele Nachkommen gehabt. Als er sechzig Jahre alt wurde, ließ er am Rand der Hauptstadt ein neues Haus errichten; dort wollte er seinen Lebensabend verbringen und sich des Glücks seiner zahlreichen Nachkommenschaft erfreuen. Herr Tao war ein weiser und gelehrter Mann, der tief in die Geheimnisse des Feng Shui eingedrungen war und über ein reiches Wissen verfügte. Bei der Planung des Hauses hatte er dennoch auch andere Feng-Shui-Meister unterschiedlicher Schulen hinzugezogen. Der Standort seines neu gewählten Domizils erfüllte so alle Voraussetzungen für einen friedvollen Lebensabend.

Die Gua-Zahl von Herrn Tao war die 8, er gehörte der westlichen Gruppe an. Seine Lo-Shu-Zahlen lauteten 2, 6, 7 und 8. Seine besten Himmelsrichtungen waren der Südwesten, der Nordwesten, der Westen und der Nordosten. Entsprechend wurde die Haupteingangstür zu seinem Haus nach Südwesten orientiert, also in seine allerbeste Richtung. Sein Schlafzimmer lag im südwestlichen Bereich des Hauses, und er schlief mit dem Kopf nach Südwesten hin. Die Hügel rund um das neue Anwesen zeigten die ideale Konfiguration vom »weißen Tiger und grünen Drachen«, und ruhig schlängelte sich an seiner Haustür ein klarer Bach vorbei. Aus Feng-Shui-Sicht war mithin – so hätte man meinen können – alles perfekt. Sechs Monate nach seinem Einzug aber brachen in dem einst so friedvollen Haushalt plötzlich Streitigkeiten aus. Es kam noch schlimmer: Zwei seiner Söhne wurden inhaftiert, und er selbst wurde in einen Skandal verwickelt. Man warf ihm vor, sich am kaiserlichen Schatz bereichert zu haben. Er war in arger Bedrängnis. Eilends wurde der Feng-Shui-Berater herbeigerufen. Er fand alles in vollkommenster Ordnung, bis auf eine Sache: Der »Mund« des Küchenherds, also die Befeuerungsöffnung, wies nach Südwesten. Das war Herrn Taos Chueh-Ming-Richtung und folglich seine allerschlechteste, die seinen Familiennamen und seine Nachkommenschaft zerstören könnte. Die Küche war außerdem in der Zone 7 angeordnet, also in der für Herrn Tao guten Richtung Nien Yen. Damit »lastete« sie sozusagen auf seinem Glück und war zum Quell der familiären Zwistigkeiten geworden.

Der Feng-Shui-Meister ließ sogleich die Küche in die Zone 4 verlagern, Herrn Taos schlechtestem Ort im Hause, so daß auf diese Weise das Unglück »zurückgedrängt und weggespült« würde. Gleichzeitig veränderte er auch die Ausrichtung des Herdes, so daß die Befeuerungsöffnung jetzt nach Südwesten wies. Drei Monate später war Herr Tao all seine Sorgen und Nöte los, seine Söhne wurden freigelassen, und Harmonie kehrte in seine Familie zurück.

Und die Lektion daraus:

- Überprüfen Sie stets den Geräteanschluß Ihres Backofens und/oder Herdes, der in der heutigen Zeit die Befeuerungsöffnung von einst ersetzt.
- Legen Sie die Küche nie in einen Ihrer günstigen Bereiche im Haus.

Die Dorfschule

Die Elemente des Ba Gua im Gleichgewicht halten

Einer Dorfschule im Süden Chinas eilte jahrelang der Ruf voraus, daß ihre Schüler es später allesamt sowohl im Studium als auch im Beruf zu außerordentlichem Erfolg brachten und das Dorf so zu großer Blüte führten.

Eines Tages entschloß sich die Schulbehörde, die baulichen Anlagen zu erweitern und eine neue Bibliothek zu errichten. Der Neubau wurde westlich hinter dem Hauptkomplex angeordnet. Kurz darauf verschlechterten sich die Leistungen der Schüler dramatisch. Über drei Jahre hielt diese unglückselige Entwicklung an, bis schließlich die Zahl der Neuanmeldungen

drastisch sank. Der Feng-Shui-Fachmann wurde herbeigerufen. Dem alten Meister war schon bald klar, daß das ausgezeichnete Feng Shui der Schule durch den Neubau der Bibliothek zerstört worden war. »Hier helfen nur drastische Maßnahmen«, teilte er den Behörden mit. »Tun Sie, was getan werden muß«, erwiderte der Bürgermeister des Dorfes. Der Feng-Shui-Meister nahm daraufhin drei Veränderungen vor, die der Schule wieder zu neuem Aufschwung verhalfen. Die Schüler wurden dem einstigen Ruhm ihrer Schule wieder gerecht, ja, es gelang ihnen sogar, die Erfolge noch zu steigern.
Welche Veränderungen nahm der Feng-Shui-Experte vor?
Die neue Bibliothek wurde in den West-Bereich verlegt, dessen Gua-Element das Metall symbolisiert. Das Gebäude wurde jetzt so konzipiert, daß es den Haupttrakt der Schule mit seiner zentralen Eingangstür im Osten überragte. So konnte das Metall des Westens das Holz des Ostens vernichten.

1. *Der Meister ließ im Südosten (ebenfalls Holz) eine zusätzliche Tür vorsehen, um das Holz der Haupteingangstür zu unterstützen und dadurch das Qi des Eingangs zu stärken (auf der Abbildung mit A gekennzeichnet).*
2. *Im Norden ließ er eine Pagode errichten, die noch höher als die Bibliothek war. Das Element des Nordens ist das Wasser, das die Energie des Metalls absorbiert und dem Holz wertvolle Feuchtigkeit zuführt, wodurch die aus diesem Material gefertigten Türen energetisiert werden (auf der Abbildung mit B gekennzeichnet).*
3. *Schließlich ließ er im Süden des Hauptgebäudes eine Gartenlaube errichten, die das Feuer vertreten sollte, welches wiederum das Metall beherrscht. Das Holz bringt auch Feuer für das Licht hervor und erzeugt somit die »Brillanz« für das Qi der Schule (auf der Abbildung mit C gekennzeichnet).*

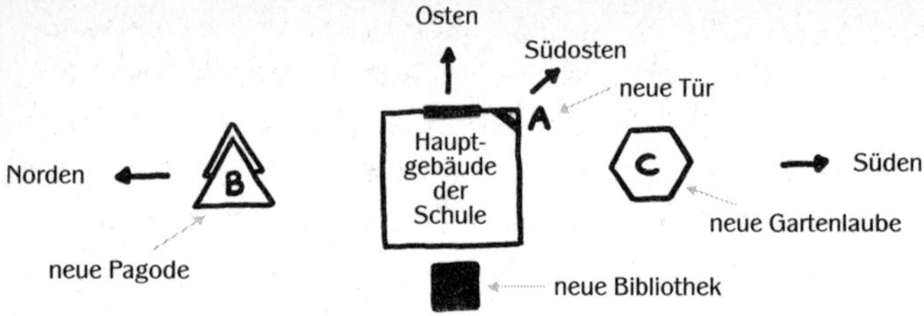

Und die Lektion daraus:

- Vergessen Sie nie, die Elemente des Ba Gua mit ihren Wechselwirkungen in die Betrachtungen mit einzubeziehen.

Der Mann, der sich männliche Nachkommen wünschte
Mit Hilfe der Lo-Shu-Zahlen das Familienglück verbessern
Ein sehr reicher Mann hatte im Alter von fünfzig Jahren immer noch keine männlichen Nachkommen. Wenngleich seiner Frau eine Schwangerschaft verwehrt geblieben war, stellte sie sich vehement gegen die Idee eines Konkubinats. In seiner Verzweiflung ließ der Mann einen Feng-Shui-Meister kommen, um das Haus zu begutachten. Die Gua-Zahl des Mannes lautete 5, und seine Lo-Shu-Zahlen waren 8, 7, 6 und 2.
Dem Feng-Shui-Meister fiel sofort auf, daß sowohl die Küche als auch die Toilette am Nien-Yen-Ort des Besitzers lagen, also in der Zone 6, die dem Nordwesten des Gebäudes entsprach. Er erläuterte dem Hausherrn, daß Toilette und Küche sein Familienglück förmlich »davonspülten«, weil die Nien-Yen-Zone, die eigentlich ja Harmonie ins Familienleben bringen soll, ausgerechnet mit der kritischsten Lo-Shu-Zahl belegt sei. Die Belastung der Nien-Yen-Zone hatte in diesem Fall schlimme Folgen für den Mann. Er hatte keine Nachkommen, die seinen Namen

weitertragen konnten – eine äußerst besorgniserregende Lage für jeden Chinesen. Der Meister ließ die Toilette und die Küche aus der Zone 6 entfernen und verlagerte sie in die Zone 1, das heißt in den Norden des Hauses. Dadurch sollte sichergestellt werden, daß nunmehr die Chueh-Ming-Zone des Besitzers, also sein schlechtester Ort, negativ belastet würde.
Ein Jahr später hatte der Mann sieben Konkubinen gefunden, die ihm jeweils einen Sohn schenkten. Seine Frau hatte auf einmal nichts mehr gegen diese Lösung einzuwenden. Der Feng-Shui-Meister hatte ihm geraten, nur solche Frauen als Konkubinen zu erwählen, deren Gua-Zahl mit seiner allerbesten Lo-Shu-Zahl, also der 8, übereinstimmten. Sämtliche Konkubinen gehörten somit, wie er selbst, der westlichen Gruppe an und galten folglich als gute Feng-Shui-Träger für ihn.

Die Skizze zeigt die Verlagerung von Küche und Toilette aus der Zone 6 in die Zone 1 des Gebäudes. Zur besseren Orientierung sind die entsprechenden Richtungen ebenfalls angegeben.

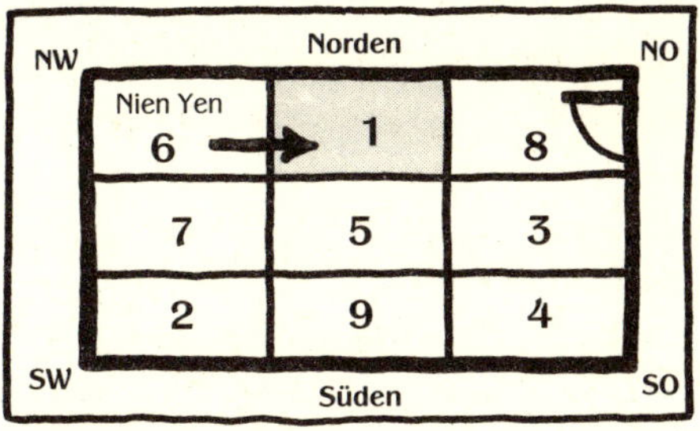

Und die Lektion daraus:

- Überprüfen und aktivieren Sie bei allen familiären Problemen Ihre persönliche Nien-Yen-Lo-Shu-Zone.

Auf Brautschau

Die Nien-Yen-Zone aktivieren

Ta Khor war der älteste von drei Söhnen. Sein Vater war ausgesprochen traditionell geprägt und würde seinen beiden jüngeren Söhnen niemals erlauben zu heiraten, bevor nicht sein ältester Sohn Ta Khor eine Frau gefunden hätte. Unglücklicherweise aber hatten die beiden Jüngeren schon die Richtige getroffen und waren mehr als bereit, sie zu heiraten. Ta Khor aber hatte große Schwierigkeiten, eine ernsthafte Bindung mit einer Frau einzugehen. Und heiraten wollte er schon gar nicht so ohne weiteres. Die Situation spitzte sich zu, als der zweitälteste Sohn drohte, sich über den Wunsch seines Vaters hinwegzusetzen.

Zur Lösung des Problems und Abwehr einer Krise in der Familie entschloß sich Ta Khors Mutter, einen Feng-Shui-Meister zu Rate zu ziehen, um einen Ausweg aus dem Dilemma zu finden. Ta Khors Gua-Zahl lautete 6, und damit ergaben sich als günstige Lo-Shu-Zahlen 7, 8, 2 und 6. Seine besten Richtungen waren der Westen, Nordosten, Südwesten und Nordwesten. Der Feng-Shui-Meister empfahl der Familie, den Herd so umzustellen, daß sein »Mund«, also der Herdanschluß, in Ta Khors Nien-Yen-Richtung wies; in diesem Fall die 2 oder der Südwesten.

Darüber hinaus riet er Ta Khor, sein Zimmer an einen Ort südwestlich des Elternschlafzimmers zu verlegen. Der Feng-Shui-Meister versprach, daß Ta Khor innerhalb von wenigen Monaten heiraten würde, in keinem Fall aber länger als drei Jahre auf die richtige Frau warten müsse.

Die erforderlichen Veränderungen wurden durchgeführt, und Ta Khor konnte tatsächlich innerhalb von wenigen Monaten eine Frau für sich finden. Der Feng-Shui-Meister hatte ihm noch geraten, darauf zu achten, daß die Gua-Zahl seiner zukünftigen

Gattin mit seiner ersten Lo-Shu-Zahl, das heißt der 7, übereinstimmen sollte; dadurch wäre eine geeignete Verbindung gewährleistet.

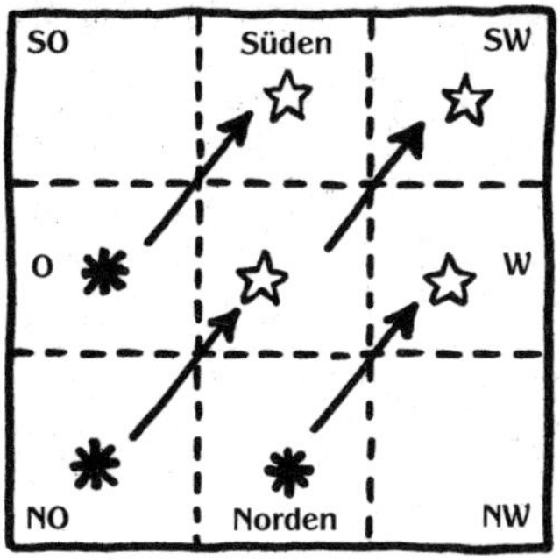

Die Skizze zeigt den Umzug in die Zone südwestlich des Elternschlafzimmers. Wenn es keine Möglichkeit gibt, in Richtung Nien Yen umzuziehen, also auf den vorliegenden Fall bezogen in den Südwesten, dann sollten die Eltern eben ihr Schlafzimmer so verlegen, daß ein Umzug doch noch möglich wird – sofern sie wollen, daß ihr Sohn oder ihre Tochter heiratet.

Und die Lektion daraus:

- Mit der Nutzung unterschiedlicher Lo-Shu-Zonen lassen sich unterschiedliche Zielsetzungen erreichen.

Der glückliche Kaufmann

Vorsicht vor den »Fünf Geistern«

Herr Loh war ein angesehener Kaufmann, der am Stadtrand von Kanton wohnte. Sein Geschäft ging gut, er kaufte und verkaufte Haushaltswaren aller Art und Holzprodukte. Seine Gua-

Zahl lautete 4, und er hatte eine Frau mit der Gua-Zahl 1 geheiratet, was seiner allerbesten Lo-Shu-Zahl entsprach. Sie waren ein perfektes Paar und sehr glücklich miteinander. Die Verbindung war mit fünf Kindern gesegnet.

Einige Jahre später entschloß er sich, sein Haus zu erweitern, und ab dem Zeitpunkt fingen die Probleme an. Ohne sich der Folgen bewußt zu sein, veränderte er die Position des Herdes und drehte dabei den Geräteanschluß so, daß er nunmehr nach Südwesten beziehungsweise zur Lo-Shu-Zahl 2 hin wies. Das war aber seine Wu-Kuei-Richtung oder die der »Fünf Geister«. Es kam noch schlimmer, denn dies war außerdem die für seine Frau allerschlechteste, nämlich die Chueh-Ming-Richtung. Als ob das nicht genug des Übels wäre, veränderte Herr Loh überdies die Lage und Orientierung seiner Haupteingangstür, und zwar ausgerechnet in Richtung Wu-Kuei.

Das Ganze endete in einer Katastrophe. Die beiden verloren alle fünf Kinder. Nur einem Zufall war es zu verdanken, daß Herr Loh dem örtlichen Feng-Shui-Meister Qi begegnete, der sich in der Ba-Gua-Lo-Shu-Methode sehr gut auskannte. Am Gebäude angekommen, erkannte er sogleich das Problem und schlug verschiedene Veränderungen vor.

Zuerst mußte die Küche in den südwestlichen Bereich des Hauses verlegt werden, in die Zone 2 – Wu Kuei –, damit die »Fünf Geister« zurückgedrängt werden. Als nächstes drehte er den Herd so, daß sein Anschluß in die Nien-Yen-Richtung, also nach Norden, wies. Dann veränderte er noch den Haupteingang, so daß dieser nunmehr in die Tien-Yi-Richtung, also nach Süden, gewandt war.

Innerhalb weniger Monate wurde Herrn Lohs Frau schwanger und gebar im darauffolgenden Jahr einen Sohn. Schließlich wurden den beiden noch drei weitere Söhne geschenkt.

Und die Lektion daraus:

- Nehmen Sie keine größeren Veränderungen an Ihrem Haus vor, solange für Sie und Ihre Familie alles zum besten steht.
- Wenn Sie sich zu Renovierung oder Umbau entschließen, kontrollieren Sie die guten und die schlechten Richtungen genau, damit Sie nicht versehentlich die »Fünf Geister« oder die »Sechs Flüche« aktivieren.

Der Sohn, der zu lange in der Fremde weilte

Feng Shui zur Wiedervereinigung der Familie

Die verwitwete Frau Chan hatte ihr Leben lang als Waschfrau gearbeitet, um ihren einzigen Sohn zum Gymnasium und von da aus zur Universität schicken zu können. Cheng Ho war ein sehr intelligenter Junge. Er studierte sogar noch nachts bei Kerzenlicht und entsprach ganz und gar den Erwartungen seiner Mutter. Nach dem Ingenieurstudium kaufte Cheng Ho ein kleines Haus in einem der Neubaugebiete von Petaling Jaya. Mutter und Sohn zogen in das neue Heim, und Frau Chan strahlte förmlich vor Entzücken. Kurz darauf bekam Cheng Ho ein Stipendium zu weiterführenden Studien in den Vereinigten Staaten von Amerika.

Dort konnte er seine Diplom-Abschlußprüfung mit Auszeichnung bestehen. Frau Chan war überglücklich, und voller Vorfreude bereitete sie alles für seine Rückkehr vor. Doch Cheng Ho hatte andere Pläne. Anstatt zurückzukommen, nahm er eine Stelle in Kalifornien an und heiratete eine in Amerika geborene Chinesin. Die beiden bekamen zwei Kinder und richteten sich dort häuslich ein. Die Jahre vergingen. Obwohl er seiner Mutter getreu und regelmäßig Geld schickte, gab er ihr unverblümt zu erkennen, daß er nicht vorhabe, nach Malaysia zurückzukehren. Es kam ihm auch nicht in den Sinn, seine Mutter in die USA einzuladen, um ihre Enkelkinder zu sehen. Seine Briefe und Berichte waren spärlich. In ihrem Unglück sah sich die Witwe allein gelassen, doch sie war zu stolz, ihrem Sohn von ihren wahren Gefühlen zu berichten. In ihrem Herzen wußte sie, daß er niemals zurückkehren und sie womöglich sterben würde, ohne ihre Enkelkinder jemals gesehen zu haben. Der Gedanke an die vor ihr liegenden einsamen Jahre machte ihr große Angst. In jenen Tagen begegnete sie Meister Yap. Nachdem sie ihm ihre Befürchtungen anvertraut hatte, bot er ihr seine Hilfe an und versprach, darüber nachzudenken, was man hier tun könne. Er ermittelte die 3 als ihre Gua-Zahl.

Sobald er im Haus von Frau Chan angekommen war, veranlaßte er eine Änderung der Herdposition, so daß der Geräteanschluß künftig nach Südosten, in ihre Nien-Yen-Richtung, wies. Auch der Haupteingang wurde verlegt und in die gleiche Richtung orientiert; weiterhin empfahl er seiner Auftraggeberin, das Schlafzimmer in den Lo-Shu-Bereich 4 zu verlegen, also ebenfalls in ihre Nien-Yen-Richtung.

Sieben Monate später rief Frau Chan bei Meister Yap an, um ihm frohen Herzens kundzutun, daß Cheng Ho ihr geschrieben und mitgeteilt habe, er würde mit seiner ganzen Familie zu Besuch nach Hause kommen. Nach dieser ersten Heimreise kehrte Cheng Ho schließlich für immer nach Malaysia zurück. Zufall oder Feng Shui?

Und die Lektion daraus:

- Unterschätzen Sie nicht die Wirksamkeit des Feng Shui.

Kränkelnde und anfällige Kinder

Die Lo-Shu-Zahlen und Elemente der Kinder überprüfen für ein Leben voller Gesundheit:

Ein Vater mit der Gua-Zahl 7 hatte einen Sohn, dessen Gua-Zahl 3 lautete, was der schlechtesten Lo-Shu-Zahl oder dem Chueh Ming des Vaters entsprach. Die 3 bedeutete den Verlust oder Tod aller Nachkommen, und für den herbeigerufenen Feng-Shui-Meister stand fest, daß die Lo-Shu-Zahl des Vaters dem Sohn buchstäblich die Lebenskraft raubte. So ermittelte der Meister zunächst einmal die günstigen Lo-Shu-Zahlen des Sohnes und fand dabei heraus, daß dessen Nien-Yen-Zahl die 4 war, die dem Südosten entsprach. Es gelang ihm, den Vater davon zu überzeugen, daß sein Sohn besser im Haus des Onkels wohnen sollte, das südöstlich vom väterlichen Wohngebäude lag. Damit war gleichzeitig erreicht, daß der Vater nun nordwestlich von seinem Sohn lebte, also in der Zone 6 oder dem Sheng-Qi-Ort, der der allergünstigsten Richtung des Vaters entspricht. Der Sohn, der früher dauernd krank gewesen war, kam wieder zu Kräften und wuchs zu einem gesunden jungen Mann heran. Auch das Glück des Vaters mehrte sich und erblühte unter dem Einfluß des Sheng Qi, das der Sohn ihm schickte.

Eine andere Geschichte handelt von einem Neugeborenen, das die ganze Nacht schrie. Das Kind litt zudem unter Durchfall und ständigen Magenverstimmungen. Die Mutter versuchte mit allen möglichen Mitteln, die Symptome zu behandeln, doch ohne Erfolg. Schließlich wandte sie sich an einen Feng-Shui-Meister. Das Kind gehörte der westlichen Gruppe an und hatte die Gua-Zahl 2. Seine guten Zonen, die 2 (SW) und die 8 (NO), symbolisierten die Erde. Die Eltern gehörten beide der östlichen Gruppe an. Ihre Gua-Zahl lautete 4, die das Holz symbolisierte. Der Haupteingang des Gebäudes und der Geräte-anschluß des Herdes waren für die Eltern passend ausgerichtet. Es handelte sich dabei um die Lo-Shu-Zahlen 3 und 4, die dem Osten beziehungsweise Südosten entsprechen. Beide Zahlen vertreten ebenfalls das Holz. Die große Menge an Holz kollidierte jedoch auf fatale Weise mit dem Element Erde des Kindes und war die Ursache für seine dauernden Erkrankungen. Der Feng-Shui-Meister riet den Eltern, ihr Kind, das ja der westlichen Gruppe angehörte, in ein Zimmer westlich des Elternschlafzimmers zu verlegen. Im vorliegenden Fall hatten die Eltern ihr Schlafzimmer in der Zone 1 (Kan) eingerichtet. Das Kind wurde in die Zone 6 (Qian) verlegt; damit befand es sich westlich des Elternschlafzimmers. Bald darauf erholte es sich und wurde wieder gesund.

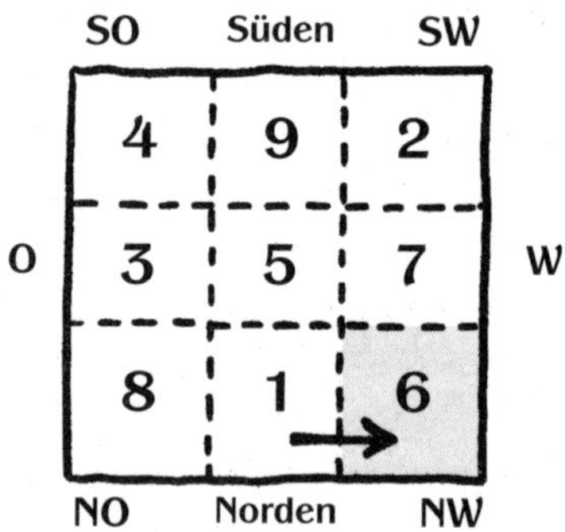

Die Skizze zeigt das neue Kinderzimmer, das nunmehr westlich des Elternschlafzimmers angeordnet ist.

Und die Lektion daraus:

- Manchmal läßt sich ein Feng-Shui-Problem schlicht und einfach durch den Umzug in ein anderes Zimmer lösen.

Mutter-Tochter-Beziehung

Feng-Shui-Richtungen nutzen, um Unverträglichkeiten zu überbrücken

Die Gua-Zahl von Shan Li lautete 1, die ihrer Mutter 8. Die Tochter gehörte der östlichen, die Mutter hingegen der westlichen Gruppe an. Auf dem Lo-Shu-Schema traf Shan Lis Zahl 1 auf die Wu-Kuei-Zahl ihrer Mutter. Die beiden kamen nicht gut miteinander aus, und jedes Gespräch endete in einem lauten Wortwechsel. Die Unvereinbarkeiten zwischen den beiden wurden noch zusätzlich verstärkt, weil zufällig auch der Geräteanschluß des Herdes nach Nordwesten wies (die Zahl 6 im Lo-Shu-Schema). Dies war zwar für die Mutter gut, doch außerordentlich ungünstig für die Tochter.

Der Rat des Feng-Shui-Meisters lautete, Shan Lis Schlafzimmer zunächst einmal in Richtung Südosten, das heißt in die Zone 4 des Hauses, zu verlegen, was ihrer allerbesten Richtung und Zone, dem Sheng-Qi-Ort, entsprach. Darüber hinaus konnte sie von diesem Zimmer aus quer hinüber zur Zone 6 in den Nordwesten blicken, die der Tien-Yen-Zahl ihrer Mutter entsprach. Auf diese Weise kam der »Doktor vom Himmel« zu Hilfe, um die Unverträglichkeiten zu beseitigen. Mutter und Tochter verstehen sich heute blendend, und Shan Li war zudem noch über alle Maßen erfolgreich in ihrem Studium.

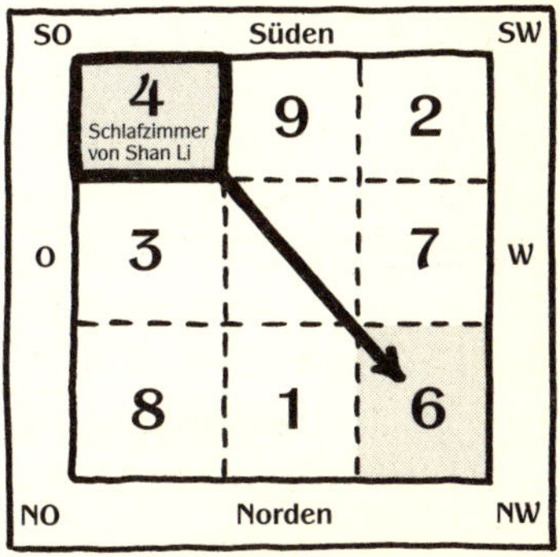

Die Skizze zeigt das neue Schlafzimmer von Shan Li, nunmehr in ihrer besten Zone angeordnet.

Wenn Shan Li in die schräg gegenüberliegende Richtung blickt, schaut sie jetzt nach Nordwesten beziehungsweise in die Zone 6, die dem Tien-Yen- oder zweitgünstigsten Ort ihrer Mutter entspricht.

Und die Lektion daraus:

- Mit Hilfe des Ba-Gua-Lo-Shu-Systems lassen sich Unverträglichkeiten zwischen Eltern und Kindern erkennen und ausräumen.

Die Medizinstudentin

Die Wahl einer ausländischen Universität

Gaik Lin war eine hochtalentierte Schülerin und wollte unbedingt Ärztin werden. Das Abitur hatte sie mit einem hervorragenden Notendurchschnitt bestanden, und nun überlegte sie, an welcher ausländischen Universität sie am besten studieren solle – in Australien, Großbritannien oder anderswo. Medizin zu studieren war ein sehr teures Unterfangen, und Gaik Lin wußte, daß der Auslandsaufenthalt ihren Eltern ein riesengroßes Opfer abverlangen würde, wenn sie nicht wenigstens ein Teilstipendium bekam.

Gaik Lins GUA-Zahl lautete 7. Damit waren ihre günstigsten Richtungen der Nordwesten, Südwesten, Nordosten und Westen. Der Feng-Shui-Meister riet ihr, nach Australien zu gehen, weil damit sichergestellt sei, daß sie ihr Zielland *aus* dem Nordwesten ansteuerte und dadurch das allerbeste Glück mitbrachte. Würde sie sich hingegen für Großbritannien entscheiden, so sagte der Meister, würde sie aus dem Südosten, also ihrer persönlichen Lui-Sha-Richtung oder die der »Sechs Flüche« anreisen. Großbritannien wäre folglich ausgesprochen ungünstig für sie. Gaik Lin nahm den Rat des Meisters an und schrieb sich an der Universität von Sydney ein. Sechs Monate später wurde ihr dort ein Vollstipendium gewährt. Inzwischen hat sie ihren Abschluß mit Auszeichnung bestanden.

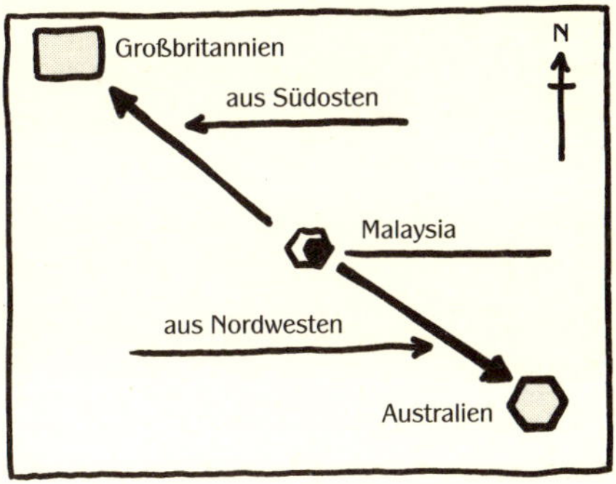

Die Skizze zeigt die Reiserichtungen zu den bevorzugten Universitätsländern aus der Sicht Malaysias. Ermitteln Sie zuerst Ihre Gua-Zahl und Ihre günstigsten Richtungen. Achten Sie sorgsam darauf, daß Sie aus *Ihrer besten und nicht* in *Ihre beste Richtung reisen. Aus der unheilvollsten Richtung kommend, würden Sie nämlich nicht nur im Studium hinter den Erwartungen zurückbleiben, sondern eventuell sogar krank werden oder unliebsame Erfahrungen machen. Außerdem würden Sie sich in Ihrer neuen Umgebung nie recht wohl fühlen.*

Und die Lektion daraus:

- Wenn Sie zur Weiterbildung ins Ausland möchten, wählen Sie das Zielland so, daß es mit Ihrer allerbesten Richtung übereinstimmt, damit Glück und Erfolg den Aufenthalt krönen.

Der Geschäftsreisende

Mit Feng Shui die Reiserouten planen

Edwin Tan war Export-Direktor in einem großen Unternehmen, das sich mit der Herstellung hochwertiger Kristallwaren befaßte. Seine Tätigkeit war mit häufigen Reisen verbunden, darunter auch regelmäßige Besuche in den USA und Europa, wo er an Handelsmessen teilnahm und mit ausländischen Vertriebsgesellschaften und Vertretern konferierte. Seit etwa neun Monaten hatte er diesen Posten inne, den er von seinem Vorgänger übernommen hatte. Zunächst lief alles recht gut, doch in letzter Zeit häuften sich die Auftragsstornierungen und Probleme mit seinen ausländischen Kunden. Die Geschäftsleitung hatte ihm bereits ihre Besorgnis über diese Entwicklung mitgeteilt und angedeutet, daß man ihm sein Aufgabengebiet entziehen müsse, wenn sich die Dinge nicht zum Besseren wenden würden. Edwins Gua-Zahl lautete 8, und seine glückbringenden Richtungen waren der Südwesten, Nordwesten, Westen und Nordosten. Der zu Rate gezogene Feng-Shui-Meister studierte Edwins Reiseplan und schüttelte den Kopf. Erst nach Europa zu fahren und von dort aus in die USA bedeutete, daß Edwin *aus* dem Südosten kam. Das aber war seine allerschlechteste Richtung, sein Chueh Ming, der »totale Ruin«.

»Ich muß aber dahin fliegen, es gehört doch zu meinen Pflichten«, entgegnete Edwin verzweifelt. Der Feng-Shui-Meister bat ihn, sich zu beruhigen, denn er habe eine Lösung für sein Problem.

Der Meister gab Edwin den Rat, seine Reisepläne doch so zu gestalten, daß er via Hongkong, Tokio und Los Angeles in die USA einreise. Damit könne er nämlich aus *dem Südwesten herkommend einfliegen, also* aus *seiner Sheng-Qi- oder allergünstigsten Richtung. Und für die Weiterreise von Amerika nach Europa würde er* aus *dem Westen einreisen, ebenfalls* aus *einer glückbringenden Richtung für ihn. Seitdem er den Rat des Feng-Shui-Meisters befolgt, ist es ihm gelungen, innerhalb von zwei Jahren die Exportquoten seiner Firma zu verdoppeln.*

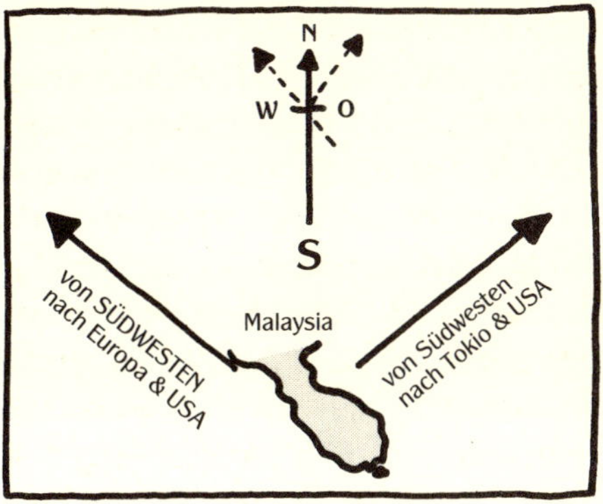

Und die Lektion daraus:

- Achten Sie darauf, daß Sie bei wichtigen Reisen immer *aus* Ihrer glückbringenden Richtung kommen.

Die Großfamilie

Wie die ganze Familie von den guten Richtungen profitiert

Der Feng-Shui-Praktiker sieht sich häufig vor der äußerst schwierigen Frage, wie sich ein Haus bezüglich Lage und Richtung so in das Gelände einbinden läßt, daß es *allen* Familienmitgliedern zum Segen gereicht. Vater, Mutter und Kinder – alle haben unterschiedliche Gua-Zahlen und folglich unterschiedliche günstige und ungünstige Lo-Shu-Ziffern und Himmelsrichtungen. Bei der Anwendung der Formeln kann sich herausstellen, daß die allerbeste Richtung für den einen gera-

de die allerschlechteste für den anderen ist. Welche Entscheidungen trifft ein Feng-Shui-Meister in solchen Fällen?
Herr Chens Familie war das Musterbeispiel eines solchen Falles. Seine Gua-Zahl lautete 2, und er gehörte der westlichen Gruppe an. Seine Frau und die drei Kinder hingegen gehörten der östlichen Gruppe an. Seine beste Richtung, der Nordosten, bedeutete also Unglück der verschiedensten Art für den Rest der Familie. Würde die Haupteingangstür nun nach seinen Belangen ausgerichtet, wäre das für die übrigen Familienmitglieder ausgesprochen ungünstig.
In diesem Fall entschied der Feng-Shui-Meister, daß die Eingangstür am zweckmäßigsten nach Nordosten ausgerichtet werden sollte, weil Herr Chen der Ernährer der Familie war. Er riet jedoch dringend dazu, beim Geräteanschluß von Herd und Reiskocher darauf zu achten, daß beiden Gruppen in der Familie Rechnung getragen würde; das bedeutete, daß zumindest ein zweiter Reiskocher angeschafft werden mußte!
Der eine Reiskocher solle für Herrn Chen mit dem Geräteanschluß nach Nordosten orientiert werden; und Herr Chen solle seinen Reis nur aus diesem Topf essen. Der andere Reiskocher solle so ausgerichtet werden, daß sein Anschluß nach Osten weist, eine Richtung mit unterschiedlichen Stufen von Glück für den Rest der Familie!

Die nebenstehende Abbildung zeigt die beiden Reiskocher, deren Anschluß in unterschiedliche Richtungen weist.

Und die Lektion daraus:

- In der Kompaß-Schule des Feng Shui kommt dem Herdanschluß beziehungsweise der Ausrichtung des Wasser- oder Reiskochers große Bedeutung zu. Dieser Punkt darf unter keinen Umständen vernachlässigt werden.

Herrn Wangs Krankheit

Zur Heilung einer Krankheit die Tien-Yi-Richtung aktivieren

Kurz nachdem Herr Wang seine Küche renoviert und modernisiert hatte, wurde er schwer krank. Langsam begann die Familie sich ernstlich Sorgen zu machen, denn es wollte ihm einfach nicht bessergehen, obschon ihn die besten Ärzte betreuten. Merkwürdig war auch, daß die Ärzte überhaupt nichts finden konnten, was auf eine ernsthafte physische Erkrankung schließen ließ. Doch Herr Wang fühlte sich fortwährend schwach und elend, klagte immerzu über Magenschmerzen und litt unter häufig wiederkehrenden Schwächeanfällen.

Ein Feng-Shui-Meister wurde hinzugezogen. Er überprüfte den Reiskocher und entdeckte, daß der Anschluß nach Süden wies (Zone 9 auf dem Lo-Shu-Schema). Da Herrn Wangs Gua-Zahl die 6 war, war das seine allerschlechteste oder Chueh-Ming-Richtung. Kurzerhand drehte der Meister den Reiskocher so, daß der Geräteanschluß nun nach Nordosten (Zone 8) wies; das war Herrn Wangs Tien-Yi-Richtung oder die des »himmlischen Doktors«. Bald darauf wurde Herr Wang wieder gesund.

In einem anderen, ähnlich gelagerten Fall konnte die Heilung nicht so einfach vonstatten gehen. Herr Wong hatte ebenfalls die Gua-Zahl 6. Der Reiskocher wies, wie im vorhergehenden Fall, in Richtung Süden, also in die Zone 9. Doch auch nach

Veränderung des Geräteanschlusses in Richtung seines Tien-Yi-Ortes dauerte sein Krankheitszustand an.
Der Feng-Shui-Meister gab daraufhin die Empfehlung, in ein anderes Haus umzuziehen, das sich in seiner Tien-Yi-Richtung, also im Nordosten, befände. Nach dem Umzug erholte sich Herr Wong bald und wurde wieder ganz gesund.

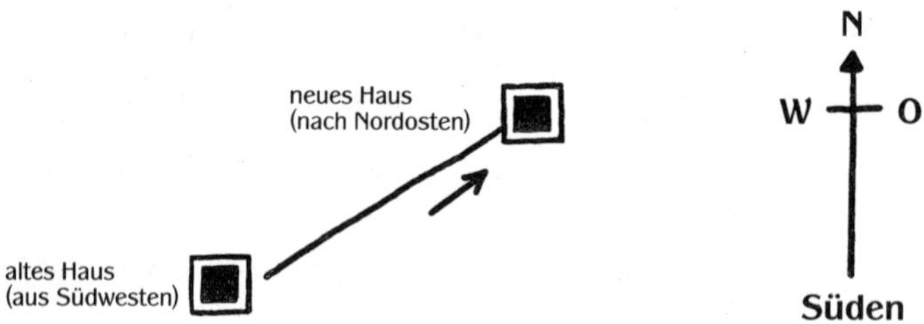

Und die Lektion daraus:

- Die Tien-Yi-Richtung läßt sich über den Geräteanschluß aktivieren, um hartnäckige, chronische oder schwere Erkrankungen zu heilen.
- Manchmal genügt es nicht, nur den Geräteanschluß zu verändern. Die Lage des Wohnhauses ist entscheidender, wie das zweite Beispiel demonstriert.

Der Geschäftspartner

Die Verträglichkeit von Partnern prüfen

Siew Kim, Angela und Marina waren Partnerinnen in einem Blumengeschäft. Siew Kim war pensionierte Lehrerin und sehr talentiert in der Herstellung von Blumengebinden und -gestekken. Angela war Geschäftsfrau mit guten organisatorischen Fähigkeiten, und Marina verfügte über ausgezeichnete Kontakte und konnte so für Kundschaft sorgen. Die Partnerschaft

ließ sich phantastisch an, und innerhalb von drei Monaten florierte der Laden regelrecht. Pläne wurden geschmiedet, in einem anderen Stadtteil ein zweites Geschäft zu eröffnen. Doch bald traten Probleme und Meinungsverschiedenheiten unter den Partnerinnen auf. Die Frauen konnten sich in der Preisgestaltung und in Fragen der Lagerhaltung nicht einigen. Die Auslieferungen gerieten ins Stocken, Außenstände gingen nur zögerlich ein, und es dauerte nicht lange, bis das Geschäftstrio vor dem Bankrott stand. Die Meinungsverschiedenheiten arteten zu regelrechten Feindseligkeiten aus, wobei sich die Frauen gegenseitig beschuldigten, zuviel auszugeben und Freunden zu hohe Nachlässe eingeräumt zu haben. Es war mittlerweile so weit gekommen, daß Angela und Marina nicht mehr miteinander sprachen. Im fünften Monat seines Bestehens befand sich das Geschäft eindeutig in ernsthaften Schwierigkeiten. Siew Kim hatte genug von dem andauernden Gezänk und schlug vor, den Laden zu verkaufen, um wenigstens einen Teil des eingebrachten Kapitals zu retten. Zu diesem Entschluß war sie gegen ihre innere Überzeugung gekommen, denn trotz der vorherrschenden Probleme wußte sie, daß das Geschäft ein großer Erfolg hätte werden können.
In dieser Situation kam Siew Kim der Gedanke, einen Feng-Shui-Meister zu Rate zu ziehen. Anhand der jeweiligen Gua- und Lo-Shu-Zahlen ging dieser insbesondere der Frage nach, ob die drei Partner überhaupt zueinanderpaßten.
Siew Kim mit der Gua-Zahl 6 und Angela mit der Gua-Zahl 8 gehörten beide der westlichen Gruppe an. Marinas Gua-Zahl lautete 4, was Angelas allerschlechtester Lo-Shu-Zahl (Chueh Ming) entsprach. Es überraschte also nicht, daß die Partnerschaft gescheitert war. Die Zahlen deuteten auf stark ausgeprägte Unvereinbarkeiten zwischen Angela und Marina hin, deren Gua-Zahl gleichzeitig auch Siew Kims Unglückszahl (Ho Hai) war.

Wenngleich den entsprechenden Tabellen zufolge weniger gravierend, erwies sich die Verbindung von Marina und Siew Kim dennoch als problematisch. Die Tabellen ließen allerdings phantastische Möglichkeiten für eine fruchtbare Zusammenarbeit zwischen Siew Kim und Angela erkennen, die beide jeweils eine Entsprechung in der günstigsten oder Tien-Yi-Zahl der anderen fanden. Der Meister schlug beiden vor, Marinas Anteil zu übernehmen und neu zu beginnen. Kurz darauf schon blühte das Geschäft.

Und die Lektion daraus:

- Das Ba-Gua-Lo-Shu-System ist eine gute Möglichkeit, um die Verträglichkeit zwischen Partnern, Angestellten und Teilhabern zu bewerten.

Die Renovierung des Hauses

Für Reparatur- und Umbaumaßnahmen zusätzliches Glück aktivieren

Der berühmte Feng-Shui-Meister Yap war ein guter Freund von Herrn Mah. In den ersten Jahren ihrer Freundschaft hatte der Meister an der Planung von Herrn Mahs Haus mitgearbeitet, und in den darauffolgenden Jahren gingen dessen Geschäfte sehr gut. Inzwischen war er ein reicher Mann, hatte zwei erfolgreiche Söhne, von denen einer Arzt und der andere Steuerberater geworden war. Auch sein Familienleben verlief relativ harmonisch. Herr Mah war nicht sonderlich erpicht darauf, irgend etwas an seinem Haus zu verändern, denn das Feng Shui hatte offensichtlich seiner Familie nur Gutes gebracht. Irgendwann kam er nicht länger umhin, die Türen und Fenster zu renovieren, einige Veränderungen an der Inneneinrichtung vorzunehmen und teilweise neue Möbel anzuschaffen. Er war angenehm überrascht, als der Feng-Shui-Meister Yap ihn zu seinen Plänen beglückwünschte und lächelnd meinte: »Wohlan denn, realisiere nur dein Vorhaben. Du kannst dein Glück mit Reparaturarbeiten durchaus aktivieren; lasse die Balken reparieren, den Fliesenbelag erneuern, die Fenster neu streichen, neue Türen einbauen, das Entwässerungssystem modernisieren ... Selbst ein Anbau ist in Ordnung, praktisch alles, was du möchtest ... Und wenn diese Umbauten oder Renovierungen sich innerhalb deiner günstigen Lo-Shu-Orte bewegen, um so besser für dich ... An deinem allerbesten Ort im Gebäude solltest du übrigens auch Arbeiten durchführen lassen, denn dann wird das Geld nur so sprudeln und in deine Taschen fließen!«

Herr Mah war erleichtert und schickte sich an, den Architekten und Raumausstatter zu beauftragen. Unmittelbar bevor die Arbeiter ans Werk gingen, erhielt Herr Mah einen Telefonanruf von seinem Freund. »Hast du auch ein geeignetes Datum für den Beginn der Arbeiten gewählt?« fragte dieser. Das hatte Herr Mah natürlich nicht bedacht!

Die Chinesen ziehen oft den chinesischen Almanach (Tong Shu) heran, um die guten und schlechten Tage für den Beginn von Bauarbeiten auszuwählen. Doch es handelt sich dabei um eine verallgemeinernde Version. Mit Hilfe des Ba-Gua-Systems, das mit den persönlichen Lo-Shu-Zahlen der Menschen arbeitet, lassen sich die Tage aufgrund der Gua-Elemente genauer ermitteln. Herrn Mahs Gua-Zahl lautete 4, seine allerbeste Richtung war der Norden. Seine Haupteingangstür wies somit auch nach Norden. Das koinzidiert mit dem Trigramm Kan, dessen Element das Wasser symbolisiert. Herrn Mahs Renovierungsaktion kann somit nicht an einem Holz-Tag starten, weil das Holz bekanntlich das Wasser absorbiert; sie kann auch nicht an einem Erde-Tag be-

ginnen, weil die Erde das Wasser zersetzt beziehungsweise bezwingt.
Herr Mah mußte deshalb die Arbeiten entweder an einem Feuer- oder Metall-Tag beginnen lassen. Die Elemente der einzelnen Tage des Jahres finden Sie in jedem chinesischen Tageskalender.

Und die Lektion daraus:

- Mit Renovierung und Modernisierung läßt sich gutes Feng Shui zusätzlich verstärken, doch achten Sie tunlichst darauf, daß die Arbeiten an einem für Sie günstigen Tag begonnen werden.

6. Feng-Shui-Maße und -Proportionen

Die optimale Dimensionierung von Yang-Gebäuden

Die Feng-Shui-Berater der alten Schule verwenden fast ausschließlich Sondermaße in der Dimensionierung von Türen und Fenstern, Schreibtischen und Tischen sowie sonstigen Möbeln in Haushalt und Büro. Vor einigen Jahren bekam die Autorin ein spezialgefertigtes Maßband mit Maßeinheiten in Zentimeter und Zoll auf der einen sowie Sondermarkierungen auf der anderen Seite geschenkt. Diese Sondermarkierungen bezogen sich auf die jeweils günstigen und ungünstigen Maße für zwei Arten von Wohngebäuden: die sogenannten Yang-Häuser (Wohnstätten der Lebenden) und die Yin-Häuser (Wohnstätten der Toten, wie Gräber und Friedhöfe). In diesem Buch werden ausschließlich die Markierungen und Maße für Yang-Häuser vorgestellt.
Trotz aller Bemühungen erwies es sich als schwierig, die genaue Herkunft dieser Feng-Shui-Maße zu erhellen, denn die großen Meister des Feng Shui bestätigen zwar einmütig und vorbehaltlos die Existenz und Bedeutung von glückbringenden

und unglückbringenden Maßen, konnten jedoch in keinem Fall gesicherte Angaben zu deren Ursprung machen.
Wie fast alle großen Meister in Hongkong läßt auch Yap Cheng Hai die Feng-Shui-Maße frei in seine Empfehlungen einfließen. Seinen Ausführungen zufolge sollen diese erstmals von einem im Dienste des kaiserlichen Hofes stehenden Schreiner während der Song-Dynastie entdeckt und im Rahmen seiner Arbeit am Palast des Herrschers angewandt worden sein. Er schrieb diese Maße nieder, um sie für die Nachwelt zu bewahren; und sie scheinen bis zum heutigen Tag ihre Gültigkeit behalten zu haben.
Beim Entwurf von Bürotischen kommen oftmals Feng-Shui-Maße zur Anwendung. Diese Praxis ist besonders in Hongkong weit verbreitet, wo man kunstvolle Rosenholztische mit Drachenmotiven nach besagten Maßvorgaben entwirft.

Die günstigen Masse

Für Yang-Gebäude gibt es acht Maßreihen auf dem Feng-Shui-Maßband; davon gelten vier als generell günstig und vier als ungünstig.
Das Band ist 43,2 cm (oder umgerechnet 17 Zoll) lang und in acht Abschnitte aufgeteilt. Nach dem achten Abschnitt wiederholt sich der Maßzyklus in der gleichen Abfolge. Am zweckmäßigsten bewegt man sich also in Zyklen von jeweils 43,2 cm. Als günstige Maße gelten der erste, vierte, fünfte und achte Abschnitt. Jeder von ihnen trägt einen eigenen Namen, der die jeweiligen glückbringenden Attribute beschreibt.

Der ERSTE ABSCHNITT, genannt CHAI (glückbringendes Maß), liegt zwischen 0 und 5,4 cm (0 und 2 $\frac{1}{8}$ Zoll) und ist seinerseits wiederum in vier Unterkategorien von Glück gegliedert. Die ersten 1,35 cm (ca. ½ Zoll) bringen das finanzielle Glück, die zweiten 1,35 cm einen Tresor voller Juwelen, die darauffolgenden 1,35 cm insgesamt sechs verschiedene Formen eines günstigen Schicksals, während der letzte Abschnitt Reichtum in Hülle und Fülle beschert.

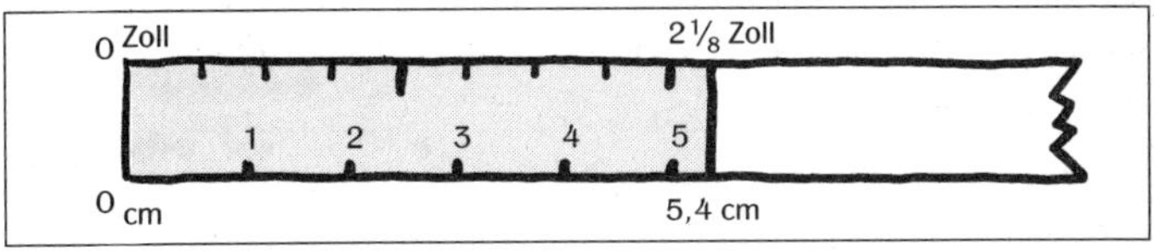

CHAI: Der erste glückbringende Abschnitt

Der VIERTE ABSCHNITT heißt YI und liegt zwischen 16,2 und 21,6 cm (6⅜ und 8½ Zoll) und bringt das sogenannte Mentoren-Glück, das heißt, er zieht hilfreiche Menschen an, und ist wiederum in vier Unterkategorien gegliedert, von denen die ersten 1,35 cm (ca. ½ Zoll) viele Kinder verheißen. Die zweiten 1,35 cm sagen einen Einkommenszuwachs aus unvorhersehbaren Quellen voraus, die dritten 1,35 cm versprechen einen sehr erfolgreichen Sohn, und die letzten 1,35 cm verheißen ein außerordentlich positives Schicksal.

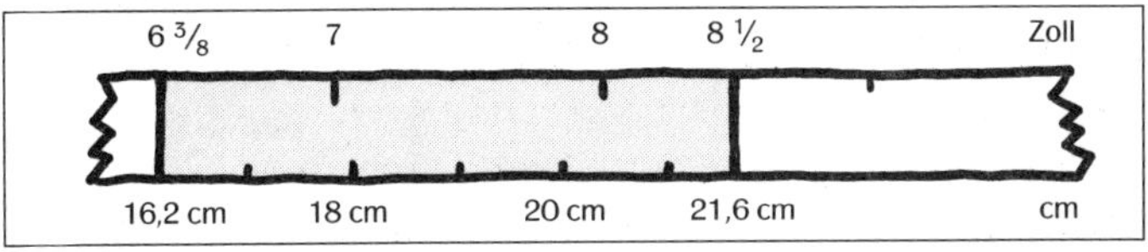

YI: Der zweite glückbringende Abschnitt

Der FÜNFTE ABSCHNITT namens KWAN (Macht) schließt sich direkt an seinen Vorgänger an und liegt zwischen 21,6 und 27 cm (8½ und 10⅝ Zoll). Diese dritte günstige Maßreihe hat auch wiederum vier Unterabschnitte, von denen die ersten 1,35 cm (ca. $^{1}/_{2}$ Zoll) leicht zu bestehende Prüfungen verheißen. Die folgenden 1,35 cm sagen spezielles Glück voraus, das im allgemeinen im Spiel gefunden wird oder sich in Form von Spekulationsgewinnen beziehungsweise einem Sechser im Lotto einstellt! Die nächsten 1,35 cm suggerieren ein besseres Einkommen, und der letzte Abschnitt bringt der ganzen Familie Wohlstand, Macht und Ehre.

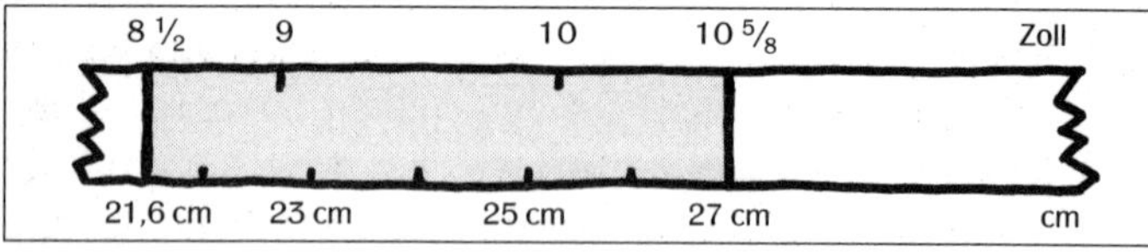

KWAN: Der dritte glückbringende Abschnitt

Der ACHTE ABSCHNITT namens PUN (Kapital) liegt zwischen 37,8 und 43,2 cm (14 $^{6}/_{8}$ und 17 Zoll). Er ist die vierte glückbringende Maßreihe. Der erste Unterabschnitt läßt Geldströme ins Haus fließen, die nächsten 1,35 cm (ca. $^{1}/_{2}$ Zoll) verheißen Glück in Prüfungen. Der dritte Teilbereich bringt reichlich Juwelen, Kostbarkeiten und Edelsteine, während der letzte Abschnitt Wohlstand und materiellen Erfolg im Überfluß bietet.

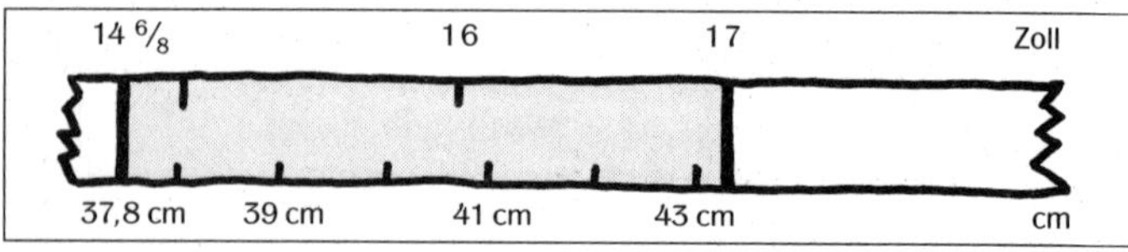

PUN: Der vierte glückbringende Abschnitt

Die vier glückbringenden Maßreihen wiederholen sich stets aufs neue. Die acht Teilabschnitte (die günstigen wie die ungünstigen) werden aneinandergereiht und immer wieder fortgeschrieben, so daß auf diese Weise kontinuierliche glückbringende Maßketten ablesbar sind.

Auf der nachfolgenden Abbildung sind die glückbringenden Maßreihen (die farbig angelegten Abschnitte A, B, C und D) in ihrer Wiederholung über zwei Zyklen dargestellt.

Zur besseren Orientierung sind die glückbringenden Maßreihen nachfolgend nochmals zusammengefaßt. Wer mit größeren Möbelstücken zu tun hat, kann seine Berechnungen auf der hier vorgestellten Methode aufbauen. Das Prinzip der Fortführung glückbringender Maßreihen gilt natürlich gleichermaßen für die unglückbringenden Maße und Proportionen.

Übersicht der glückbringenden Maße				
CHAI	zwischen	0 cm	und	5,4 cm
	zwischen	43,2 cm	und	48,6 cm
	zwischen	86,4 cm	und	91,8 cm
	zwischen	129,6 cm	und	135 cm
YI	zwischen	16,2 cm	und	21,6 cm
	zwischen	59,4 cm	und	64,8 cm
	zwischen	102,6 cm	und	108 cm
	zwischen	145,8 cm	und	151,2 cm
KWAN	zwischen	21,6 cm	und	27,0 cm
	zwischen	64,8 cm	und	70,2 cm
	zwischen	108 cm	und	113,4 cm
	zwischen	151,2 cm	und	156,6 cm
PUN	zwischen	37,8 cm	und	43,2 cm
	zwischen	81 cm	und	86,4 cm
	zwischen	124,2 cm	und	129,6 cm
	zwischen	167,4 cm	und	172,8 cm

Die ungünstigen Maße

Aus dem Vorangegangenen dürfte ersichtlich sein, daß die ungünstigen Maße eben jene sind, die nicht in die glückbringenden Abschnitte des beschriebenen 43-Zentimeter-Zyklus fallen. Zur besseren Orientierung werden diese unglückbringenden Maßabschnitte nachstehend mit ihrer jeweiligen Bedeutung vorgestellt. Ebenso wie bei den glückbringenden Abschnitten gibt es auch hier unterschiedliche Arten von Unglück – teils weniger, teils stärker ausgeprägt. Für den Leser dienen diese Deutungen lediglich als Hinweis.

Die unglückbringenden Maße fallen auf den zweiten, dritten, sechsten und siebten Abschnitt des 43-Zentimeter-Maßbandes und heißen PI, LI, CHIEH und HAI. Wie bereits erwähnt, lassen sich die unglückbringenden Maßreihen in ihrer Wiederholung so ermitteln, daß man die zyklische 43-Zentimeter-Kette in acht 5,4 cm lange Sektionen unterteilt und diese einfach auszählt; danach wiederholt sich der Rhythmus aufs neue.

Der ZWEITE ABSCHNITT namens PI in der Bedeutung von Krankheit liegt zwischen 5,4 und 10,8 cm (2 $^{1}/_{8}$ und 4 $^{2}/_{8}$ Zoll). Auch hier gibt es wieder vier Unterkategorien, von denen die ersten 1,35 cm (ca. $^{1}/_{2}$ Zoll) Geldverlust bedeuten. Die folgenden 1,35 cm besagen, daß juristische oder behördliche Probleme auftreten können. Die nächsten 1,35 cm deuten weitreichende Schwierigkeiten bis hin zur Verhaftung und Verurteilung mit Gefängnisstrafen an. Der letzte Unterabschnitt zeigt den Tod eines Lebenspartners an.

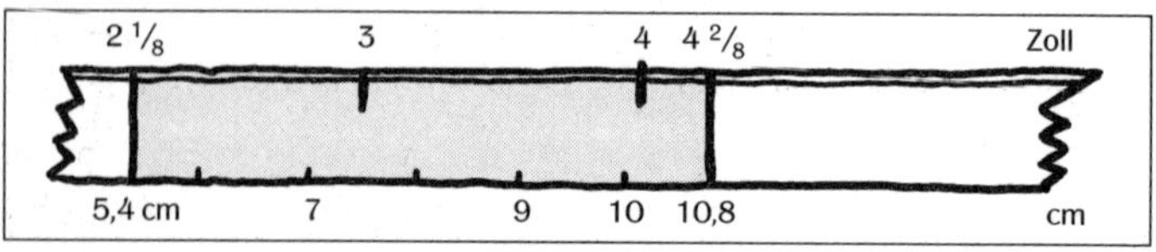

PI: Der erste unglückbringende Abschnitt

Der DRITTE ABSCHNITT heißt LI (»Trennung«) und liegt zwischen 10,8 und 16,2 cm ($4\,^2/_8$ und $6\,^3/_8$ Zoll). Die vier Unterkategorien dieser Form des Unglücks deuten auf verschiedene Verlustsituationen hin.
Die ersten 1,35 cm (ca. $^1/_2$ Zoll) stehen für allgemeines Pech, während die folgenden 1,35 cm Geldverlust oder Diebstahl ankündigen. Die dritte Unterkategorie zeigt die Begegnung mit skrupellosen Menschen mit betrügerischen Absichten an, und der letzte Unterabschnitt sagt voraus, daß alles verlorengeht oder gestohlen wird.

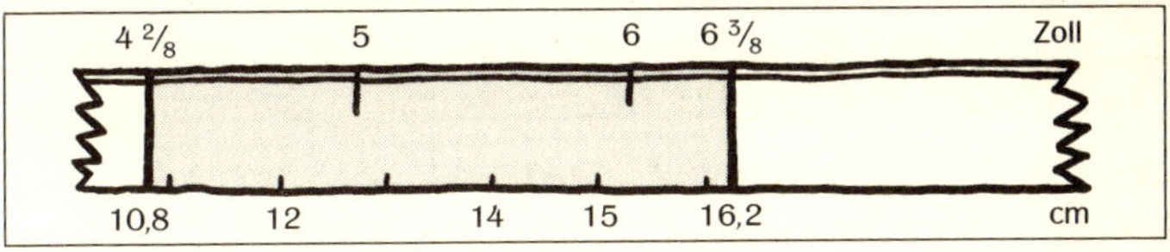

LI: Der zweite unglückbringende Abschnitt

Der SECHSTE ABSCHNITT heißt CHIEH und kündigt ebenfalls Schlimmes an. Er umfaßt den Bereich zwischen 27,0 und 32,4 cm ($10\,^5/_8$ und $12\,^6/_8$ Zoll). Die Bedeutungen der vier Untersegmente stehen erstens für einen Todesfall oder eine andere Form des Abschieds und zweitens dafür, daß einem alles Notwendige genommen und auf diese Weise der Lebensunterhalt entzogen wird.
Die dritte Unterkategorie besagt, daß man mit Schimpf und Schande aus dem Dorf gejagt wird, und der letzte Abschnitt deutet auf einen schweren Geldverlust hin.

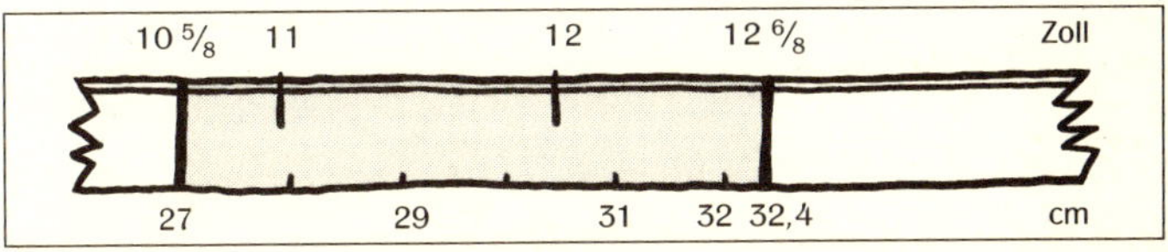

CHIEH: Der dritte unglückbringede Abschnitt

Der SIEBTE ABSCHNITT heißt HAI in der Bedeutung von »Verletzung«. Er befindet sich zwischen 32,4 und 37,8 cm ($12\,{}^{6}/_{8}$ und $14\,{}^{6}/_{8}$ Zoll).

Die vier Unterkategorien sagen ebenfalls großes Pech voraus, wobei die erste auf drohende Katastrophen hinweist; die zweiten 1,35 cm (ca. ${}^{1}/_{2}$ Zoll) kündigen den Tod an und der dritte Abschnitt Krankheit und Siechtum. Die letzte Sektion bedeutet Skandale und Streitigkeiten.

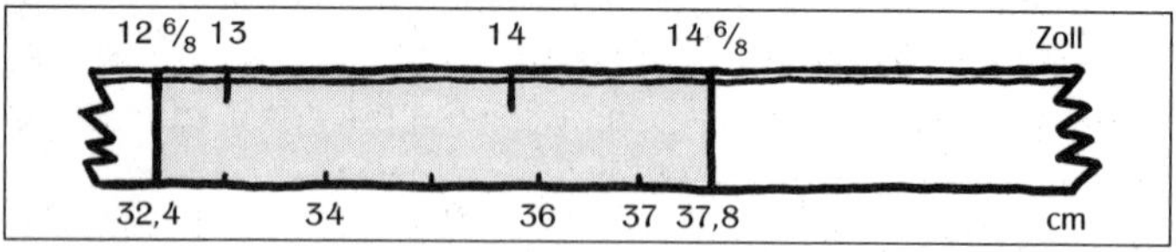

HAI: Der vierte unglückbringende Abschnitt

Übersicht der unglückbringenden Maße				
PI	zwischen	5,4 cm	und	10,8 cm
	zwischen	48,6 cm	und	54 cm
	zwischen	91,8 cm	und	97,2 cm
	zwischen	135 cm	und	140,4 cm
LI	zwischen	10,8 cm	und	16,2 cm
	zwischen	54 cm	und	59,4 cm
	zwischen	97,2 cm	und	102,6 cm
	zwischen	140,4 cm	und	145,8 cm
CHIEH	zwischen	27,0 cm	und	32,4 cm
	zwischen	70,2 cm	und	75,6 cm
	zwischen	113,4 cm	und	118,8 cm
	zwischen	156,6 cm	und	162 cm
HAI	zwischen	32,4 cm	und	37,8 cm
	zwischen	75,6 cm	und	81 cm
	zwischen	118,8 cm	und	124,2 cm
	zwischen	162 cm	und	167,4 cm

Schreib- und Arbeitstisch

Die Arbeit mit den Feng-Shui-Maßen findet aus naheliegenden Gründen gerade für dieses Möbelstück ihre breiteste Anwendung. Im Prinzip sollte die Deckplatte sowohl bezüglich der Länge als auch der Breite günstig dimensioniert sein.

In den Fällen, wo große Schreibtische mit L-förmigen Beistellmöbeln versehen sind, wie es in modernen Büros häufig der Fall ist, empfiehlt sich, keine feste Verbindung zu wählen, weil das Ganze insgesamt keine günstige Form aufweist. Es ist weitaus besser, zwei separate Tische mit jeweils glückbringenden Maßen aufzustellen.

Der Höhe des Schreib- oder Arbeitstisches kommt außerordentlich große Bedeutung zu. Hier sind Feng-Shui-Maße geradezu zwingend, selbst auf die Gefahr hin, daß der Komfort durch eine leichte Überhöhung der Arbeitsplatte leiden würde. Dieses Problem läßt sich ganz einfach lösen, indem man bei Menschen mit geringerer Größe den Sessel beziehungsweise Stuhl auf ein spezialgefertigtes Podest stellt.

Nachstehend sind drei Beispiele für Schreibtische leitender Angestellter mit den richtigen Entwurfs- und Konstruktionsabmessungen gezeigt. Wer es besonders genau nimmt, kann sich die Schubladen und Fächer im Schreibtisch natürlich auch nach Feng-Shui-Abmessungen anfertigen lassen. Doch in der Praxis kann dieser Aspekt durchaus vernachlässigt werden. Wichtig und entscheidend sind die richtige Länge, Breite und Höhe des Möbelstücks.

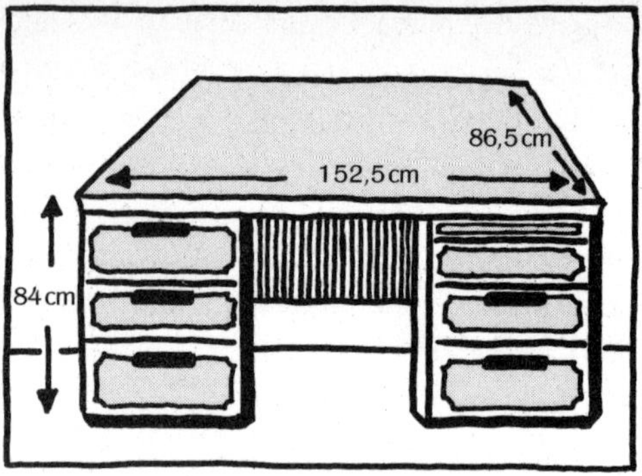

Der imposante Schreibtisch eines Direktors

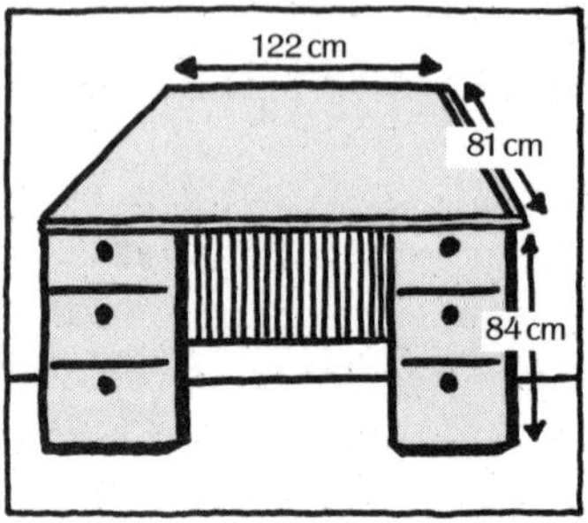

Ein mittelgroßer Manager-Schreibtisch

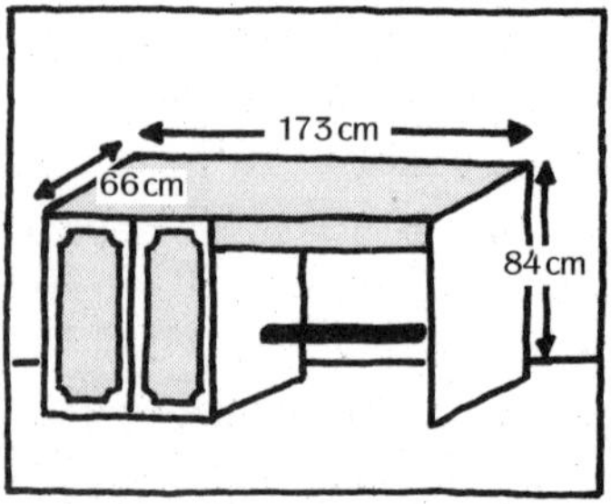

Der Schreibtisch einer Sekretärin

Aus den vorgegebenen Maßen lassen sich die Bedeutungen ableiten, und der Leser mag prüfen, ob die damit ausgedrückte Art von Glück das ist, was er gerade sucht. Ansonsten sollten die Maße so adaptiert werden, daß sie seinen persönlichen Wunschvorstellungen am nächsten kommen. Beim Entwurf von Schreibpulten für Kinder können die Eltern versuchen, das in den Maßreihen beschriebene Prüfungsglück zu nutzen.

Bett und Schlafzimmermöbel

Die meisten modernen Einzel- oder Doppelbetten westlicher Prägung haben Standardabmessungen. Doch die Höhe läßt sich immer noch nach Feng-Shui-Maßen variieren. Im Feng Shui spielt das Bett eine wichtige Rolle, denn es symbolisiert einen Ort der Ruhe. Alle übrigen Einrichtungsgegenstände eines Schlafzimmers können ebenfalls individuell auf Feng-Shui-Maße angepaßt werden; das betrifft Schminktische oder Frisierkommoden, Stühle, Sessel, Bücherregale, Nachttische und Wäschekommoden gleichermaßen. Wenn es sich vermeiden läßt, sollten hinter oder neben dem Bett keine Bücherregale angebracht werden. Offene Regale können nämlich gefährliche »Giftpfeile« symbolisieren, die auf den Schlafenden im Bett abzielen. Regale sollten zudem niedrig gehalten sein und sich möglichst in den günstigen Abmessungsreihen bewegen, wie sie weiter oben aufgeführt sind.

Wenn die Frisierkommode oder der Schminktisch mit Spiegeln ausgestattet ist, sollten diese möglichst so angeordnet sein, daß die Spiegelfläche selbst *nicht* auf das Bett weist. Die Feng-Shui-Meister weisen darauf hin, daß man es leicht als schockierend empfinden könnte, morgens aufzuwachen und in das eigene Spiegelbild zu schauen. Andere Thesen lauten, daß vom

Bett aus sichtbare Spiegelflächen häufig zu Zwist und Unfrieden zwischen Mann und Frau führen. Aus diesem Grund lehnen die meisten Feng-Shui-Meister eine Integration von Spiegeln als Dekorationselement im Schlafzimmer ab.

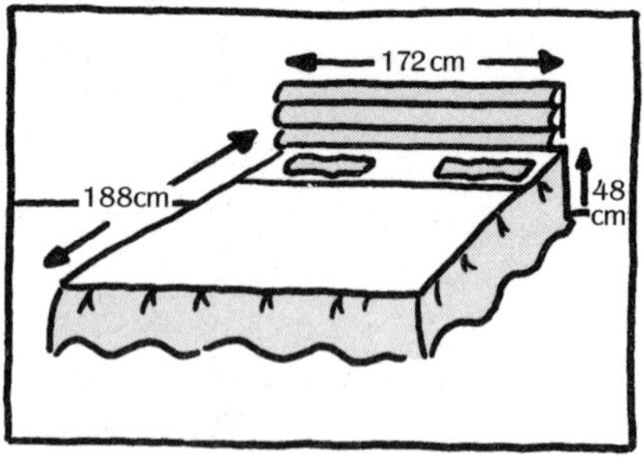

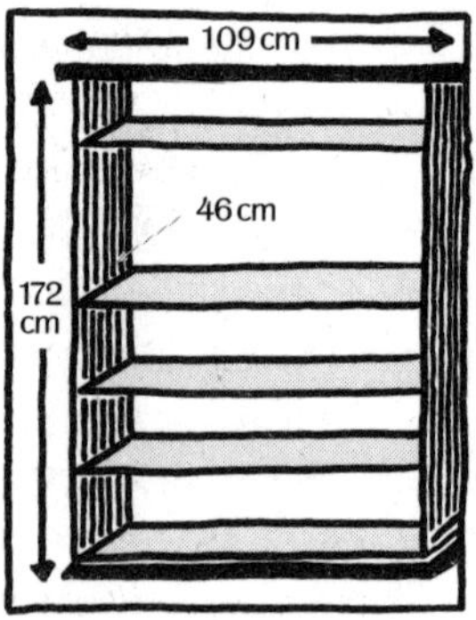

Einbauschränke und Bücherregale

Beim Entwurf von Einbaumöbeln für die Wohnung oder das Büro empfiehlt sich generell die Beachtung der Feng-Shui-Maßreihen, wobei die Größen jeweils entsprechend anzupassen sind. Das gilt insbesondere für Regale in Studier- und Arbeitszimmern sowie für Vitrinen und Küchenschränke.

Wer es ganz genau nimmt, kann sich auch nach den Bedeutungen der einzelnen günstigen Maßbereiche richten, um zusätzlich noch weitere Arten von Glück zu aktivieren. Eine derart konsequente Anwendung von Feng-Shui-Regeln mag zunächst weit hergeholt erscheinen und dem einen oder anderen gar ein bißchen unangemessen vorkommen, doch mittlerweile gibt es auch in Europa den einen oder anderen Schreiner, der mit den Maßen und Proportionen bestens umzugehen weiß und Anpassungen problemlos durchführen kann, wenn er erst einmal im Besitz der günstigen Maßreihen ist.

Türen und Fenster

Sie stellen die Ein- und Ausgangsöffnungen eines Gebäudes dar, durch die das Qi herein- und herausströmt. Deshalb ist es immer ratsam, sie nicht nur bezüglich Lage und Richtung günstig anzuordnen, sondern ihnen auch glückbringende Abmessungen zu geben. Das betrifft sowohl die Länge als auch die Breite der Fenster und Türen; und im Falle von Fenstern sollte zudem die Brüstungshöhe beachtet werden. Die Bauteile müssen ferner die richtigen Proportionen haben, so daß auch äußerlich gesehen Ausgewogenheit und Harmonie vorherrschen. Eine zu breite oder zu schmale Tür im Verhältnis zur Gesamtgröße des Raumes oder Hauses sollte unter allen Umständen vermieden werden, denn das deutet eine gewisse

Unausgewogenheit an. Es empfiehlt sich deshalb, die Maße unter Berücksichtigung der zyklischen Wiederholung je nach Bedarf zu erweitern beziehungsweise zu reduzieren. Gegen Fenster und Türen mit halbkreisförmigem Oberteil ist aus Feng-Shui-Sicht nichts einzuwenden. Man braucht sich keinerlei Gedanken über die Maße des Halbkreises machen, weil Länge und Breite des Fensters beziehungsweise der Tür ja schon passend dimensioniert wurden.

Zu Schiebeglastüren in Wohn- oder Bürohäusern gibt es im Feng Shui weder positive noch negative Aussagen; doch die überwiegende Meinung der Feng-Shui-Meister geht dahin, daß Haupteingangstüren möglichst solide und massiv konstruiert sein sollten und nicht aus Glas (wegen der Durchsichtigkeit) oder Holzlamellen bestehen sollten. Eine massive Tür ist Sinnbild für Beständigkeit und Stabilität.

7. Feng Shui zur Steigerung des Lebensglücks

Im modernen Alltag des ausgehenden zwanzigsten Jahrhunderts werden die überlieferten Weisheiten nur allzuoft mit der Behauptung abgetan, sie entbehrten jeder wissenschaftlichen Grundlage. Dies erklärt die weitverbreitete Skepsis vor allem bei jenen, denen die Herkunft der Feng-Shui-Formeln zweifelhaft erscheint oder die vom philosophischen Hintergrund der Feng-Shui-Theorie wenig Ahnung haben.

Diese Art von Geringschätzung gipfelt häufig sogar darin, daß Feng Shui generell als Humbug oder trivialer Aberglaube hingestellt wird. Im Feng-Shui-Beratungswesen gibt es natürlich auch Scharlatane und Möchtegern-Experten, die diesen Eindruck nur noch verstärken. Aus diesem Grund sollte sich der Interessierte zunächst selbst mit den Grundlagen des Feng Shui vertraut machen, bevor er einen Berater konsultiert. Damit bereitet er sich den Weg für ein tiefer gehendes Verständnis und eine bessere Einschätzbarkeit der ihm gegebenen Empfehlungen und Änderungsvorschläge. Wer die Regeln des Feng Shui und die dahinterstehenden Motive in groben Zügen kennt, kommt sogar ganz ohne eine solche Beratung aus. Und wer im Feng Shui eine Art Wissenschaft sieht – immerhin basiert es ja auf Gesetzmäßigkeiten und Informationen, die über Jahrhunderte hinweg beobachtet und zusammengetragen wurden –, für den kann das tiefere Verstehen seiner Geheimnisse und die praktische Anwendung der Techniken zu einer geradezu faszinierenden und lohnenden Aufgabe werden.

Die Autorin ist von dem praktischen Nutzen des Feng Shui ganz und gar überzeugt; diese Einschätzung bezieht sie nicht nur aus ihrer langen persönlichen Erfahrung, sondern auch aus den umfassenden Studien und Beobachtungen zur Wirkungsweise des Feng Shui, insbesondere wenn sich die beiden Hauptrichtungen, also die Landschafts- oder Formen-Schule und die Kompaß-Schule miteinander vereinen. Mit Feng Shui läßt sich in der Tat mehr Lebensqualität erreichen. Unglück läßt sich ein Stück weit abwenden, so daß die Konsequenzen weniger gravierend sind. Und das Glück kann gezielt aktiviert und gesteigert werden. Ganz bestimmte Lebensfelder können eine Bereicherung erfahren, und Schwierigkeiten jeder Art lassen sich überwinden.

Damit ergibt sich zwangsläufig die Frage: »Läßt sich das Schicksal des einzelnen überhaupt beeinflussen?« Wenn dem so ist und in der Praxis des Feng Shui der Schlüssel dazu liegt, würde sich dann nicht daraus ableiten lassen, daß Wahrsagen und ähnliche Formen der Divination doch keine verläßlichen Prognosen für das Schicksal und die Bestimmung des Menschen zulassen?

Wie könnte man da noch an die Kraft und Macht der Divination glauben, wie sie der chinesischen Astrologie zugestanden wird, oder auch an das Ganzhi-System und das I Ging, der sogenannten Quelle des Feng Shui und aller anderen Techniken der Zukunftsdeutung Chinas?

Die chinesischen Klassiker und alten Schriften sind voll von eindeutigen Aussagen zu dieser Frage. Demnach läßt sich das Schicksal des Menschen verändern, solange man den Schlüssel oder das Wissen besitzt, wie solche Veränderungen zu bewirken sind. Um die Geheimnisse enträtseln zu können, so besagen die Schriften, müsse man erst die Wirkungsweise des Universums und die Beziehung des Menschen zu seiner Umwelt verstanden haben.
Alle paar Jahrhunderte tritt ein Weiser hervor und bereichert dieses Wissen in Form von Kommentaren, Urteilen und Deutungen. Damit hinterläßt er den nachfolgenden Generationen ein reiches Erbe an Kenntnissen für weiterführende Studien. Eine solche Persönlichkeit war natürlich auch der große Denker und Philosoph Konfuzius mit seinen geradezu legendären Beiträgen in dieser Richtung.
Aus diesem Wissensschatz schöpfend, haben die Meister der alten Schule die Essenz herausgearbeitet, um in der Praxis ein wirksames Feng Shui und eine zuverlässige Schicksalsdeutung zu ermöglichen. Diese beiden Zweige wurden also aus dem gesamten Komplex der Metaphysik herausgelöst und für die praktische Anwendung im Alltag umgeschrieben; deshalb stehen sie auch nicht im Widerspruch zueinander, sondern ergänzen sich gegenseitig.
In der Kompaß-Schule des Feng Shui bilden die Horoskop- oder Geburtsdaten eines Menschen bekanntlich die Grundlage für alle Festlegungen, wie sein Haus aus- und eingerichtet werden soll. Damit sind beide Zweige in der Praxis deutlich verwoben. Deshalb finden sich auch im praktischen Ansatz des Feng Shui so oft Elemente der Voraussage zukünftiger Entwicklungen. Hierzu ein Beispiel:
Am 4. Januar 1993 leuchtete es dem Leser in großen Lettern aus der *New Straits Times of Malaysia* entgegen: »Ramos

schenkt dem Rat der Geomanten Beachtung.« Dann folgte die Schilderung einer Reuters-Meldung, der zufolge der philippinische Präsident Fidel Ramos bestätigt haben soll, daß er den Berichten nachgehen würde, wonach drei falsch plazierte Bäume ebenso wie bestimmte unglückbringende Symbole auf dem Präsidialsiegel und den Banknoten des Landes für zahlreiche Mißgeschicke und Naturkatastrophen auf den Philippinen verantwortlich seien. Diese drei Dinge, so hieß es in dem Bericht, seien gemäß chinesischem Feng Shui die Hauptquelle allen Unglücks im Land, wie man Ramos mitgeteilt habe.
Die drei riesengroßen Bäume standen direkt vor dem Malacanang-Präsidentenpalast. Nach Aussage der Feng-Shui-Berater standen sie dem kosmischen Energiefluß im Wege und verhinderten den Zugang des Glücks in das Haus des Präsidenten. Ihr Vorschlag lautete: Die Bäume sollten gefällt werden! Weiterhin wurde am Symbol des Seelöwen im Siegel des Präsidenten eine ungünstig gekrümmte Schwanzflosse ausgemacht. Außerdem suggerierten die um diesen herum angeordneten Sterne Dunkelheit, was auf drohende Katastrophen hinwies. Schließlich wurde die 500-Peso-Note als unglückbringend eingestuft, weil sie dreizehn Sterne enthielt, dreizehn Menschen zeigte und die Zahl 500 dreizehnmal darauf erschien!
Im Lichte aktueller Berichte wie diesem hier vorgestellten hat das Interesse an Feng Shui in jüngster Zeit enormen Aufschwung erfahren – zumindest bei jenen, die mit der praktischen Anwendung bisher noch wenig zu tun hatten. Für solche allerdings, die sich schon viele Jahre lang mit Feng Shui befassen, kommen die Nachrichten von seinen geheimnisvollen Wirkungen alles andere als überraschend.
Meister Yap Cheng Hai, einer der Feng-Shui-Lehrer der Autorin, äußerte sich einmal im malaiischen Fernsehen in der Sendung »Money Matters« folgendermaßen: »...Was verlieren Sie denn

eigentlich, wenn Sie an Feng Shui glauben? Bleibt die Wirkung aus, haben Sie schlimmstenfalls ein paar Möbel hin und her gerückt oder Ihre Sitzposition ein wenig verändert ... Andererseits, wenn Feng Shui wirklich funktioniert und seine Wirkung offenbart, ist das Glück auf Ihrer Seite, nicht auf meiner ...«

Das Familienleben

Zu den wohl großartigsten Anwendungsmöglichkeiten des Feng Shui zählt die Verbesserung des Familienlebens. Das betrifft nicht nur den Erhalt der familiären Harmonie insgesamt, sondern auch mögliche Korrekturen in schwierigen Situationen. Mit Feng Shui können also ganz spezielle Ziele erreicht werden:

- daß kinderlosen Paaren Nachwuchs beschert wird;
- daß die Liebe und Zuneigung zwischen den Partnern wächst;
- daß Reibungsfelder zwischen Familienmitgliedern abgebaut werden;
- daß ausgerissene oder auf die schiefe Bahn geratene Kinder nach Hause zurückfinden;
- daß ein auf Abwege geratener Partner nach Hause zurückfindet;
- daß eine Hochzeit oder Taufe in der Familie zustande kommt;
- daß ein erkranktes Familienmitglied wieder gesund wird;
- daß sich zerstrittene Familienmitglieder versöhnen.

Um die oben beschriebenen positiven Schicksalswendungen in der Familie zu ermöglichen, gibt es verschiedene Formeln und Methoden unter Einbeziehung der Lo-Shu-Zahlen und Himmelsrichtungen, wie sie im dritten und vierten Kapitel vorgestellt wurden. Die der Nien-Yen-Position und Richtung entsprechenden Lo-Shu-Zahlen sind am effizientesten, um das Glück im familiären Bereich zu aktivieren. Je nachdem, welches Familienmitglied betroffen ist und welche Problemstellung es im einzelnen zu lösen gilt, kann man in der Praxis Veränderungen an der Schlafposition oder der Ausrichtung des Herd- beziehungsweise Geräteanschlusses vornehmen. Man kann durchaus auch Räume verlegen, wenn beispielsweise Kinder der Familie Schwierigkeiten bereiten.

Bei gesundheitlichen Problemen von Familienmitgliedern sollte(n) die Tien-Yi-Zahl(en) aktiviert werden. Tien Yi fördert im Krankheitsfall die Genesung sowohl der Kinder als auch der Erwachsenen. Auch in solchen Fällen könnte eine Veränderung der Schlafposition oder der Ausrichtung des Geräte- und/oder Herdanschlusses in Erwägung gezogen werden.

Die moderne Familie von heute sieht sich gelegentlich mit einem äußerst schwierigen Problem konfrontiert, wenn nämlich ein Dritter von außen in den Kreis eindringt und die Familie auseinanderzubringen droht. Das ist der Fall, wenn ein bislang treuer Ehemann und Vater unter dem Einfluß einer aggressiv werbenden weiblichen Person vom rechten Weg abzukommen beginnt. Normalerweise entsteht eine solche Situation erst gar nicht, wenn das Feng Shui im Haus von Anfang an gut ist, insbesondere was die Anordnung der Schlafzimmer und/oder die Ausrichtung der Betten anbelangt. Einige Feng-Shui-Meister verfechten die Meinung, daß die Anordnung eines Teichs rechts von der Haupteingangstür (vom Inneren des Hauses aus gesehen) einen Mann dazu veranlasse, mehrere Frauen zu haben. In solchen Fällen sollten geeignete Feng-Shui-Maßnahmen durchgeführt werden, um dieses spezifische Problem zu lösen.

Eine weitere häufig vorkommende Schwierigkeit ergibt sich in der Familie durch rebellierende, ungehorsame Kinder oder Jugendliche, die ihre schulischen Pflichten vernachlässigen. Häufig geraten sie dann unter den schlechten Einfluß von Gleichaltrigen oder lehnen sich generell gegen die gesellschaftliche Ordnung auf. Spitzt sich so etwas zu, kann auch hier Feng Shui in der Regel Abhilfe schaffen. In solchen Fällen empfiehlt es sich, die Nien-Yen-Richtung des betreffenden Kindes zu aktivieren; dadurch wird es der Familie wieder nähergebracht. Oder man aktiviert seine Sheng-Qi-Richtung, die es zu einer ernsthafteren Arbeitsweise motiviert. Wenn man das Bett oder die Sitzposition am Arbeitsplatz so verändert, daß das Sheng-Qi auf effiziente Weise genutzt wird, läßt sich schon bald ein spürbarer Wandel feststellen.
Sind keine Veränderungen erkennbar, sollten den alten Schriften zufolge weitere Untersuchungen des Ist-Zustandes vorgenommen und Möglichkeiten erkundet werden, wie man das Ba-Gua-Lo-Shu-System anderweitig nutzen kann.

Das Geschäftsleben

Die breiteste Anwendung der Feng-Shui-Verfahren findet sich wahrscheinlich in der Geschäftswelt. In Hongkong, Singapur und Taiwan gehen Geschäftsleute zu ihrem Feng-Shui-Berater, wenn große Bauvorhaben – Geschäftsgebäude, Büros, Fabriken, Lagerhallen, Wohnkomplexe, Einkaufszentren – oder andere Immobilienprojekte anstehen. Wegen der hohen Nachfrage nach diesen Leistungen erlebt das Feng-Shui-Beratungswesen in diesen drei Ländern einen regelrechten Boom.

In der Praxis wird normalerweise eine Kombination zwischen der Formen- und Kompaß-Schule angeboten. Mit anderen Worten: Die Symbolik vom »Grünen Drachen und Weißen Tiger« findet adäquate Berücksichtigung und wird mit den Ergebnissen der Kompaßberechnungen abgeglichen, um Reichtum und dauerhaften Erfolg im Geschäftsleben sicherzustellen.
Die Ba-Gua-Lo-Shu-Methoden sind für das Feng Shui im Geschäftsbereich außerordentlich nutzbringend. Sie sind leicht zu handhaben, denn jeder einzelne Mitarbeiter des Unternehmens kann sie anwenden, um sein persönliches Feng Shui zu verbessern. Manchmal genügt es schon, nur die Sitzposition am Schreib- oder Arbeitstisch anders auszurichten. Ausschlaggebend für Erfolg oder Mißerfolg eines Unternehmens sind im allgemeinen das Büro des Firmeninhabers oder Geschäftsführers sowie die Richtung, in die dieser am Arbeitsplatz blickt. Wird allerdings Feng Shui auf der gesamten Führungsebene einer Organisation angewandt, so steigert sich die Erfolgsquote für das Unternehmen erheblich.

Feng Shui für Unternehmen mit Zweigbetrieben

Dieser Ansatz kommt speziell dem Einzelhandel beziehungsweise der Konsumgüterbranche mit ihren flächendeckenden Netzen von Zweigniederlassungen zugute, in denen die Verantwortung strukturbedingt auf viele Zweigstellenleiter übertragen ist. Als Beispiel seien hier Banken, Finanzunternehmen, Versicherungsgesellschaften, Restaurants, Fast-Food-Betriebe und sonstige Einzelhandelsketten, Kaufhäuser, Supermärkte sowie Boutique-Handelsketten genannt.
Wenn das Feng Shui eines jeden Zweigstellenleiters korrekt ausgelotet wurde – das heißt die Haupteingangstür in die rich-

tige Richtung weist, sein Büro streng nach seinen Geburtsdaten angeordnet ist, er mit Blick in seine allerbeste Richtung (Sheng Qi) sitzt und auch andere Feng-Shui-Regeln gebührende Beachtung fanden –, dann bleibt die Gesamtwirkung nicht aus, der Fortschritt des Unternehmens ist gesichert, und alle Ziele werden mehr als erfüllt. Den Firmen, die Feng Shui in dieser Weise praktizieren, geht es in der Regel sehr gut.

Feng Shui in der Zentrale

Wenn das Feng Shui des Zweigstellennetzes zusätzlich durch ein exzellentes Feng Shui in der Zentrale ergänzt würde – das heißt der Generaldirektor beziehungsweise leitende Angestellte seinen Schreibtisch so ausrichten läßt, daß ihm das Qi ungehindert und direkt zufließt, er im Sitzen in die für ihn günstigste Richtung blickt und die Eingangstür zum Büro korrekt orientiert ist –, dann stünde dem Erfolg des Unternehmens wahrhaftig nichts mehr im Weg.

Neben der Ausgestaltung von Büro- und Geschäftsräumen im Hinblick auf Gewinnmaximierung kommen häufig auch aktive Feng-Shui-Katalysatoren in Form von Aquarien oder kleinen Springbrunnen ebenso wie Bambusflöten, Windspiele oder Kristalle zum Einsatz. Diese Art Glücksbringer sind in den Bänden »Das große Buch des Feng Shui« und »Die Grundlagen des Feng Shui« der Autorin ausführlich beschrieben. Zum Großteil kamen die darin enthaltenen Empfehlungen von Feng-Shui-Meistern aus Hongkong, die häufig das geschäftliche Feng Shui nur dadurch verbessern konnten, daß sie die Orientierung, Richtung sowie Lage und Anordnung der Büros in den Hochhäusern korrigierten. Sie mußten eine Menge Kreativität in ihr Werk einbringen, um die klassischen Feng-Shui-Vorstel-

lungen für die Belange moderner Bürolandschaften neu zu interpretieren und auf die örtlichen Gegebenheiten anzupassen.
Für Unternehmen mit überwiegender Handelstätigkeit wie beispielsweise Warenbörsen- und Effektenmakler, Geld- und Devisenabteilungen von Banken und sonstigen marktorientierten Betrieben ist es empfehlenswert, dem Feng Shui ihrer Geschäftsräume mit Publikumsverkehr ganz besondere Aufmerksamkeit zu widmen; hierbei geht es nicht allein um die Profitmaximierung im Tageshandel, sondern um etwas weitaus Wichtigeres, nämlich um die Absicherung gegen schwere Verluste, wie sie bei derartigen finanzstarken Transaktionen leicht eintreten können.
Die Autorin unterhält gute persönliche Kontakte zu mindestens zwei Börsenmaklerfirmen in Hongkong; dort wurden alle Arbeitstische und Stühle nach Feng-Shui-Maßen gefertigt und alle Computer-Terminals sowie Telefonanschlüsse nach den Geburtsdaten des Firmeninhabers beziehungsweise Abteilungsleiters ausgerichtet. Eine nicht unbeträchtliche Anzahl Hongkonger Banken hat bei ihren Wertpapiertransaktionen ebenfalls davon profitiert, daß sie dem Feng Shui große Beachtung schenkten. Die Handelsprofite konnten auf sehr hohem Niveau gehalten und die Verluste auf ein Minimum begrenzt werden. Wer mit dem Aktien- und Terminmarkt vertraut ist, weiß, wie schnell im Laufe eines einzigen Handelstages manchmal große Verluste entstehen können, weil eben die Finanz- und Devisenmärkte in der heutigen Zeit so wechselhaft sind.
Eines der erfolgreichsten Effektenhandelshäuser Malaysias ließ sogar spezielle Tabellen für seine Händler und Remissiers erstellen, die diese vom ersten Tag der Geschäftsaufnahme an benutzen sollten. Damit wollte man sicherstellen, daß gute Gewinne und Umsätze für das Unternehmen erzielt würden. Darüber hinaus wurden für die beiden leitenden Direktoren mit

aller Sorgfalt die glück- und erfolgbringenden Richtungen ermittelt und aktiviert. Heute bewegt sich das Auftragsvolumen der Gesellschaft in Milliardenhöhe; es zählt zu den beständigsten gewinnstarken Effektenhäusern in Kuala Lumpur.
In jüngster Zeit schenken auch Bauträgergesellschaften den Feng-Shui-Aspekten ihrer Wohn- und Siedlungsprojekte immer mehr Beachtung. Sie haben erkannt, daß es sich lohnt, bei den Objekten ein gutes Feng Shui sicherzustellen, weil sich dies zum einen in höheren Verkaufszahlen niederschlägt und zum anderen den Bewohnern, die in die neuen Wohnparks oder -blocks einziehen, ein Klima der Zufriedenheit, Harmonie und Behaglichkeit verschafft. Aus dieser neuen Erkenntnis heraus zieht man in Singapur und Hongkong bereits im Planungsstadium Feng-Shui-Berater hinzu. Die besonderen Feng-Shui-Attribute der Projekte werden in den Verkaufsanzeigen groß herausgestellt. Einige Gesellschaften sind sogar dazu übergegangen, den potentiellen Käufern eine kostenlose Beratung durch firmeneigene Feng-Shui-Experten anzubieten!
Geschäftsgebäude, die von Feng-Shui-Experten voruntersucht und folglich mit adäquaten glückbringenden Konstruktions- und Ausstattungsmerkmalen versehen wurden, lassen sich problemlos vermieten, denn die in solchen Komplexen ansässigen Geschäfte erfreuen sich in der Regel florierender Umsätze, was die Inhaber wiederum zu pünktlicher Mietzahlung veranlaßt.
Bei Gebäuden mit integriertem gutem Landschafts- beziehungsweise Formen-Schule-Feng-Shui läßt sich dieser Vorteil noch optimieren, indem man Personaldaten in der Richtungsbestimmung berücksichtigt und die entsprechenden Lo-Shu-Zahlen so weit wie möglich aktiviert. Auf diese Weise lassen sich Geschäft und Umgebung in harmonische Energiebahnen leiten.

Bei der Kompaß-Schule-Methode kann hierfür das Datum der Unternehmenseintragung im Handelsregister als Geburtsdatum genommen werden. Alternativ hierzu kann auch das Geburtsdatum des Firmeninhabers bei einem Einzelbetrieb oder das des Direktors bei einer Aktiengesellschaft oder Partnerschaft herangezogen werden. Um vom guten Qi-Fluß in vollem Umfang zu profiteren, sollte die Elemente-Analyse in der Untersuchung auf keinen Fall fehlen, denn erst sie rundet das Bild für vollkommene Harmonie wirklich ab.

Die berufliche Zukunft

Feng Shui bietet auch dem Einzelanwender vielversprechende Möglichkeiten. Karrierebewußte Menschen, die sich mit Hilfe von Feng Shui beruflich voranbringen wollen, sollten dieses Unterfangen wie jede andere Lernaufgabe auf dem Weg zum Erwerb zusätzlicher Qualifikation ansehen. Wer sich für Feng Shui interessiert und dazu noch fest entschlossen ist, die komplexen Gedankengänge und Verfahrensweisen von dessen praktischer Anwendung zu verstehen, wird mit faszinierenden Ergebnissen belohnt werden, sowie er diesen Weg einschlägt. Im Normalfall verbindet sich damit ein systematisches Vorgehen bei der Untersuchung aller Aspekte der beiden Feng-Shui-Schulen. Zum einen muß nach der Formen-Schule sichergestellt werden, daß das Umfeld und die umliegende Landschaft generell mit dem Haus (Wohnstatt) und den Geschäfts- oder Büroräumen (Arbeitsplatz) harmonieren; dabei muß auch darauf geachtet werden, daß keine schädlichen »Giftpfeile« auf die Haupteingangs- oder Zimmertüren weisen.

Das zentrale Thema des Landschafts-Feng-Shui ist der kosmische Atem, also das Qi, und wer das in seiner ganzen Bedeutung versteht, dem eröffnen sich ganz neue Dimensionen in der Beziehung des Menschen zu seiner Umwelt, eine andere Sicht des Universums, so wie sie in den uralten chinesischen Schriften zum Ausdruck kommt. Das Wissen um diese Zusammenhänge erleichtert die Praxis des Feng Shui in nicht unerheblichem Maße.

Wer sich also diese Hintergründe vollständig zu eigen gemacht hat, wird bei der weiteren Beschäftigung mit dem Ba-Gua und dem magischen Lo-Shu-Quadrat und deren Beziehung zu den Himmelsrichtungen viele interessante Möglichkeiten entdekken. Die hier vorgestellte Methode der Umsetzung von Feng-Shui-Formeln bietet gerade dem Einzelanwender ein optimales Instrumentarium, da sie sich in der Praxis ohne weiteres ausprobieren läßt.

An dieser Stelle sollte vielleicht nochmals betont werden, daß Feng Shui weder eine Religion noch irgendein magischer Hokuspokus ist; Glaubens- oder weltanschauliche Fragen sind in keinster Weise damit verbunden. Die Autorin hat Feng Shui immer als eine Wissenschaft praktiziert, wenn auch eine noch nicht voll und ganz entschlüsselte. In gewissem Umfang zu experimentieren ist deshalb nicht verpönt. Im Lauf der Jahre ist deutlich erkennbar geworden, daß sich mit Feng Shui manchmal verblüffende Ergebnisse erzielen lassen. In dem Jahr, als die Autorin die Maße ihres Schreibtisches und die Ausrichtung ihres Büros so änderte, wie es ihren persönlichen Lo-Shu-Zahlen entsprach, wurde sie sage und schreibe dreimal befördert. Sie spricht also aus eigener Erfahrung, wenn sie denjenigen, die mit Hilfe von Feng Shui ihre Karriere- und Berufsaussichten verbessern möchten, hier folgende Empfehlungen gibt:

1. Überprüfen Sie Ihr Büro oder Geschäft

- Kontrollieren Sie den Haupteingang zu den Geschäftsräumen. Weist er in Ihre allerbeste (Sheng Qi) Richtung? Wenn ja, ist das natürlich optimal. Wenn nicht, weist er dann in eine Ihrer anderen guten Richtungen? Wenn ja, ist alles in Ordnung. Wenn nicht, dann ändern Sie nach Möglichkeit die Richtung, so daß sie für Sie persönlich günstig wird. Wenn das nicht geht, können Sie vielleicht einen anderen Ein- und Ausgang benutzen, der in eine Ihrer glückbringenden Richtungen weist?
- Überprüfen Sie auch den Eingang zu Ihrem eigenen Büro. Gehen Sie auch hier wie beschrieben vor. Im Idealfall sollten Sie Ihr Büro aus Ihrer persönlichen Sheng-Qi-Richtung betreten.
- Untersuchen Sie die *Lage* Ihres Büros bezogen auf die Geschäftsräume als Ganzes. Liegt es in der allergünstigsten Ihrer vier guten Richtungen? Wenn ja, prima. Wenn nicht, was läßt sich an dieser Situation ändern?
- Kontrollieren Sie die *Lage* Ihres Schreib- oder Arbeitstisches im Raum selbst. Steht er so, daß Sie nicht mit dem Rücken zur Tür sitzen? Schauen Sie beim Sitzen in Ihre allerbeste *Richtung*? Wenn ja, ausgezeichnet. Wenn nicht, drehen Sie den Tisch so, daß er zumindest in eine Ihrer glückbringenden Richtungen weist. Vergessen Sie nicht, daß Sie niemals mit dem Rücken zur Tür oder zum Fenster sitzen sollten. Eine massive Wand hinter Ihnen sichert Ihnen Rückhalt und Unterstützung zu.
- Überprüfen Sie die Abmessungen Ihres Schreib- oder Arbeitstisches. Achten Sie darauf, daß Länge, Breite und Höhe den im sechsten Kapitel enthaltenen Feng-Shui-Maßen entsprechen. Sobald sich diese Größen in der korrekten Maßreihe bewegen, wird Ihr Feng-Shui-Glück aktiviert.

- Achten Sie darauf, daß andere bewegliche oder eingebaute Möbelstücke im Raum oder Bücherregale keine vorspringenden Ecken haben, die direkt auf Sie weisen. Alle »bedrohlichen« Möbelstücke sollten Sie tunlichst so umstellen, daß keine »Giftpfeile« mehr gegen Sie gerichtet sind. Wenn dies allerdings nicht realisierbar ist, sollten Sie sich am besten davon trennen.
- Stellen Sie sicher, daß Sie nicht unmittelbar unter einem freiliegenden Deckenbalken sitzen. Rücken Sie Ihren Sessel oder Stuhl beziehungsweise Arbeitstisch aus solchen Bereichen heraus. Sichtbare Balken verursachen Kopfschmerzen; sie trüben den Geist und Ihr Urteilsvermögen. Manchmal können freiliegende Deckenbalken in mehrgeschossigen Hochhäusern erhebliche Probleme mit sich bringen, besonders wenn es sich um tragende Konstruktionen handelt, die sich in der Regel durch das ganze Gebäude fortsetzen, das heißt, jeder Träger wiederholt sich im darüberliegenden Stockwerk. Stellen Sie sich nur einmal vor, welches »Gewicht« aus diesen sich wiederholenden Teilen dann insgesamt auf Ihnen lastet! Nichts kann die Schwere derartiger tragender Balken abmildern. Sie können nur bewußt darauf achten, daß Sie sich niemals unter solchen Balken aufhalten.
- Prüfen Sie, ob vorspringende Ecken von Säulen auf Sie weisen. Wenn ja, können Sie das davon ausgehende schädliche Qi mit Hilfe von Pflanzen wegleiten.
- Und schließlich bietet Feng Shui noch andere Therapieformen: Hängen Sie beispielsweise ein Glockenspiel oder eine Kristallkugel auf oder stellen Sie ein kleines Aquarium auf. Vor Übertreibungen sei allerdings gewarnt! Ein Zuviel ist selten gut, denn das Prinzip des Feng Shui beruht auf Harmonie und Ausgewogenheit. Begehen Sie nicht den gleichen

Fehler, wie ihn ein Freund der Autorin machte. Als er hörte, wie gut es sei, ein Aquarium aufzustellen, ließ er in seiner Gier nach dem Glück ein völlig überdimensioniertes Aquarium installieren, das nahezu ein Drittel des Raumes füllte. Die Riesenmenge an Wasser dominierte in seinem Büro, und darüber hinaus harmonierte es überhaupt nicht mit seinem Element. Innerhalb von sechs Monaten mußte er den hochrangigen Posten in seinem Unternehmen räumen. In der Praxis des Feng Shui hat sich stets der Grundsatz bewährt: Mehr ist nicht unbedingt besser!

2. Untersuchen Sie Ihr Zuhause

- Überprüfen Sie den Haupteingang Ihrer Wohnung. Er sollte vorzugsweise in Ihrer Sheng-Qi-Richtung liegen. Wenn das aber nicht der Fall ist, sorgen Sie dafür, daß er zumindest in eine Ihrer vier günstigen Richtungen weist. Die Haupteingangstür zu Ihrem Heim ist besonders wichtig für Sie, denn Sie wirkt sich nachhaltig auf Ihr berufliches Fortkommen aus.
- Prüfen Sie Ihr Arbeitszimmer und den dort aufgestellten Schreibtisch. Wenn Sie über keinen separaten Raum dieser Art verfügen, überprüfen Sie die Richtung, in die der von Ihnen benutzte Schreibtisch weist, ebenso wie seine Lage im Haus, um sicherzugehen, daß er an einem Ihrer vier besten Orte steht.
- Kontrollieren Sie die Küchen- und Toilettenanordnung. Sie sollten in einer Ihrer ungünstigen Richtungen liegen. Ist eine Toilette in einer Ihrer glückbringenden Richtungen angeordnet, dann benutzen Sie sie möglichst nicht, denn Sie würden so Ihre Chancen und guten Gelegenheiten förmlich wegspülen. Deshalb sollten Toiletten grundsätzlich in einer ungünstigen Richtung liegen.

- Prüfen Sie alle Abmessungen der wichtigsten Möbelstücke, mit denen Sie sich umgeben. Es wäre sinnvoll, wenn diese sich in den Feng-Shui-Maßen bewegten.
- Kontrollieren Sie die Anordnung Ihres Schlafzimmers und die Ausrichtung des Bettes. Wenn Sie Wert auf berufliches Weiterkommen legen, muß das Glück in Ihre Richtung fließen, und Sie müssen die sich bietenden Erfolgschancen nutzen können. Die Schlafposition ist hierbei von ausschlaggebender Bedeutung. Sie werden nur dann viel Glück und Erfolg im Beruf haben, wenn Sie mit dem Kopf in Ihrer Sheng-Qi-Richtung schlafen. Diesen Punkt haben Sie selbst in der Hand; und auch wenn es bedeuten würde, quer im Bett zu liegen, tun Sie es!

Die obenstehende Checkliste spezifiziert die wesentlichen Korrekturen von Situationen, die einfach stimmen *müssen*. Befassen Sie sich erst dann mit den Feinheiten, wenn Sie zuvor im privaten Wohnumfeld und im geschäftlichen Bereich alles Nötige getan haben. Wichtig ist bei allem, daß Sie Feng Shui nicht allzu zwanghaft betreiben. Letztendlich ist es zwar eine gute Hilfe, aber kein automatisches Sesam-öffne-dich für den Erfolg. Nach Ansicht der Chinesen liegt die Wirkung von gutem Feng Shui in der Steigerung des Glücks und der Abwehr des Unglücks. Schlechtes Feng Shui hingegen zieht Unglück an, und wenn man gerade ein Tief durchlebt, gibt es weder Trost noch Hoffnung, wieder aus dem Dilemma und den Schwierigkeiten, in denen man steckt, herauszukommen.
Ob jemand im Beruf weiterkommt, hängt häufig auch vom persönlichen Verhältnis zum Chef und zu den Kollegen ab. Durch gutes Feng Shui wird die Harmonie auf zwischenmenschlicher Ebene gewährleistet, so daß sich schwierige Situationen meist von selbst klären.

Im allgemeinen heißt es, daß dem Feng Shui der eigenen vier Wände eine größere Bedeutung zukommt als dem Feng Shui des Arbeitsplatzes. Ist die Schlafposition richtig gewählt und die Haupteingangstür korrekt ausgerichtet, so kann man wohl davon ausgehen, daß das Feng Shui des Betreffenden in Ordnung ist.

Bessere Leistungen im Studium

Bildung stand bei den Chinesen schon immer in hohem Ansehen. In früheren Zeiten war das Bestehen der kaiserlichen Prüfungen der sicherste Weg, einen großen Sprung auf der sozialen und beruflichen Leiter zu machen. Manchmal schaffte es ein einziger brillanter Sohn, eine ganze Familie aus den unteren Gesellschaftsschichten in eine höhere zu ziehen. Vor diesem Hintergrund ist es auch zu verstehen, daß im kulturellen Leben Chinas die Definition von Glück und Erfolg stets auch die schulisch-akademischen Erfolge der Kinder einer Familie beinhaltet. Die alten Schriften besagen, daß sich mit gutem Feng Shui die schulischen Leistungen verbessern lassen, indem man Räume und Schlafposition der Kinder nach deren Geburtsdaten ausrichtet. In der Symbolik der Trigramme und des Ba-Gua werden sechs Seiten des achtseitigen Ba-Gua den Kindern einer typischen chinesischen Familie zugeordnet – drei Söhnen und drei Töchtern. Diese Symbolik benutzen einige Feng-Shui-Schulen, um innerhalb eines Hauses die Räume mit der besten Lage für jedes einzelne Kind auszumachen.
Mit dem Ba-Gua-Lo-Shu-System läßt sich eine noch genauere Auslotung durchführen. Danach werden aufgrund des individuellen Horoskops die jeweils günstigsten Lo-Shu-Zahlen er-

mittelt und darauf aufbauend die besten Räume und Richtungen im Haus erkennbar. Sobald diese Daten festgelegt sind, sollten die Eltern, die das Feng Shui ihrer Kinder aktivieren und steigern möchten, folgendes unternehmen:

- den allerbesten Raum für das betreffende Kind aussuchen;
- das Bett des Kindes so ausrichten, daß der Kopf in seine Sheng-Qi-Richtung weist (oder in eine seiner anderen glückbringenden Richtungen);
- den Schreibtisch, an dem das Kind studiert oder seine Hausaufgaben macht, so ausrichten, daß es von seinem Sitzplatz aus in seine allerbeste Richtung blickt.

Diese drei Aspekte der Veränderung sind vordergründig in Betracht zu ziehen. Auch über andere Feng-Shui-Möglichkeiten sollte nachgedacht werden, doch die obigen drei bilden stets die Basis der Korrekturmaßnahmen. Übrigens: Was die Orientierung von Haupteingangstür und Herdanschluß anbelangt, so bezieht man sich im allgemeinen auf die Lo-Shu-Zahlen des Vaters oder der Mutter und nicht auf die der Kinder.

Schreibtisch und Stuhl des Schülers oder Studenten sollten möglichst nach den Maßen angefertigt sein, die das Prüfungsglück und gute Abschlußnoten fördern. Wer an glückbringenden Tischen lernt, seine Hausaufgaben macht oder anderweitig arbeitet, kann mit einer Verbesserung seiner Leistung rechnen. Wenn die Abmessungen und Richtungen so korrigiert werden können, daß das persönliche Qi des einzelnen mit dem Umgebungs-Qi eine harmonische Verbindung eingeht, verbessern sich seine mentalen Fähigkeiten und sein Aufnahmevermögen, wie manche Feng-Shui-Meister behaupten.

Es gibt noch einen weiteren Feng-Shui-Aspekt, den Eltern bedenken sollten, wenn sie ihre Kinder zum Studium ins Ausland schicken, nämlich die sorgfältige Untersuchung der Reiserich-

tungen. Je nach der persönlichen Lo-Shu-Zahl kann das Reisen in diese oder jene Richtung einen günstigeren Effekt haben. Welche Richtung die jeweils beste ist, muß von Fall zu Fall ermittelt werden. Die Methode zur Bestimmung der günstigen Reiserichtungen bei Geschäftsreisen und Umzügen (beispielsweise im Fall einer Versetzung) ist bereits in früheren Kapiteln abgehandelt.
Studenten bietet das Ba-Gua-Lo-Shu-System die Möglichkeit, sich im Hörsaal oder bei entscheidenden Prüfungen so zu setzen, daß sie in ihre allerbeste Richtung schauen. Das läßt sich ganz leicht realisieren, wenn man seine glückbringenden Richtungen kennt und dann eben nur die eigene Sitzposition ein wenig zu verändern braucht. Läßt sich die allerbeste Richtung nicht aktivieren, so bringt auch eine der drei anderen segensreichen Richtungen den gewünschten Erfolg.
Selbst auf die Gefahr der Wiederholung: Feng Shui kann nur helfend unterstützen. Es kann keine Wunder bewirken! Aber es kann Unglück von Ihnen fernhalten und Ihrem persönlichen Glück beträchtlich auf die Sprünge helfen.

8. Die chinesische Astrologie

Eine Abhandlung über traditionelle chinesische Horoskope oder Astrologie in ein Werk über Ba-Gua-Lo-Shu-Feng-Shui mit einzubeziehen, soll die enge Verbindung zwischen diesen beiden Zweigen der metaphysischen Kultur und Weltanschauung Chinas unterstreichen. Sowohl das chinesische Feng Shui als auch die chinesische Astrologie beruhen zum größten Teil auf dem I Ging, dem Ganzhi-System und den Wechselwirkungen der fünf Elemente.

Die chinesische Astrologie liefert eine Beschreibung von universell geltenden charakteristischen Merkmalen von Menschen und Ländern auf der Grundlage der jeweiligen Geburtsdaten und läßt Prognosen über gute und schlechte Jahre zu. Bei jeder Beratung analysiert der Feng-Shui-Experte wenigstens in groben Zügen die Geburtsdaten seines Klienten, um sich ein Bild zu machen, ob das betreffende Jahr generell günstig für ihn ist oder nicht.

Sieht es in dem Jahr eher schlecht und unglückverheißend für den Betreffenden aus, wird der Berater seinen Akzent auf die Abwehr von schädlichem Qi setzen, das eventuell durch Giftpfeile oder andere ungünstige Baulichkeiten, die Sha-Qi erzeu-

gen können, verursacht wird. Der Schwerpunkt seiner Tätigkeit liegt somit in reinen Defensivmaßnahmen, die es dem Klienten ermöglichen sollen, das ungünstige Jahr einigermaßen glimpflich zu überstehen, bevor zu einem späteren Zeitpunkt die eigentlichen glückbringenden Feng-Shui-Konzepte in Angriff genommen werden. Bei einem überwiegend guten Jahr jedoch würde der Feng-Shui-Meister sich allein darauf konzentrieren, das im Horoskop bereits angezeigte Glück noch zu verstärken.
Etliche Meister haben der Autorin gegenüber immer wieder betont, daß sich das Schicksal des Menschen zwar mit Hilfe von Feng Shui verändern läßt, daß man ein solches Unterfangen aber nur mit großer Sorgfalt und Umsicht angehen darf. Weiterhin gehören viel Sachverstand und Erfahrung dazu. Man muß sich darüber im klaren bleiben, daß Feng Shui eben nur ein Drittel des Gesamtglücks eines Menschen ausmacht.
Feng Shui zielt auf die Nutzung und geschickte Bündelung des Erde-Qi ab, während die Astrologie Einsichten in das vom Himmel vorgezeichnete Schicksal gewährt. Damit das Erdenglück (Ti Chai) das Himmelsglück (Tien Chai) überhaupt bezwingen kann, muß man die relative Stärke des Himmelsglücks richtig einzuschätzen wissen. Es genügt nicht, die Parameter das persönlichen Menschenglücks (Ren Chai) zu kennen, man muß die Horoskopdaten im Zusammenhang deuten können. Vor diesem Hintergrund wird verständlich, warum die Feng-Shui-Meister bei einigen Klienten auch erfolgreicher als bei anderen sind.
Der Autorin sind aber auch Fälle bekannt, in denen selbst die Zusammenarbeit mehrerer Meister, deren kombinierter Sachverstand in bezug auf das Feng Shui äußerst beeindruckend sein kann, nichts ausrichten konnte, weil einigen Menschen eben nicht zu helfen ist. Ihnen ist zu dem betreffenden Zeitpunkt nun einmal nicht das Glück beschieden, etwas mit der

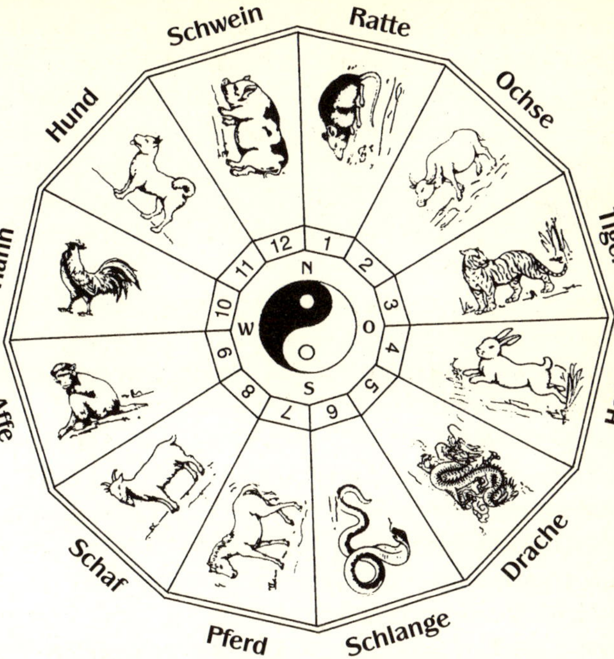

Das chinesische Horoskop

Hilfe anfangen zu können, oder aber die ungünstige Phase steht unter einem derart widrigen Stern, daß bestenfalls an Schadensbegrenzung zu denken ist.

Meister Yap hat der Autorin von einem Vorfall dieser Art berichtet, der schon einige Jahre zurückliegt. Ein sehr erfolgreicher Bauunternehmer aus Kuala Lumpur hatte einen angesehenen alten Meister aus Taiwan zu sich gerufen, um sich von ihm ein neues Anwesen in den Pantai-Bergen nach Feng-Shui-Gesichtspunkten konzipieren zu lassen. Der Meister studierte die Geburtsdaten des Unternehmers und schüttelte nachdenklich den Kopf. Dennoch gab er sein möglichstes, empfahl aber seinem Klienten vor der Abreise aus Kuala Lumpur wiederholt, an den Bauplänen keinerlei Ergänzungen oder Veränderungen vorzunehmen.

Privat vertraute er Yap Cheng Hai jedoch an, der sich zum damaligen Zeitpunkt von ihm in einigen Feng-Shui-Aspekten der Kompaß-Schule unterweisen ließ, daß er die große Befürchtung hege, der Bauunternehmer werde im kommenden Jahr in ernsthafte Schwierigkeiten geraten. Das Glück würde sich in dem betreffenden Jahr von dem Bauunternehmer in einer Weise abwenden, so die Voraussage des alten Meisters, daß ihm schwerlich zu helfen sei. Und genau so passierte es auch. Kaum war der alte Meister abgereist, entschloß sich der Bauunternehmer, anstelle des kleinen Fischteiches, den dieser vorgeschlagen hatte, einen riesengroßen Swimmingpool im Garten anlegen zu lassen. Seine Überlegung dabei war, daß der Teich den Quell allen Reichtums symbolisiere und er sich anstelle des durch den kleinen Teich versinnbildlichten »Tröpfchens« lieber ein »Meer« voller Geld schaffen möchte. Diese »Flut« glaubte er, mit dem überdimensionierten Pool heraufbeschwören zu können. Außerdem wollte er unbedingt noch ein Hallenbad im Haus haben, weil das gerade in Mode war und er damit seinem Status Ausdruck verleihen konnte.

Leider waren seine Beweggründe hohl und oberflächlich und damit den Absichten des alten Meisters entgegengesetzt. Der kleine Teich sollte die Qi-Ströme des Gartens mit denen des Hauses harmonisieren und gleichzeitig gewisse giftige Qi-Arten ableiten, die sich durch die destruktiven Wechselwirkungen der Elemente nach den Geburtsdaten des Unternehmers ergaben. Indem er den Fischteich durch einen großen Swim-

mingpool ersetzte, vernichtete er sein gutes Feng Shui völlig. Kaum war das Haus im darauffolgenden Jahr fertiggestellt, wurde er wegen Beamtenbestechung verhaftet und verurteilt. Auch sein Geschäft war ruiniert, weil er sich auf dem Immobilienmarkt übernommen hatte, so daß er binnen kurzer Zeit seinen Bankrott erklären mußte!
Für die Praxis des Feng Shui heißt das, daß man wenigstens in Grundzügen über die astrologischen Einflüsse Bescheid wissen und auch die chinesische Sichtweise verstehen sollte, nach der die Gesetze des Universums dynamisch einem ständigen Wandel unterworfen sind. Man sollte sich tunlichst nicht gegen die Kräfte und Energien des Universums stellen und in schlechten Zeiten besser den rechten Augenblick abwarten und sich in Geduld üben. Laut I Ging kommen nach schlechten Schicksalsphasen auch wieder bessere, von mehr Glück geprägte Tage – vorausgesetzt, der Mensch bleibt im Einklang mit den Kräften des Universums.

Die zwölf Tierkreiszeichen

Die chinesische Astrologie beruht auf dem Mondkalender aus der Ära des legendären Kaisers Huangdi (etwa 2600 v. Chr.). Danach gliedert sich die Zeit in Zyklen von jeweils sechzig Jahren (Sechzigerzyklus), von denen ein jeder in zwölf Jahresabschnitte (das entspricht den zwölf Tierkreiszeichen) in Verbindung mit den fünf Elementen eingeteilt ist, also 12 mal 5 gleich 60.
Der Legende nach sollen sich von Amitabha Buddha vor dessen Aufstieg in den Himmel zwölf Tiere verabschiedet haben. Es handelte sich dabei in der Reihenfolge ihrer Ankunft um: die

Ratte, den Ochsen, den Tiger, den Hasen, den Drachen, die Schlange, das Pferd, das Schaf, den Affen, den Hahn, den Hund und das Schwein. Zum Gedenken ihrer Anwesenheit bei seiner Himmelfahrt ordnete Buddha jedem Tier ein Jahr zu. Seitdem symbolisieren diese zwölf Tiere die sogenannten zwölf irdischen Zweige des Ganzhi-Systems und sind allenthalben als fester Bestandteil des chinesischen Kalenders anerkannt.

Wenn sich Chinesen irgendwo begegnen, weiß jeder gleich das Alter des anderen, sobald er sein »Jahrestier« verrät. Chinesen erkundigen sich in der Regel nicht direkt nach dem Geburtsjahr eines Menschen, sondern umschreiben ihre Frage mit den Worten: »Welchem Tierkreiszeichen gehören Sie an?«

Der Sechzigerzyklus ergibt sich aus der Kombination der zwölf Tiere mit den fünf Elementen, also dem Holz, dem Feuer, der Erde, dem Metall (oder Gold) und dem Wasser.

Auf den im dritten Kapitel vorgestellten Tabellen sind die jeweiligen Tiere und Elemente für den Zeitraum von 1912 bis 2008 nach dem Mondkalender angegeben. Der Leser sollte wissen, daß der Mondkalender in zwölf Monate von je 29,5 Tagen unterteilt ist. Alle zweieinhalb Jahre wird ein Monat hinzugefügt, um den Kalender anzugleichen, und dieser Schaltmonat wird dann jeweils zwischen dem zweiten und dem elften Monat des Mondjahres eingeschoben.

Einer der ganz wichtigen Tage des Mondkalenders ist der sogenannte erste Frühlingstag oder »Lap Chun«, wie man ihn in Hongkong bezeichnet. Einige Mondjahre haben zwei »Lap Chuns«, die allgemein als sehr günstig gelten, anderen hingegen fehlt der erste Frühlingstag völlig. Ein Jahr ohne Lap Chun gilt generell als ungünstig, besonders hinsichtlich Geburten und Hochzeiten.

Die zwölf Tiere gliedern sich nach den (negativen) Yin- und (positiven) Yang-Aspekten der irdischen Zweige. Mithin stehen

Ochse, Hase, Schlange, Schaf, Hahn und Schwein auf der negativen Seite und gelten als Yin-Tiere, während Ratte, Tiger, Drache, Pferd, Affe und Hund der positiven Seite zugeschrieben und als Yang-Tiere angesehen werden. Jedem der zwölf Tiere ist außerdem noch eine Himmelsrichtung zugeordnet (siehe Abbildung unten).

Verträglichkeit:
Auf diesen Richtungen gründen die sogenannten Verträglichkeits-Dreiecke mit jeweils drei Tierzeichen pro Gruppe. Jedes der drei Zeichen innerhalb eines Dreiecks soll sich der Lehre zufolge mit den anderen beiden vertragen, heißt es, denn ihnen allen werden generell die gleichen Charaktereigenschaften zugeschrieben.
Die erste Gruppe umfaßt die Ratte (Norden), den Drachen (Ostsüdost) und den Affen (Westsüdwest). Diese Tiere sind sich äu-

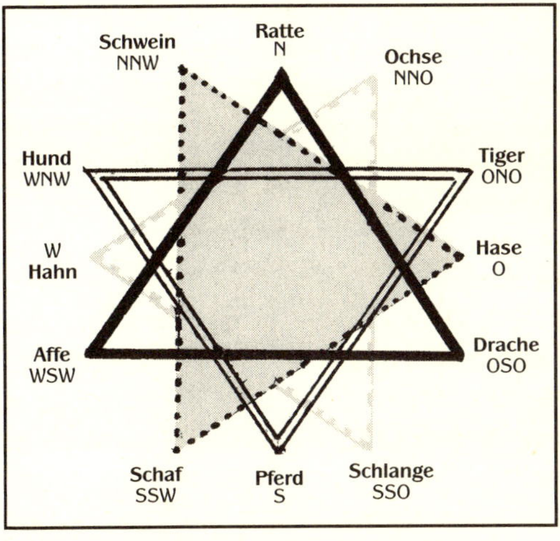

Verträglichkeits-Dreiecke der zwölf Tiere

ßerst wohlgesonnen und kennen sich mit ihren eigenen Bestrebungen und ungeduldigen Wesenszügen sehr gut aus. Verbindungen zwischen diesen drei Tieren sind meistens von langer Dauer und glücklich. Die unter diesen drei Tierzeichen geborenen Kinder und Eltern kommen ebenfalls ausgesprochen gut miteinander aus.
Die zweite Gruppe besteht aus dem Ochsen (Nordnordosten), der Schlange (Südsüdosten) und dem Hahn (Westen). Es handelt sich hier um die Intellektuellen des chinesischen Zodiaks: Sie sind die Verläßlichsten, aber auch die Entschlossensten. Heiraten und Partnerschaften untereinander sind immer mit Glück und Erfolg beschieden.
Die dritte Gruppe umfaßt den Tiger (Ostnordosten), das Pferd (Süden) und den Hund (Westnordwesten). Dies sind die Idealisten unter den Tierzeichen. Auch sie kommen über alle Maßen gut miteinander aus.
Die vierte Gruppe besteht aus dem Hasen (Osten), dem Schaf (Südsüdwesten) und dem Schwein (Nordnordwesten). Das Kennzeichen dieser Tiere ist ihre leidenschaftliche und emotionale Wesensart. Sie sind keine Führernaturen, eher lassen sie sich führen. Zudem fühlen sie sich mehr von Liebe und Schönheit als von materiellem Gewinn angezogen. Sie passen bestens zueinander.

Unverträglichkeit:
Nach dem Horoskop vertragen sich die Tierzeichen, die sich auf der Kompaßrose oder dem Lopan diametral gegenüberstehen, im allgemeinen nicht untereinander. Verbindungen aus solchen Konstellationen führen oft zu direkten Zusammenstößen, wobei jeder in dem anderen einen Rivalen oder Gegner zu erblicken glaubt. Demnach

- kollidiert die Ratte mit dem Pferd
- harmoniert der Ochse nicht mit dem Schaf
- kämpft der Tiger mit dem Affen
- ist der Hahn des Hasen Gegner
- ist der Hund der Erzfeind des Drachen
- kann die Schlange das Schwein nicht leiden.

Jedes der zwölf Tiere hat auch gewisse Merkmale und Attribute. Auf der ersten Stufe einer astrologischen Untersuchung sagen diese je nach ihrer immanenten Beziehung untereinander etwas über gute und schlechte Jahresverläufe in einem Zwölfer-Jahreszyklus aus.

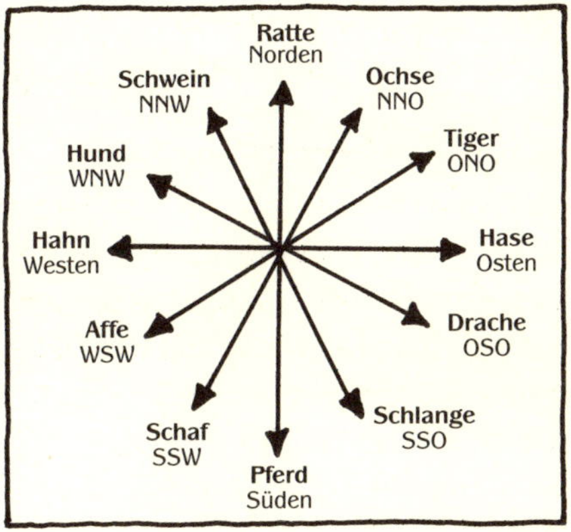

Unverträglichkeit bei den Tierzeichen

Ganz allgemein kann also zusammengefaßt werden: Wenn ein Zeichen im Widerstreit zu einem anderen steht, durchlebt der darin Geborene in den Jahren, die von dem Konfliktzeichen beherrscht werden, unglückliche Zeiten. Gleichermaßen erfreuen sich die Tierzeichen relativ ruhiger und erfolgreicher Zeiten in

solchen Jahren, in denen die Herrscherrolle von Tieren übernommen wird, mit denen sie sich vertragen.
In weiteren Stufen einer Horoskopuntersuchung empfehlen sich komplexere Auswertungen unter Einbeziehung der Geburtsstunden und Wechselwirkungen der fünf Elemente. Bevor wir uns jedoch diesen Themen zuwenden, untersuchen wir zunächst die Merkmale und Schicksalslagen eines jeden der zwölf Tierkreiszeichen in einem Zwölfjahreszyklus.

Die Ratte

Sie ist das erste Tier im chinesischen Zodiak und gilt als POSITIVES Zeichen. Bezüglich der Richtung symbolisiert sie den NORDEN und jahreszeitlich den WINTER.

Es gelten folgende Mondjahre als Jahre der Ratte:

- 18. 02. 1912 bis 05. 02. 1913
- 05. 02. 1924 bis 24. 01. 1925
- 24. 01. 1936 bis 10. 02. 1937
- 10. 02. 1948 bis 28. 01. 1949
- 28. 01. 1960 bis 14. 02. 1961
- 15. 02. 1972 bis 02. 02. 1973
- 02. 02. 1984 bis 19. 02. 1985
- 19. 02. 1996 bis 06. 02. 1997

鼠

Das Jahr der Ratte ist im großen und ganzen für jeden angenehm und erfreulich. Gute Zeiten kennzeichnen den Verlauf mit vielen Möglichkeiten zur Erlangung von finanziellem Reichtum und Vermögen. Wer in einem Jahr der Ratte ein Geschäft aufbaut, wird gut damit fahren, besonders bei langfristig angeleg-

ten Unternehmungen. Das Jahr der Ratte ist selten wechselhaft. Auch mit Naturkatastrophen ist kaum zu rechnen.
Alle in diesem Zeichen Geborenen (und das betrifft auch die Entstehung von Staaten) erfreuen sich guter Zeiten in den Jahren der Ratte, des Ochsen, des Drachen, des Schafs, des Affen und des Hahns. Die Jahre des Pferdes, des Hundes und des Schweins sind weniger vorteilhaft für sie.
Was das Schicksal für einen unter dem Zeichen der Ratte geborenen Menschen über einen Zwölfjahreszyklus in petto hat, geht aus nachfolgendem kurzem Abriß hervor:
Im Jahr der RATTE kann sich die Ratte selbst allgemeinen Wohlstands, guter Aufstiegsmöglichkeiten und beruflichen Fortkommens erfreuen. Geld fließt problemlos ins Haus, und Enttäuschungen sind so gut wie ausgeschlossen. In solchen Zeiten sollte das Feng Shui im privaten und geschäftlichen Umfeld verbessert werden, denn die Horoskopeinflüsse sind positiv und förderlich für Veränderungen jeglicher Art.
Im Jahr des OCHSEN wird der Ratte nur moderates Glück zuteil. Es gibt so gut wie keinen unerwarteten Geldzuwachs, doch der Alltag verläuft überwiegend reibungslos, und in der Arbeitswelt winken gewisse Erfolge. Das Jahr des Ochsen eignet sich ebenfalls zur Durchführung von Feng-Shui-Maßnahmen im privaten Wohnumfeld, um das Glück zu aktivieren und zu intensivieren.
Im Jahr des TIGERS durchläuft der unter dem Zeichen der Ratte Geborene eine mittelmäßige Zeit. In gewissem Umfang fallen Reisen an, persönliche Verluste und einige Schwierigkeiten stellen sich ein; doch im großen und ganzen ist es kein schlechtes Jahr. Alle in einem solchen Jahr unter Feng-Shui-Gesichtspunkten durchgeführten Veränderungen werden sich als vorteilhaft erweisen.
Im Jahr des HASEN muß der unter dem Zeichen der Ratte Geborene mit gewissen Geldverlusten rechnen. Auch im Büro oder

Geschäft und in der Familie könnten Probleme auftauchen, die jedoch nur vorübergehend sind. Wenn das Feng Shui in Ordnung ist, werden sich geplante Familienerweiterungen verwirklichen. Auch neue Geschäftsmöglichkeiten könnten sich ergeben.

Im Jahr des DRACHEN ist der Ratte das Glück besonders hold. Es ist die Zeit höchster Blüte für geschäftliches und berufliches Engagement, und die Ratte wird sich allgemeiner Anerkennung und Ehre erfreuen können. Feng-Shui-Verbesserungen jeglicher Art werden das an sich schon hervorragende Glück der Ratte nur noch steigern. Nur sollte sich die Ratte nun nicht allzu vertrauensselig neuen Freunden und/oder Geschäftspartnern gegenüber zeigen. Bei unverhofften finanziellen Gewinnen, die in diesem Jahr erzielt werden, ist Vorsicht vor übermäßigen Ausgaben geboten.

Im Jahr der SCHLANGE zehrt die Ratte immer noch von den Erfolgen des vergangenen Jahres. Manche Geldverluste und Enttäuschungen könnten allerdings die Gewinne der früheren Zeiten schmälern. Im Grunde genommen ist das Jahr jedoch nicht schlecht, und gegen Jahresende normalisieren sich die Dinge wieder.

Im Jahr des PFERDES muß sich die Ratte auf Schwierigkeiten und exorbitante Ausgaben einstellen. Es handelt sich um ein Jahr der Verschuldung und juristischen Auseinandersetzung. Auch in Liebes- und Familienangelegenheiten bleiben Enttäuschungen nicht aus.

Im Jahr des SCHAFS stehen für die Ratte wieder alle Zeichen auf Wachstum und Weiterkommen. Neue Chancen und Veränderungen kennzeichnen das Jahr, und somit werden auch alle Feng-Shui-Maßnahmen höchst vorteilhaft sein.

Im Jahr des HAHNS erfreut sich die Ratte einer weiteren Glückssträhne. Von allen Seiten kommen gute Nachrichten,

und neue Geschäftsmöglichkeiten bahnen sich an. Die Ratte steht in diesen Jahren im Mittelpunkt der Aufmerksamkeit, und sie genießt den gesellschaftlichen Erfolg und das Prestige in vollen Zügen. Vorsicht ist allerdings geboten im Hinblick auf Überarbeitung und Selbstüberschätzung. Alle Feng-Shui-Veränderungen fallen in dieser Zeit auf äußerst fruchtbaren Boden, denn sie stehen unter dem guten Stern des Jahres und helfen, Haus und Hof ebenso wie Büro oder Geschäft gegen weniger segensreiche Epochen abzusichern.
Im Jahr des HUNDES geht die Glückssträhne allmählich zu Ende. Nun ist es an der Zeit, daß die Ratte ihr Tempo drosselt und wartet, bis ihr Stern wieder neu aufgeht. Geduld und spirituelle Kraft sind jetzt vonnöten, denn am Arbeitsplatz und im Geschäft ist mit Fehlschlägen zu rechnen. Feng-Shui-Veränderungen hätten besser im zurückliegenden Jahr durchgeführt werden sollen; trotzdem sollte die Ratte nun besonders darauf achten, daß nicht irgendwo versteckte »Pfeile« lauern, die ihr Feng Shui beeinträchtigen könnten. Denken Sie immer daran, daß sich in einem schlechten Jahr die ungünstigen Feng-Shui-Effekte durchaus noch verstärken können!
Im Jahr des SCHWEINS beginnt für die Ratte wieder eine ruhige Zeit. Für neue Investitionen oder irgendwelche Veränderungen ist es weniger günstig; die Ratte sollte sich jetzt besser auf Konsolidierungskurs begeben und in Geduld üben.

Der Ochse

Der Ochse ist das zweite Tier im chinesischen Tierkreis und gilt als NEGATIVES Zeichen. Bezüglich der Richtung symbolisiert er den NORDNORDOSTEN und jahreszeitlich den WINTER.

Es gelten folgende Mondjahre als Jahr des Ochsen:

- 06. 02. 1913 bis 25. 02. 1914
- 25. 01. 1925 bis 12. 02. 1926
- 11. 02. 1937 bis 30. 01. 1938
- 29. 01. 1949 bis 16. 02. 1950
- 15. 02. 1961 bis 04. 02. 1962
- 03. 02. 1973 bis 22. 01. 1974
- 20. 02. 1985 bis 08. 02. 1986
- 08. 02. 1997 bis 27. 02. 1998

牛

Im Jahr des OCHSEN ist generell harte Arbeit angesagt. Konservatismus prägt das Szenario, und im Mittelpunkt steht die bewußte Anstrengung und das ernsthafte Bemühen um Leistung. Disziplin und gute alte Tugenden ebenso wie erprobte Verfahrensweisen bewähren sich in Zeiten des Ochsen besser als neue kreative Ideen und Methoden. Nur kleinere Meinungsverschiedenheiten und Mißverständnisse können gelegentlich auftreten, die sich im allgemeinen jedoch recht problemlos lösen lassen.

Wer im Jahr des Ochsen geboren ist, erlebt in den Jahren der Ratte, des Ochsen, der Schlange, des Affen und des Hahns ausgesprochene Glückssträhnen. Probleme und Schwierigkeiten tauchen hingegen in den Jahren des Tigers und des Pferdes auf. In den anderen Jahren ist moderates Glück angesagt. In den schlechten Jahren sollte der Ochse möglichst keine

Feng-Shui-Veränderungen in Angriff nehmen. Allerdings ist es sinnvoll, wenn er seine Umgebung im Auge behält und sich gegen »Giftpfeile« jeder Art schützt.
Was das Schicksal für einen unter dem Zeichen des Ochsen geborenen Menschen über einen Zwölfjahreszyklus in petto hat, verrät der nachfolgende kurze Abriß:
Im Jahr der RATTE bleibt dem Ochsen im privaten und geschäftlichen Bereich das Glück treu. Es wird ein gutes und erfolgreiches Jahr sein, und Anerkennung wie auch neue Verantwortungsfelder werden den Ochsen erfreuen. Dies ist eine ausgesprochen günstige Zeit, um die vorherrschende Glückssträhne zu nutzen und sich in neue Unternehmungen zu stürzen. Eventuelle Verbesserungen des Feng Shui wären jetzt ebenfalls angezeigt, denn dadurch ließe sich das bestehende Glück kolossal mehren.
Auch im Jahr des OCHSEN geht es dem in diesem Zeichen Geborenen gut, wenn auch die vorangegangenen Jahre noch positiver für ihn waren. Es ist ein Jahr der freudigen Anlässe und somit besonders günstig für Hochzeiten oder Familienzuwachs. Familienbezogene Ereignisse nehmen in dieser Zeit eine vorrangige Stellung ein. Etwaige Feng-Shui-Veränderungen werden der Familie zugute kommen.
Im Jahr des TIGERS durchlebt der Ochse schwere Zeiten. Immer wieder treten Schwierigkeiten und Hindernisse auf, und wenn er nicht wachsam und aufmerksam bleibt, könnten gravierende Probleme ein solches Jahr prägen. Überlegungen im Hinblick auf irgendwelche Feng-Shui-Verbesserungen sollten darauf ausgerichtet sein, Widrigkeiten, Gefahren und Pech abzuwenden.
Im Jahr des HASEN kehrt im Leben des Ochsen wieder etwas mehr Glück ein, doch es bleibt ein gemischtes Jahr. Probleme erfordern weiterhin erhöhte Aufmerksamkeit, und Verluste

müssen hingenommen werden. In einem ausgesprochen schlechten Jahr mit ungünstiger Elemente-Konstellation kann sogar der Verlust eines geliebten Menschen anstehen. Insgesamt durchlebt der Ochse jedoch eine im Schnitt gute Zeit.

Auch das Jahr des DRACHEN ist ein gemischtes Jahr für den Ochsen. Er wird mit unerwarteten Problemen und Entwicklungen konfrontiert, die zu ärgerlichen Konflikten und Schwierigkeiten führen können. Doch mit Geduld und harter Arbeit lassen sich solche Widrigkeiten abmildern. Es handelt sich nicht unbedingt um ein ganz und gar schlechtes Jahr, weil es im Umfeld viele hilfreiche Menschen gibt, die einem die Hand reichen. Das Jahr eignet sich hervorragend für Feng-Shui-Maßnahmen im privaten Wohnumfeld und geschäftlichen Bereich.

Im Jahr der SCHLANGE tritt der Ochse in eine Glücksperiode ein. Geld fließt ins Haus, und geschäftliche Möglichkeiten lassen sich vorteilhaft und fast mühelos nutzen. Das Jahr begünstigt Expansion und Wachstum, und alle Feng-Shui-Verbesserungen, die der Ochse in diesem Zeitraum vornimmt, wirken sich vorteilhaft aus.

Im Jahr des PFERDES gerät der Ochse erneut aus dem Gleichgewicht. Eine unglückselige Liebesbeziehung, emotionale Probleme und familiäre Auseinandersetzungen erfordern seine ganze Aufmerksamkeit. Unfälle und gesundheitliche Störungen sind ebenfalls angesagt, und in finanzieller Hinsicht müssen Rückschläge eingesteckt werden. In der ersten Jahreshälfte ist die Pechsträhne besonders stark ausgeprägt, und erst gegen Ende des Jahres bessert sich die Lage. Im geschäftlichen oder privaten Bereich sollten in diesem Jahr besser nicht viele Veränderungen vorgenommen werden. Eventuelle Feng-Shui-Pläne sollten bis zum Jahresende oder darauffolgenden Jahr zurückgestellt werden.

Im Jahr des SCHAFS gewinnt der Ochse wieder neues Selbstvertrauen, denn es werden eine ganze Reihe guter Nachrichten überbracht. Wirkliche Fortschritte lassen sich in diesem Jahr nirgends erzielen, doch es herrscht Friede, und es gibt nur wenige Probleme. Alle in diesem Jahr durchgeführten Feng-Shui-Maßnahmen werden sich als vorteilhaft erweisen.
Im Jahr des AFFEN genießt der Ochse das Glück im Überfluß. Es handelt sich um ein hervorragendes Jahr, sprudelnd vor Prosperität, Wohlwollen, Ehren, Anerkennung und sogar Ruhm. Neue Geschäftsunternehmungen, neue Partnerschaften, neue berufliche Orientierungen sowie Beförderungen bahnen sich wie von selbst an. Aus Feng-Shui-Sicht ist dies eine ungemein gute Phase, um neue Maßnahmen zu verwirklichen, die das vorausgesagte Glück dieses Jahres nur noch steigern und vergrößern. Konflikte sind laut Horoskop in dieser Zeit nicht zu erwarten.
Im Jahr des HAHNS hält für den Ochsen der positive Trend an. Eine glückliche und freudvolle Zeit mit gewissen Höhepunkten ist angesagt. Ein oder zwei kleinere Enttäuschungen oder Intrigen könnten am sonst sonnigen Firmament Wolken aufziehen lassen, doch im großen und ganzen ist ein relativ gutes Jahr zu erwarten. Feng-Shui-Änderungen können in diesem Jahr durchaus vorgenommen werden.
Im Jahr des HUNDES sieht es so aus, als würde der Ochse in eine Pechsträhne geraten, doch ist es kein echtes Jahr der Verluste oder Mißgeschicke, denn auftauchende Probleme erweisen sich in der Regel eher als kleinere Irritationen denn als gravierende Einschnitte. In Herzensangelegenheiten könnten unter Umständen gewisse Spannungen auftreten. Für Feng-Shui-Maßnahmen oder in diesem Sinne durchzuführende größere Renovierungsarbeiten ist dies keine sehr günstige Zeit. Es ist ratsam, diese bis zum nächsten Jahr zurückzustellen.

Im Jahr des SCHWEINS bricht für den Ochsen eine sehr geschäftige Zeit an. Er entfaltet große Aktivität, und viele Menschen beanspruchen seine Aufmerksamkeit. Dennoch wird es kein besonders erfolgreiches Jahr werden, und in finanzieller Hinsicht ist nur mäßiges Glück zu erwarten. Dies ist eine gute Zeit der Vorsorge für die Zukunft. Außerdem stehen die Sterne günstig für Feng-Shui-Maßnahmen in privaten Wohnumfeld und geschäftlichen Bereich, denn das Jahr favorisiert langfristige Aktivitäten, die erst in der Zukunft ihre Wirkung zeigen.

Der Tiger

Er ist das dritte Tier im chinesischen Zodiak und gilt als POSITIVES Zeichen. Bezüglich der Richtung symbolisiert er den OSTNORDOSTEN und jahreszeitlich den Februar im WINTER.

Folgende Jahre stehen unter dem Zeichen des Tigers:

- 26. 01. 1914 bis 13. 02. 1915
- 13. 02. 1926 bis 01. 02. 1927
- 31. 01. 1938 bis 18. 02. 1939
- 17. 02. 1950 bis 05. 02. 1951
- 05. 02. 1962 bis 24. 01. 1963
- 23. 01. 1974 bis 10. 02. 1975
- 09. 02. 1986 bis 28. 02. 1987
- 28. 02. 1998 bis 15. 02. 1999

虎

Das Jahr des Tigers ist wechselhaft und gefahrvoll. Kriege und Konflikte kennzeichnen solche Zeiten; schreckliche Naturkatastrophen ereignen sich, und es droht Unheil durch Menschen-

hand. Tiger-Jahre sind Phasen der radikalen, weitreichenden Umwälzungen, und es häufen sich Situationen, in denen viel auf dem Spiel steht. Außergewöhnliche und hochdramatische Zeiten sind angesagt, die durch gereizte Stimmung, Intoleranz, Chaos und Durcheinander charakterisiert sind.
Solche Jahre tragen wenig zur Fortdauer von Freundschaften, Zusammenschlüssen und/oder Partnerschaften bei. In der Tat gelten Tiger-Jahre nicht als optimale Zeiten für geschäftliche Neuanfänge oder für Versuche, enge Verbindungen einzugehen. Es ist weitaus besser, sich jetzt ruhig zu verhalten und auf die günstigeren und freundlicheren Einflüsse des nachfolgenden Jahres unter dem Zeichen des Hasen zu warten.
Dennoch bietet das Jahr des Tigers immer auch positive Seiten; seine charakteristische Prägung zwingt Dinge ans Licht, und damit geht häufig ein reinigender Effekt einher, besonders was unklare Beziehungen und Situationen anbelangt. Selbst wenn also im Jahr des Tigers schwache Partnerschaften womöglich in die Brüche gehen, bedeutet das nicht unbedingt etwas Schlechtes für die betroffenen Parteien.
Wer im Jahr des Tigers geboren ist, dem ist das Glück im allgemeinen in den Jahren des Hasen, des Pferdes und des Schafs treu. Gefahr droht in den Jahren der Ratte, des Ochsen, des Drachen und des Affen.
Was das Glück eines unter dem Zeichen des Tigers Geborenen über einen zwölfjährigen Mondzyklus in petto hat, verrät der nachfolgende kurze Abriß:
Im Jahr der RATTE sieht sich der Tiger mit geschäftlichen und finanziellen Problemen konfrontiert. Expansions- oder Wachstumspläne können nicht von Erfolg gekrönt sein. In solchen Zeiten sind Geduld und Konsolidierung, Vorsicht und harte Arbeit gefragt. Feng-Shui-Maßnahmen sind jetzt nicht gerade

sinnvoll, weder im privaten (Haus/Wohnung) noch geschäftlichen (Büro/Arbeitsplatz) Bereich.
Im Jahr des OCHSEN erlebt der Tiger Auseinandersetzungen und Konfrontationen. Sturheit und Unbeherrschtheit feiern Triumphe, und so mancher Konflikt bleibt deshalb ungelöst. Im Zeichen des Tigers Geborene müssen sich mit viel Geduld wappnen, damit das Jahr nicht zu einem Desaster ausartet. Auch Feng-Shui-Maßnahmen sind in dieser Zeit nicht empfehlenswert.
Im Jahr des TIGERS wendet sich das Schicksal des Tigers zwar zum Besseren hin, jedoch nur marginal. Er hat wieder mehr Glück, aber nur in dem Sinne, daß er Beistand und Hilfe erhält, wenn er sie braucht. Die Zeiten sind weiterhin hochbrisant und gefahrvoll. Unerwartetes Pech kann immer eintreten. Der Tiger ist gut beraten, in diesen Zeiten sein Feng Shui zu überprüfen und Schutzmaßnahmen zu ergreifen.
Im Jahr des HASEN kommt der Tiger allmählich aus seiner schlechten Phase heraus. Endlich tauchen gute Nachrichten am Horizont auf, und die geschäftliche Situation wendet sich zum Besseren. Widrigkeiten und Probleme lösen sich auf, und die Erreichbarkeit von Zielen rückt wieder in greifbare Nähe. Es ist sicherlich ein gutes Jahr. Alle in dieser Zeit vorgenommenen Feng-Shui-Maßnahmen erweisen sich als vorteilhaft.
Im Jahr des DRACHEN macht sich eine noch deutlichere Umkehr der Geschicke bemerkbar. Ein relativ gutes Jahr steht ins Haus, jedoch mit gewissen Abstrichen durch mögliche Verluste oder Enttäuschungen. Solche Zeiten eignen sich hervorragend zur Durchführung von Feng-Shui-Therapien.
Das Jahr der SCHLANGE läutet für den Tiger eine ruhige Phase ein. Beständiger Fortschritt und solide Expansion kennzeichnen diese Zeit; dennoch könnte sich in Herzensangelegenheiten bei einigen Menschen eine gewisse Rastlosigkeit

einstellen. Generell kann man von einem moderaten Jahr sprechen, in dem alle durch Feng Shui bedingten Veränderungen hilfreich sind.
Das Jahr des PFERDES beschert dem Tiger eine außergewöhnlich glanzvolle Zeit mit reichlich Glück und Segen. Alles verläuft reibungslos, und finanziell ist großer Wohlstand zu erwarten, was den Tiger zufrieden macht. Die guten Nachrichten und Gelegenheiten reißen nicht ab, und dem im Zeichen des Tigers Geborenen werden überall Ehren und Anerkennung zuteil. Eine ausgezeichnete Zeit, um das Feng Shui im privaten und geschäftlichen Umfeld zu verbessern.
Im Jahr des SCHAFS kann der Tiger seine Glückssträhne noch ausbauen. Er ist weiterhin erfolgreich am Arbeitsplatz und in geschäftlichen Angelegenheiten. In der Familie könnte es zu Spannungen kommen, doch nichts Ernsthaftes oder gar Katastrophales ist zu erwarten. Alle in dieser Zeit durchgeführten Feng-Shui-Maßnahmen helfen, eventuelle Mißverständnisse am häuslichen Herd abzumildern.
Im Jahr des AFFEN muß der Tiger mit Rückschlägen und Enttäuschungen rechnen. Da dies kein gutes Jahr für ihn ist, sollte er Konfrontationen möglichst aus dem Weg gehen. Statt dessen sollte er Toleranz beweisen und eine abwartende Haltung an den Tag legen, sonst könnten ihm unnötig Probleme erwachsen, die er leicht hätte vermeiden können. Dies ist kein besonders gutes Jahr zur Durchführung von Feng-Shui-Maßnahmen. Dennoch sollten im Zeichen des Tigers Geborene auf der Hut sein vor versteckten »Giftpfeilen«, die das in diesem Jahr zu erwartende Mißgeschick und Unglück nur noch verstärken könnten.
Das Jahr des HAHNS bringt dem Tiger mal gute, mal schlechte Nachrichten. Alle Schwierigkeiten können ausgeräumt und die Probleme zufriedenstellend gelöst werden, auch wenn dies

in der ersten Hälfte des Jahres noch nicht den Anschein haben mag. Hilfe kommt von unerwarteter Seite und von neuen Partnern oder Verbündeten. Diese Zeit begünstigt die Inangriffnahme von Feng-Shui-Maßnahmen, weil dadurch dem Glück des Tigers auf die Sprünge geholfen wird.

Das Jahr des HUNDES verläuft für den Tiger recht gut. Hilfe bekommt er wiederum von guten Freunden und mächtigen Verbündeten. Es gibt wenig Anlaß zu Beschwerden, außer daß dem Tiger in dieser Zeit von einem vollen Terminkalender und erhöhtem Arbeitspensum einiges abverlangt wird. Doch harte Arbeit macht sich bezahlt, denn alle gesteckten Ziele können erreicht werden. Fleiß und Einsatz werden in diesem Jahr also ganz besonders belohnt. Wer jetzt Veränderungen im Sinne des Feng Shui durchführt, wird davon profitieren.

Im Jahr des SCHWEINS wird der Tiger zunächst großen finanziellen Erfolg haben, doch in der zweiten Jahreshälfte ist ihm das Glück weniger hold. Deshalb ist ein gewisses Maß an Umsicht geboten. Glück im Spiel oder spekulative Gewinne sind in diesem Jahr nicht zu erwarten. Deshalb sollten im Zeichen des Tigers Geborene vorsichtig mit Spekulationen am Aktienmarkt und Investitionen in risikoreiche Unternehmungen sein. Neue Projekte sind mit größter Zurückhaltung und Vorsicht zu prüfen. Und sicherlich sollte der im Zeichen des Tigers Geborene alle Illusionen vom schnellen Geld und Reichtum rasch über Bord werfen. In dieser Zeit durchgeführte Feng-Shui-Maßnahmen erweisen sich als ausgesprochen segensreich.

Der Hase

Er ist das vierte Tier im chinesischen Zodiak und gilt als NEGATIVES Zeichen. Bezüglich der Richtung symbolisiert er den OSTEN und jahreszeitlich den März im FRÜHLING.

Folgende Jahre stehen unter dem Zeichen des Hasen:

- 14. 02. 1915 bis 02. 02. 1916
- 02. 02. 1927 bis 22. 01. 1928
- 19. 02. 1939 bis 07. 02. 1940
- 06. 02. 1951 bis 26. 01. 1952
- 25. 01. 1963 bis 12. 02. 1964
- 11. 02. 1975 bis 30. 01. 1976
- 29. 01. 1987 bis 16. 02. 1988
- 16. 02. 1999 bis 04. 02. 2000

兔

Nach den Turbulenzen der vorangegangenen Zeit des Tigers beschert das Jahr des HASEN Frieden und Ruhe. Diskretion, Diplomatie und eine eher sanfte Haltung kennzeichnen die vom Hasen geprägten Phasen. Bei der Arbeit und im Umgang mit seinen Mitmenschen ist sein ganzes Sinnen und Trachten, zu überzeugen und Harmonie herzustellen. Die Ereignisse des Jahres lassen auf eine eher unkomplizierte, sorglose Lebenseinstellung schließen.

Es besteht eine allgemeine Tendenz, schwierigen Entscheidungen auszuweichen und unangenehme Probleme zu ignorieren. Das Jahr des Hasen fördert das in der Wesensart dieses Tieres liegende ruhige Verhalten; dies kann bei manchen Menschen dazu führen, daß ihnen ihre Freizeit wichtiger ist als der Beruf. Was die geschäftlichen und finanziellen Aspekte anbelangt, ist in dieser Zeit kaum mit Zwangslagen oder größeren Schwierig-

keiten zu rechnen. Der Lebensstil ist eher locker und unbesorgt. Das Jahr zieht sich entsprechend träge dahin, und nirgends ist eine Tendenz zur Eile. Auch in bezug auf anstehende Entscheidungen oder Probleme ist keine Dringlichkeit zu spüren.
Das Jahr des Hasen ist im allgemeinen von Glück und Zufriedenheit geprägt; es gibt nur wenige Dinge, die drängen und einem Entscheidungen abverlangen. Auch Krisensituationen und die damit oft verbundenen vorschnellen oder unüberlegten Reaktionen bleiben aus. Auf der negativen Seite kann das den einzelnen auch zu übergroßer Nachgiebigkeit und dazu verleiten, sich in eine Art Schonhaltung hineinzubegeben.
Im Jahr des Hasen Geborene sind für gewöhnlich beliebt und unkompliziert, aber auch sensibel, weise und sehr humorvoll. Ihre ausgezeichneten Manieren und der ihnen angeborene Charme verleihen ihrem Wesen oft eine positive Färbung. Allen unter diesem Zeichen Geborenen ist eine recht glückliche Lebensführung vergönnt. Ihr Horoskop deutet vielfach auf Erfolg in geschäftlichen Angelegenheiten hin und läßt einen scharfen und regen Geist erkennen. In den Jahren des Hasen, des Pferdes, des Schafs und des Hundes sind sie vom Glück besonders bevorzugt. Gefahr droht ihnen in den Jahren des Ochsen, Tigers und Hahns.
Was das Glück für einen unter dem Zeichen des Hasen geborenen Menschen über die zwölf Tierkreisjahre hinweg in petto hat, verrät der nachfolgende kurze Abriß:
Das Jahr der RATTE verläuft für den Hasen relativ ereignislos; es gibt weder unangenehme Überraschungen noch schwierige Probleme zu lösen. In Beruf und Geschäft geht es ziemlich beständig aufwärts, und in der Familie steht alles zum besten. In dieser Zeit durchgeführte Feng-Shui-Maßnahmen tragen gute Früchte.

Im Jahr des OCHSEN muß der Hase äußerst wachsam sein, denn ihm steht eine schwere Zeit bevor. Das Schicksal meint es in diesem Jahr alles andere als gut mit ihm; seine Pläne scheitern, gesundheitlich geht es ihm schlecht, das soziale Umfeld ist instabil. Zu allem Übel besteht auch noch die Möglichkeit, daß er einen geliebten Menschen verliert oder sich dieser von ihm trennt. Das Jahr ist nicht günstig, um irgendwelche Veränderungen im Haus zu realisieren; etwaige Feng-Shui-Pläne sollten in dieser Zeit besser nicht umgesetzt, sondern zurückgestellt werden.

Im Jahr des TIGERS ist der Hase noch nicht aus der Gefahrenzone heraus. Er muß besonders vorsichtig und umsichtig sein und sich vor Anfeindungen und Auseinandersetzungen sowie ungerechtfertigten Ansprüchen schützen. In diesem Jahr könnten auf den im Zeichen des Hasen Geborenen unangenehme und ärgerliche Prozesse hauptsächlich in Zusammenhang mit geschäftlichen Angelegenheiten zukommen. Er sollte sich davor hüten, größere Aufträge abzuwickeln oder sich in geschäftliche Transaktionen hineinziehen zu lassen. Feng-Shui-Maßnahmen sind nicht ratsam, mit Ausnahme von Vorkehrungen zum Schutz vor etwaigen »Giftpfeilen«.

Im Jahr des HASEN genießt der Hase selbst reichlich Glück und Segen. Es ist eine ausgesprochen günstige Zeit für ihn. Beruflich kommt er weiter und wird befördert. Auch finanziell winkt ihm das Glück bis hin zu unverhofftem Geldsegen. Die geschäftlichen Transaktionen verlaufen allesamt reibungslos, und die Familie kommt zu Ehren. Wichtige Menschen bringen ihm wohltuende Anerkennung entgegen. Alle in diesem Jahr durchgeführten Feng-Shui-Maßnahmen erweisen sich als nutzbringend und vorteilhaft.

Im Jahr des DRACHEN setzt sich die allgemeine Glückssträhne des Hasen fort. Diese Zeit ist geprägt durch berufliches Weiterkommen, und der im Zeichen des Hasen Geborene kann jetzt neue, einflußreiche Freunde gewinnen. Zu Hause und am Arbeitsplatz gibt es so gut wie keine Probleme. Das Jahr ist günstig für Feng-Shui-Maßnahmen, denn alle in diesem Zeitraum durchgeführten Veränderungen werden sich als vorteilhaft herausstellen. Für den Hasen sind dies sogar die allergünstigsten Jahre, um sein Feng Shui zu verbessern.

Im Jahr der SCHLANGE nivelliert sich das Glück des Hasen wieder. Schwierigkeiten brauen sich in der Berufs- und Geschäftswelt zusammen. Es ist eine unruhige, ja hektische Zeit, denn viele Dinge müssen erledigt werden. In einigen Fällen steht sogar ein Arbeitsplatzwechsel oder eine Geschäftsverlagerung beziehungsweise ein Umzug an. Das Jahr ist nicht unbedingt schlecht für die Durchführung gewisser Feng-Shui-Maßnahmen, die verhindern, daß bestimmte Probleme in dem betreffenden Jahr außer Kontrolle geraten.

Im Jahr des PFERDES knüpft der Hase wieder an seine alte Glückssträhne an. Viele gute und hilfreiche Freunde stehen ihm zur Seite, so daß er die aus dem vorangegangenen Jahr mitgeschleppten Probleme überwinden kann. Eine ausgezeichnete Zeit zur Durchführung von Feng-Shui-Maßnahmen im privaten Wohnbereich.

Das Jahr des SCHAFS verläuft für den Hasen weiterhin sehr günstig. Es ist eine Zeit der Fülle mit einer Reihe guter Chancen zu finanziellem Erfolg. Wohlstand und Gesundheit, Glück und Zufriedenheit sowie das Erreichen von Zielen sind angesagt. Auch dieses Jahr ist vorzüglich geeignet, um im privaten Wohnumfeld Feng-Shui-Maßnahmen durchzuführen.

Im Jahr des AFFEN ist das Glück des Hasen weder gut noch schlecht. Es handelt sich um eine ereignislose und ausgesprochen ruhige Phase; wenn auch kleinere Reibereien und Probleme auftreten könnten, so ist es dennoch im großen und

ganzen eine gute Zeit zur Konsolidierung und unbeschwerten Lebensfreude.
Im Jahr des HAHNS könnten dem Hasen die finanziellen Schwierigkeiten und schweren Schicksalsschläge leicht über den Kopf wachsen. Große Umsicht ist in dieser Zeit geboten, und der unter dem Zeichen des Hasen Geborene sollte tunlichst den Beistand und die Hilfe anderer Menschen suchen, um die Widrigkeiten des Alltags zu überstehen. Feng-Shui-Mittel sollten in diesem Jahr eingesetzt werden, um den drohenden Mißgeschicken entgegenzuwirken.
Im Jahr des HUNDES kann der Hase die Probleme des vorangegangenen Jahres lösen. Auch wenn sich ihm noch kleinere Hindernisse in den Weg stellen, braucht er nicht mit allzu großen Enttäuschungen oder Rückschlägen zu rechnen. Das Jahr ist gut zur Durchführung von Feng-Shui-Maßnahmen, besonders um sich vor Enttäuschungen durch Freunde und/oder Geschäftspartner zu wappnen.
Im Jahr des SCHWEINS halten sich für den Hasen Erfolg und Mißerfolg die Waage. Es gibt wenige gravierende Probleme, aber auch wenige Erfolgserlebnisse. Unerwartete Schwierigkeiten könnten allerdings plötzlich auftreten. Bestenfalls wird es eine gemischte Zeit für den Hasen. Änderungen nach Feng-Shui-Gesichtspunkten erweisen sich im nachhinein als vorteilhaft.

Der Drache

Der Drache ist das fünfte Tier im chinesischen Zodiak und gilt als POSITIVES Zeichen. Bezüglich der Richtung symbolisiert er den OSTSÜDOSTEN und jahreszeitlich den FRÜHLING im Monat April.

Folgende Jahre stehen unter dem Zeichen des Drachen:

- 03. 02. 1916 bis 22. 01. 1917
- 23. 01. 1928 bis 09. 02. 1929
- 08. 02. 1940 bis 26. 01. 1941
- 27. 01. 1952 bis 13. 02. 1953
- 13. 02. 1964 bis 01. 02. 1965
- 31. 01. 1976 bis 17. 02. 1977
- 17. 02. 1988 bis 05. 02. 1989
- 05. 02. 2000 bis 23. 01. 2001

龍

Das Jahr des Drachen wird als großartige, herrliche und spektakuläre Zeit beschrieben, eine Zeit des Draufgängertums und hochfliegender Pläne. Chinesen schreiben den Drachenjahren spezielle Assoziationen zu, sie gelten als exzellent für Hochzeiten und Geburten. Im Zeichen des Drachen geborene Kinder werden hohe Auszeichnungen erlangen, und Geschäftsleute beginnen in diesen Zeiten oft neue Projekte oder weiten bestehende Unternehmungen aus. Enthusiasmus und Tatkraft ebenso wie Optimismus und große Zuversicht kennzeichnen den Jahresverlauf.

Anders als im vorangegangenen Jahr des Hasen stehen die Zeichen der Zeit jetzt eher auf Sturm und Unbeständigkeit; massive Naturkatastrophen in Form von Bränden oder Überflutungen könnten vermehrt auftreten. Alles übersteigt das normale Maß, seien es Erfolge oder Mißerfolge, Ehren oder Skandale.

Die in diesem Zeichen Geborenen spiegeln prinzipiell gemäß ihrer Veranlagung die eigenwilligen und hochenergetischen Merkmale des vielbeschriebenen Drachen wider. Sie gelten als tapfer, mutig, stark und arrogant. In China symbolisiert der Drache den Kaiser, und er wird deshalb mit Macht und Prestige assoziiert. Er gilt auch als ein himmlisches Geschöpf, das einzige Tier, das ohne Flügel fliegen kann. Der Drache wird in der Feng-Shui-Lehre als »grüner Drache« bezeichnet, und sein Atem ist das allgegenwärtige kosmische Qi!
Von unter dem Zeichen des Drachen Geborenen erwartet man, daß sie zu hohen Positionen von Macht und Autorität emporsteigen und großen Reichtum und Wohlstand erlangen.
Nach dem chinesischen Horoskop geht es dem Drachen gut in den Jahren des Ochsen, des Drachen, der Schlange, des Hahns und des Schweins. Nur ein einziges wirklich schlechtes Jahr ist das des Hundes für ihn. In allen anderen Zeiten durchlebt der im Zeichen des Drachen Geborene relativ gute Phasen wechselnden Glücks.
Im Jahr der RATTE bleibt dem Drachen auf besondere Weise das Glück treu. Das finanzielle Einkommen mehrt sich ohne besonderes Zutun, und vielleicht erlebt er sogar eine große Romanze. Weder am Arbeitsplatz noch zu Hause zeichnen sich irgendwelche Schwierigkeiten ab. Das Feng-Shui-Glück ist dem Drachen in dieser Zeit ebenfalls wohlgesonnen, und alle diesbezüglichen Veränderungen dürften sich als vorteilhaft und segensreich erweisen.
Im Jahr des OCHSEN setzt sich für den Drachen die gute und ruhige Zeit fort. Nichts geht schief, und fast alles ist in Ordnung. Einkommensmäßig hält der Aufwärtstrend an, zwar beständig, aber nicht spektakulär. Es gelingt ihm, sich nicht in den Strudel der um ihn herum ausgetragenen Auseinandersetzungen und Streitigkeiten hineinreißen zu lassen und den Kopf stets

oben zu behalten. Mit Feng Shui läßt sich sein Glück und Geschick noch verbessern.
Im Jahr des TIGERS gerät der Drache mit diesem anderen lebhaften Tier in Konflikt. Eine unruhige und schwere Zeit ist angesagt. Es gibt so gut wie keinen Fortschritt; die meisten Pläne und Strategien werden durch Hindernisse völlig blockiert. Gegner oder Feinde können sich ihm in den Weg stellen und neue Schwierigkeiten auslösen. Doch der Drache wird all diese Probleme meistern. Für Feng-Shui-Maßnahmen im Wohnumfeld oder am Arbeitsplatz ist dies kein besonders gutes Jahr.
Das Jahr des HASEN verläuft für den Drachen ziemlich ruhig und ereignislos. Nur wenige Probleme oder Schwierigkeiten kreuzen seinen Weg. In der Familie und am Arbeitsplatz ist alles in bester Ordnung. Weder schlechte Nachrichten noch finanzielle Sorgen trüben den Alltag. Das Jahr eignet sich gut zur Verbesserung des Feng Shui im eigenen Wohnumfeld.
Im Jahr des DRACHEN tritt der Drache in sein eigenes Zeichen, und damit stehen die Geschicke für ihn mehr als gut. Alle Arten von Glück und Segen begleiten seinen Alltag. Erfolg stellt sich mühelos und leicht ein. Es mangelt nicht an Anerkennung und außergewöhnlich hohen Ehren, die den im Zeichen des Drachen Geborenen auf einen Höhenflug bringen. Zuversicht und Optimismus kennzeichnen das Jahr, und alle Feng-Shui-Maßnahmen, die in diesem Zeitraum durchgeführt werden, erweisen sich als ausgesprochen vorteilhaft.
Im Jahr der SCHLANGE setzt sich das Glück des Drachen fort. Alles läuft weiterhin reibungslos, besonders in geschäftlichen Angelegenheiten, denn der Drache ist voller Energie und Tatendrang. In Herzensangelegenheiten gilt das Jahr allerdings nur als mäßig erfolgreich. In diesem Zeitraum durchgeführte Feng-Shui-Maßnahmen werden sich günstig auswirken.

Im Jahr des PFERDES durchlebt der Drache eine mäßig gute Zeit mit einer Reihe von Unwägbarkeiten, die zu allerhand Verwirrungen führen könnten. Auch manche schlechte Nachricht schwirrt ins Haus, und unliebsame Entwicklungen kündigen sich an. Im großen und ganzen gilt dieses Jahr jedoch nicht als unbedingt schlecht, weil alle Probleme letztendlich gelöst werden. Feng-Shui-Maßnahmen können in diesem Zeitraum durchgeführt werden.
Das Jahr des SCHAFS ist für den Drachen wiederum eine gemischte Zeit mit moderaten geschäftlichen und beruflichen Erfolgen. Das finanzielle Glück ist minimal, doch es ergeben sich auch keine wirklichen Verluste. Im Gesundheitsbereich könnten Störungen auftreten, aber mit ernstlichen Erkrankungen ist nicht zu rechnen. Zur Durchführung von Feng-Shui-Maßnahmen im Wohnumfeld ist es ein recht gutes Jahr.
Auch das Jahr des AFFEN bringt für den Drachen moderates Wachstum mit sich. Im Vergleich zum Vorjahr bessern sich die Dinge geschäftlich und finanziell. Dennoch ist ein gewisses Maß an Vorsicht geboten, weil unangenehme rechtliche Auseinandersetzungen ins Haus stehen. Partnerschaften geraten unter Druck und brechen unter Umständen sogar auseinander. Die Konfrontationen könnten weiter eskalieren. Umsichtiges Handeln und geduldiges Abwarten sind daher geboten. Für Feng-Shui-Pläne ist dies keine schlechte Zeit.
Das Jahr des HAHNS verläuft für den Drachen wieder günstig. Glück und Zufriedenheit, berufliches Weiterkommen, Beförderungen und Einkommenszuwachs zeichnen sich ab. Das Jahr begünstigt zudem neue starke Partnerschaften und Freundschaften. Es ist eine ausgezeichnete Phase, das persönliche Feng Shui zu verbessern.
Das Jahr des HUNDES gilt für den Drachen als die wohl schlechteste Phase überhaupt. Es ist eine Periode des Ausharrens, Still-

haltens und Vermeidens jeglicher Konfrontationen, denn ein Problem nach dem anderen sucht den Drachen heim. Geschäftliche Unternehmungen sind ebenfalls nicht von Erfolg gekrönt, und am Arbeitsplatz könnten Schwierigkeiten auftreten. Auf Feng-Shui-Maßnahmen sollte generell verzichtet werden.
Im Jahr des SCHWEINS tritt der Drache aus seiner düsteren Phase heraus und steht wieder im Rampenlicht des Glücks. Im Geschäft und am Arbeitsplatz läuft alles glatt, und gewisse Erfolge stellen sich wieder ein. In der Familie herrscht Friede und wohltuende Ordnung; dies ist eine glückliche Zeit für alle im Haus. Ein reges gesellschaftliches Leben, viel Unterhaltung und zahlreiche Vergnügungsreisen sind angesagt. Alle in diesem Jahr durchgeführten Feng-Shui-Maßnahmen erweisen sich als vorteilhaft.

Die Schlange

Die Schlange ist das sechste Tier im chinesischen Zodiak und gilt als NEGATIVES Zeichen. Bezüglich der Richtung symbolisiert sie den SÜDSÜDOSTEN und jahreszeitlich den FRÜHLING im Monat Mai.

Folgende Jahre stehen unter dem Zeichen der Schlange:

- 23. 01. 1917 bis 10. 02. 1918
- 10. 02. 1929 bis 29. 01. 1930
- 27. 01. 1941 bis 14. 02. 1942
- 14. 02. 1953 bis 02. 02. 1954
- 02. 02. 1965 bis 20. 01. 1966
- 18. 02. 1977 bis 06. 02. 1978

蛇

- 06. 02. 1989 bis 26. 01. 1990
- 24. 01. 2001 bis 11. 02. 2002

Die Jahre der Schlange sind elegante und stilvolle Jahre, geprägt von Weisheit und großer Diplomatie. Kühl und gelassen geht die Schlange den Dingen des Lebens nach, und diese Art des Vorgehens spiegelt sich in allen Situationen des Alltags wider. Unter ihrer Regentschaft florieren die Künste, und ein größeres Mode- und Schönheitsbewußtsein erwacht. Romantik und die Liebe erblühen in neuem Glanz; auch in den Wissenschaften werden Fortschritte erzielt. Handel und Industrie profitieren gleichermaßen von dieser Zeit. Doch unterschwelliges Mißtrauen und gewisse Spannungsfelder trüben diese Atmosphäre eitlen Sonnenscheins. Im Zeichen der Schlange stehende Jahre sind alles andere als ruhig.
Die Schlange ist das stärkste Yin-Zeichen (negativ), so wie der Drache das stärkste Yang-Zeichen (positiv) ist. Nach außen gibt sie sich anmutig und gelassen, doch im Inneren verbirgt sich ein geheimnisvolles und komplexes Wesen. Deshalb scheinen die Ereignisse zunächst oberflächlich ihren reibungslosen Verlauf zu nehmen, während auf einer tieferen Ebene gewisse Strömungen lauern. Wie die geballte Schnellkraft einer zum Angriff bereiten, eingerollten Schlange blitzartig in Bewegung übergeht, um den tödlichen Biß auszuteilen, so treten alle katastrophalen Ereignisse oder Veränderungen in diesem Jahr urplötzlich und mit vernichtenden Folgen auf. Deshalb sollte der im Zeichen der Schlange Geborene in dieser Zeit immer auf der Hut sein und sich von Spekulationen jeglicher Art oder auch vom Glücksspiel fernhalten. Vielmehr sollte er sorgfältig überlegen und das Für und Wider genau abwägen, bevor er sich auf neue und riskante Unternehmungen einläßt.

Unter dem Zeichen der Schlange Geborene zählen zu den tiefsinnigsten Denkern im chinesischen Zodiak. Ihnen soll eine geheimnisvolle Weisheit und große Intuitionskraft gegeben sein. Da ihnen im allgemeinen eine besondere Attraktivität und Schönheit angeboren ist, ist ihnen der Aufstieg in eine höhere gesellschaftliche Schicht geradezu vorbestimmt. Eine im Zeichen der Schlange geborene Frau wirkt in der Regel attraktiv und wird allseits bewundert.

Im Jahr der Schlange Geborene sollten in den Jahren sowohl des Tigers als auch des Drachen vorsichtig und tolerant sein. Das Glück ist ganz auf ihrer Seite in den Jahren des Hasen, des Affen, des Hahns, des Hundes und des Schweins.

Was das Glück für einen unter dem Zeichen der Schlange geborenen Menschen über einen zwölfjährigen Mondzyklus in petto hat, verrät der nachfolgende kurze Abriß:

Im Jahr der RATTE erfährt die Schlange sowohl große Erfolge als auch gewisse Rückschläge. Es ist viel los in dieser Zeit, beruflich wie auch geschäftlich geht es aufwärts, doch gleichzeitig muß die Schlange auch Verluste hinnehmen und mit gewissen familiären Schwierigkeiten rechnen. Dank ihrer Persönlichkeit ist sie allerdings bestens gerüstet, das Jahr unbeschadet zu erleben, und am Ende steht sie meistens sogar besser da als am Anfang. Feng-Shui-Maßnahmen können sowohl im privaten Wohnumfeld wie auch im geschäftlichen Bereich gut durchgeführt werden.

Im Jahr des OCHSEN setzt sich der verhaltene Glückstrend für die Schlange fort. Am Arbeitsplatz und in geschäftlichen Unternehmungen kann es zwar Ärger geben, doch letztendlich entwickelt sich alles zum Guten, selbst wenn gewisse Verluste dabei hingenommen werden müssen. Es ist ein gutes Jahr zur Durchführung von Feng-Shui-Maßnahmen im eigenen Wohnbereich.

Im Jahr des TIGERS muß die Schlange weiterhin mit einer Reihe kleinerer, aber ärgerlicher Zwischenfälle, Probleme und Widerstände rechnen. Dies ist kein gutes Jahr für die Schlange. Im Umgang mit anderen Menschen sollte sie äußerst achtsam sein. Jetzt heißt es nämlich: Vorsicht ist die Mutter der Porzellankiste. Feng-Shui-Veränderungen erweisen sich als vorteilhaft.

Im Jahr des HASEN muß sich die Schlange auf eine geschäftige und ereignisreiche Zeit mit viel Hektik und Tagungsstreß einstellen; die Termine scheinen sie völlig in Beschlag zu nehmen. Dennoch gestaltet sich das Jahr im großen und ganzen für sie glücklich, denn viele Freunde und Angehörige kommen zu Besuch. Alle in dieser Zeit durchgeführten Feng-Shui-Maßnahmen erweisen sich als vorteilhaft.

Im Jahr des DRACHEN muß sich die Schlange auf harte Zeiten gefaßt machen. Sie signalisieren Skandale und viel Gerede sowie mögliche Verluste und Gefahren. Die Geschäfte gehen nicht voran. Das berufliche Weiterkommen wird vereitelt, und Probleme treten nicht einzeln, sondern geballt auf. Im Zeichen der Schlange Geborene sollten sich im Jahr des Drachen abwartend verhalten und ihre Kraft und Energie für bessere Zeiten aufsparen. Gegen Ende des Jahres reißt die Pechsträhne wieder ab, und gute Zeiten kündigen sich an.

Im Jahr der SCHLANGE entwirft die Schlange ihrem Naturell folgend Pläne und Strategien. In aller Ruhe untersucht sie ihre Möglichkeiten und bereitet solide Projekte für die Zukunft vor. Spaß und Vergnügen finden in dieser Zeit keinen Platz mehr im Alltag. Vielmehr beherrscht der Ernst des Lebens die Szene, denn es gilt, ein solides Fundament für die Zukunft zu errichten. Alle in diesem Jahr durchgeführten Feng-Shui-Maßnahmen erweisen sich als vorteilhaft und erfolgreich.

Im Jahr des PFERDES wendet sich das Blatt der Schlange deutlich zum Besseren. Die gut durchdachten Pläne zeigen jetzt ihre positive Wirkung, und Schwierigkeiten oder Probleme sind nur von kurzer Dauer. Freunde treten auf den Plan und bieten ihre Hilfe an. Romantik liegt in der Luft, und trotz anfänglicher Rückschläge verläuft das Gefühlsleben der Schlange in diesem Jahr glücklich und zufrieden. Dies ist eine gute Zeit für Feng-Shui-Veränderungen.

Im Jahr des SCHAFS bleiben der Schlange katastrophale Verluste und Enttäuschungen erspart. In dieser Zeit werden einflußreiche Freundschaften geschlossen und neue Verträge unter Dach und Fach gebracht, die zu einem späteren Zeitpunkt Früchte tragen. Es ist ein ausgezeichnetes Jahr für Feng-Shui-Veränderungen.

Im Jahr des AFFEN bekommt die Schlange viel Unterstützung von Freunden, auch von unerwarteter Stelle. All diese Hilfe braucht sie auch, denn das Jahr ist durch Konflikte und Auseinandersetzungen gekennzeichnet. Es ist kein guter Zeitpunkt, Feng-Shui-Maßnahmen im privaten Wohnbereich vorzunehmen.

Im Jahr des HAHNS wird die Schlange über alle Maßen vom Glück begünstigt. Was sie anpackt, gelingt, und was sie sich vornimmt, wird erreicht. Fast mühelos kommt sie zu Ruhm und Ehren. Beförderungen, Reichtum und hervorragende Errungenschaften fallen ihr quasi in den Schoß. Dies ist das beste Jahr für die Schlange, in dem alle Zeichen auf Gewinn- und Einkommenszuwachs stehen. Insgesamt ist dies auch eine außerordentlich gute Zeit, um Feng-Shui-Maßnahmen zu realisieren.

Im Jahr des HUNDES hat die Schlange weiterhin exzellente Möglichkeiten, um in geschäftlichen Transaktionen und im Beruf zu brillieren. Reisen sind angesagt, und viel Spaß und Vergnügen stehen ebenso auf dem Programm wie romantische

Abenteuer. Feng-Shui-Maßnahmen lassen sich in dieser Zeit gut verwirklichen.
Im Jahr des SCHWEINS setzt sich die Glückssträhne der Schlange fort. Eine bewegte Zeit mit viel Hektik steht an. Manch kleinere Niederlage muß dennoch hingenommen werden, und die Schlange sollte somit vorsichtig sein. Aber im großen und ganzen kann sie mehr Gewinne als Verluste einstreichen. Alle in dieser Zeit durchgeführten Feng-Shui-Maßnahmen erweisen sich als vorteilhaft.

Das Pferd

Das Pferd ist das siebte Tier im chinesischen Zodiak und gilt als POSITIVES Zeichen. Bezüglich der Richtung symbolisiert es den SÜDEN und jahreszeitlich den Juni im SOMMER.

Folgende Jahre stehen im Mondkalender unter dem Zeichen des Pferdes:

- 11.02.1918 bis 31.01.1919
- 30.01.1930 bis 16.02.1931
- 15.02.1942 bis 04.02.1943
- 03.02.1954 bis 23.01.1955
- 21.01.1966 bis 08.02.1967
- 07.02.1978 bis 27.01.1979
- 27.01.1990 bis 14.02.1991
- 12.02.2002 bis 31.01.2003

馬

Das Jahr des Pferdes spiegelt den freien Geist dieses edlen Tieres wider. Es ist die Zeit gewagter Unternehmungen und rascher Initiativen, in der man kalkulierbare Risiken eingeht und sich im Alltag von der Hoffnung auf eine positive Entwicklung und berufliches Weiterkommen beflügeln läßt. Sowohl der einzelne als auch Firmen oder größere Konzerne können jetzt erfolgreich ihre Effizienz und Produktivität steigern. Manche Menschen entfalten in dieser Zeit geradezu fieberhafte Aktivitäten und laufen ständig auf Hochtouren. Alles in allem also eine ziemlich anstrengende Periode.

Rationale Erwägungen und Vorbehalte werden zumeist beiseite geschoben, weil die auf Handlung ausgerichteten Energien des Jahres darauf drängen, daß Entscheidungen getroffen, Projekte in Gang gesetzt und Pläne vorangetrieben werden. Diese Zeit ist geprägt von starkem Selbstvertrauen, gesundem Menschenverstand und viel Humor. Jetzt können diejenigen, die sich selbständig machen und unternehmerisches Risiko auf sich nehmen möchten, den Sprung ins kalte Wasser wagen, denn die Gestirne stehen günstig für Wagnisse dieser Art.

Im Jahr des Pferdes Geborene sind für gewöhnlich freundlich und ihren Mitmenschen wohlgesonnen. Sie haben ein sonniges Gemüt und sind allgemein beliebt. Zugleich spürt das Pferd auch einen Drang zur Unabhängigkeit, und es wird leicht ungeduldig. Es kann großen Reichtum ansammeln und unglaublich erfolgreich sein, manchmal aber auch allzu verschwenderisch. Bei den Chinesen gilt das Pferd ebenso wie der Tiger und der Drache als ausgesprochen maskulines Zeichen, das besser zu Männern paßt.

Dem Pferd geht es gut in den Jahren des Hasen, des Pferdes, des Affen und des Hundes. Hingegen signalisieren die Jahre der Ratte und des Schweins schwere Zeiten.

Was das Schicksal für einen im Zeichen des Pferdes geborenen Menschen über einen Zwölfjahreszyklus in petto hat, verrät folgender Abriß:

Im Jahr der RATTE hat das Pferd viel Pech. Finanzielle Schwierigkeiten und Krisen in Liebe und Partnerschaft stellen sich ein. Auch mit dem Gesetz könnte es in Konflikt geraten und erhebliche Geldverluste hinnehmen müssen. Insgesamt gesehen durchlebt das Pferd eine Phase voller Widrigkeiten, in der Umsicht, Besonnenheit und Geduld angezeigt sind. Es dürfte gewiß keine gute Idee sein, in dieser Zeit irgendwelche Feng-Shui-Maßnahmen in Angriff zu nehmen.

Im Jahr des OCHSEN bessert sich das Glück des Pferdes etwas. Die Zeiten sind zwar weiterhin schwierig, doch einige finanzielle Profite und kleinere Erfolge mildern die allgemein mißliche Lage ab. Es ist ein gutes Jahr zur Realisierung von Feng-Shui-Maßnahmen im privaten und geschäftlichen Umfeld, weil diese sich durchweg als vorteilhaft erweisen dürften.

Im Jahr des TIGERS wendet sich das Glück allmählich zum Besseren. Nun beginnt eine angenehme Zeit, in der die Liebe und das Familienleben aufblühen. Gesellschaftliche Kontakte und Unterhaltung nehmen einen wichtigen Stellenwert ein. Doch das Pferd hat einen gewissen Hang zur Selbstüberschätzung und Arroganz auf diesem Parkett, was leicht zu Konflikten und Mißverständnissen führen könnte. In finanzieller Hinsicht zeichnet sich noch keinerlei Aufwärtstrend ab. Feng-Shui-Maßnahmen können in diesem Jahr durchgeführt werden.

Im Jahr des HASEN ist das Schicksal dem Pferd über alle Maßen wohlgesonnen, insbesondere in finanzieller Hinsicht. Investitionen zahlen sich aus, und Entscheidungen werden so getroffen, daß sie zu reibungslosen Arbeitsabläufen in der Geschäfts- und Berufswelt führen. Allgemein geht es wieder aufwärts. Auch für Hochzeiten und Geburten ist dies ein gutes Jahr, und etwaige Feng-Shui-Maßnahmen, die jetzt im privaten oder geschäftlichen Umfeld durchgeführt werden, erweisen sich zweifelsohne als vorteilhaft.

Das Jahr des DRACHEN beschert dem Pferd eine ziemlich frustrierende Zeit, die von großer Unbeständigkeit und Ungewißheit gekennzeichnet ist. Mangelndes Selbstvertrauen und Pessimismus machen sich breit. Dem Horoskop nach ist dies jedoch keine schlechte Zeit, denn im Endeffekt kann das Pferd eher mit positiven als negativen Ergebnissen rechnen. Es besteht also kein Anlaß, sich Sorgen zu machen. In diesem Jahr sind Feng-Shui-Maßnahmen im Wohn- oder Geschäftsbereich durchaus angezeigt.
Im Jahr der SCHLANGE muß das Pferd ziemlich viel investieren, um die sich ihm in den Weg stellenden Schwierigkeiten zu meistern. Immer wieder tauchen Probleme oder Verwicklungen auf, die weitgehend von Partnern and Freunden verursacht werden. Es ist kein Jahr der gücklichen Zufällle. Bestenfalls gelingt es dem im Zeichen des Pferdes Geborenen, auftretende Schwierigkeiten zu lösen, aber im Grunde tritt er mehr oder weniger auf der Stelle.
Im Jahr des PFERDES kommen Wohlstand und großes Glück auf das Pferd zu! Endlich kann es die Schwierigkeiten hinter sich lassen. Nach dem Horoskop ist Gutes in vielfacher Form angesagt: Beförderungen, Anerkennung und eine große finanzielle Glückssträhne. Weil das Jahr so hervorragend ist, sollte sich das Pferd davor hüten, bestehende Verbindungen zu seinen Partnern zu lösen oder allzu selbstsicher aufzutreten. Für Feng-Shui-Maßnahmen ist die Zeit günstig, denn alle diesbezüglichen Veränderungen werden Glück bringen.
Im Jahr des SCHAFS hält das Glück des Pferdes an. Eine größere Überseereise ist angesagt, die eine räumliche Veränderung über mehrere Jahre mit sich bringen könnte. Insgesamt gesehen ist es eine relativ ruhige Zeit ohne dramatische Probleme, wie sie das Vorjahr beherrschten. Gutes Feng Shui kann jetzt erfolgreich umgesetzt werden.

Das Jahr des AFFEN bringt dem Pferd eine weitere positive und günstige Phase mit allen Anzeichen für einen unerwarteten Glücksfall. Die finanziellen Chancen stehen ausgesprochen gut, und das Familienleben verläuft in ruhigen und harmonischen Bahnen. Es ist ein gutes Jahr zur Durchführung von Feng-Shui-Maßnahmen.

Das Jahr des HAHNS zeigt sich für das Pferd als eine moderate Phase; in der Familie herrscht Eintracht und Frieden, und auch am Arbeitsplatz gibt es keine größeren Probleme. Kleinere Störungen können zwar im Verlauf des Jahres auftreten, haben aber wenig Einfluß auf die Gesamtatmosphäre. Die Zeit ist gut zur Realisierung von Feng-Shui-Verbesserungen.

Im Jahr des HUNDES stehen die Geschicke für alle im Zeichen des Pferdes geborenen Studenten besonders gut, denn dies ist eine ausgesprochene Glücksperiode für Prüfungen, Stipendien oder akademische Auszeichnungen. Es gelingt dem Pferd, sich Respekt und Ansehen zu verschaffen. Alles in allem ist dies ein sehr gutes Jahr. Im Wohn- und Geschäftsbereich sollten in dieser Zeit eventuelle Feng-Shui-Veränderungen in bezug auf die Orientierung von Gebäuden durchgeführt werden, um damit der mißlichen Entwicklung des kommenden Jahres entgegenzuwirken.

Im Jahr des SCHWEINS sieht sich das Pferd gezwungen, wieder auf den Boden der Tatsachen hinabzusteigen, um hier mit Gegnern und feindseligen Kräften zu ringen. Unerwartete Schwierigkeiten und Hindernisse bringen zwangsläufig Veränderungen mit sich und verursachen Rückschläge in den Plänen. Es ist insgesamt ein stürmisches Jahr für das Pferd und sicherlich nicht der Zeitpunkt für neue Auftragsabschlüsse oder Investitionen.

Das Schaf

Das Schaf (manchmal auch Ziege genannt) ist das achte Tier im chinesischen Zodiak und gilt als NEGATIVES Zeichen. Bezüglich der Richtung symbolisiert es den SÜDSÜDWESTEN und jahreszeitlich den Juli im SOMMER. Folgende Jahre stehen unter dem Zeichen des Schafs:

- 01. 02. 1919 bis 19. 02. 1920
- 17. 02. 1931 bis 05. 02. 1932
- 05. 02. 1943 bis 24. 02. 1944
- 24. 01. 1955 bis 11. 02. 1956
- 09. 02. 1967 bis 29. 01. 1968
- 28. 01. 1979 bis 15. 02. 1980
- 15. 02. 1991 bis 03. 02. 1992
- 01. 02. 2003 bis 21. 01. 2004

羊

Das Jahr des Schafs verläuft ruhig und im allgemeinen ohne Zwischenfälle. Das Tempo verlangsamt sich ein wenig nach den vorangegangenen stürmischen Zeiten, die unter der Regentschaft des Pferdes standen. Das Augenmerk richtet sich nun im wesentlichen auf die Familie. Beruf und Geschäft treten eher in den Hintergrund, weil das Schaf seine ganze Aufmerksamkeit den künstlerischen und kulturellen Aktivitäten zuwendet und diese zum Erblühen zu bringen sucht. In dieser Zeit werden die großen Vorzüge von Harmonie und Stille wiederentdeckt.

Das Jahr bringt weder Konfrontationen noch Konflikte. Versöhnliche und vermittelnde Gedanken stehen jetzt im Vordergrund. Es ist eine Zeit friedlichen Schaffens und geruhsamer Innenschau.

Die im Jahr der Schafs Geborenen sind im allgemeinen sanftmütig, freundlich und ehrlich. Das Schaf gilt als das weiblichste unter den zwölf Tierzeichen schlechthin; deshalb besitzen die in diesem Zeichen Geborenen in der Regel mehr von den üblicherweise als typisch feminin eingestuften Eigenschaften, darunter auch eine Tendenz zur Sentimentalität und Emotionalität. Schafe bleiben lieber daheim als auszugehen, geben im Kampf lieber nach und mißbilligen revoluzzerhaftes oder aufmüpfiges Verhalten. Sie entwickeln eine gewisse Neigung zur Negativität, lieben aber alles Schöne und Kreative. Das Schaf zieht im allgemeinen die Freizeit der Arbeit vor.

Im Zeichen des Schafs Geborenen geht es gut in den Jahren der Ratte, der Schlange, des Pferdes, des Affen und des Hahns. Mit Sorgen erfüllte Zeiten stehen ihnen bevor in den Jahren des Ochsen, des Schafs und des Hundes.

Wie sich die Geschicke des Schafs im Zyklus der zwölf Mondjahre entwickeln, verrät der nachfolgende Abriß:

Im Jahr der RATTE meint das Schicksal es mehr als gut mit dem Schaf und überschüttet es geradezu mit spekulativem Glück in Form von Gewinnen in der Lotterie, beim Spiel und sogar aus Anlagen in risikoreichen Geschäften. Viele solide geschäftliche Chancen bieten sich nun, und im weiten Feld der Liebe und Romantik hängt ebenfalls der Himmel voller Geigen. Insgesamt ist dies ein recht ereignisreiches Jahr und besonders günstig zur Realisierung von Feng-Shui-Maßnahmen.

Im Jahr des OCHSEN muß das Schaf achtsam sein, weil sich eine sorgenvolle Zeit mit viel Streit und Auseinandersetzungen ankündigt. Es ist überhaupt ein ausgesprochenes Unglücksjahr, denn das ganze Glück im Spiel, das dem Schaf im Vorjahr zuteil wurde, scheint verflogen. Ernsthafte finanzielle Probleme sind jetzt an der Tagesordnung. Am besten verhält sich das Schaf ruhig und abwartend.

Im Jahr des TIGERS muß das Schaf mit tiefgreifenden familiären Schwierigkeiten und Konflikten in der Verwandtschaft fertig werden, insbesondere im Zusammenhang mit Erbschaftsangelegenheiten. Widerstand und streitsüchtiges Gefeilsche charakterisieren das Szenario und machen dem Schaf das Leben nicht einfach. Doch am Arbeitsplatz und im Beruf gibt es zumindest keine Reibungspunkte. Alle in diesem Jahr durchgeführten Feng-Shui-Maßnahmen erweisen sich als vorteilhaft.
Im Jahr des HASEN könnten auf das Schaf Rückschläge und erneute Probleme in Familienangelegenheiten zukommen. Die Angehörigen bereiten ihm eine Menge Schwierigkeiten. Dennoch darf diese Periode nicht unbedingt als schlecht betrachtet werden. Gegen Jahresende lösen sich nämlich die widrigen Umstände von selbst auf, und das Schaf kann seine Probleme auf positive Art und Weise beilegen. In diesem Jahr können Feng-Shui-Maßnahmen besonders gut im privaten Wohnbereich durchgeführt werden.
Im Jahr des DRACHEN kann sich das Schaf von den Problemen der beiden Vorjahre erholen und wieder etwas zur Ruhe kommen. Das Ausmaß der Konfrontationen reduziert sich beträchtlich, doch der finanzielle Erfolg ist nur mittelmäßig. Das Schaf muß sich nun ruhig verhalten und sein Augenmerk ausschließlich auf die Wiederherstellung von Frieden und Harmonie lenken. Das Jahr eignet sich nicht zur Realisierung von Feng-Shui-Maßnahmen oder zur Durchführung von Renovierungen, weil diese Zeit größere Veränderungen nicht begünstigt.
Im Jahr der SCHLANGE gewinnt das Schaf einen Großteil seiner eingebüßten Kraft und seines Selbstvertrauens zurück. Dies ist eine günstige Zeit, um alles Verlorene der vorangegangenen Jahre wieder zurückzubekommen – und sogar noch einiges mehr! Ehren und Auszeichnungen, Macht und Prestige sowie hohe Positionen rücken während dieser Phase in greif-

bare Nähe. Schlechte Nachrichten oder Rückschläge erweisen sich generell als vorübergehende Erscheinungen. Das Jahr ist hervorragend geeignet, um Feng-Shui-Maßnahmen durchzuführen, denn sie werden sich günstig auswirken.

Im Jahr des PFERDES hält das Glück des Schafs an. Eine freundliche und heitere Zeit ist angebrochen, in der keine größeren Mißgeschicke passieren. Finanzieller und geschäftlicher Erfolg stellen sich ein. Alle Probleme, die dem Schaf in der Vergangenheit zusetzten, lösen sich jetzt in Wohlgefallen auf. Man kann von einer wahrhaft guten Zeit sprechen, und Feng-Shui-Maßnahmen in den eigenen vier Wänden oder im geschäftlichen Umfeld werden sich als vorteilhaft erweisen.

Das Jahr des SCHAFS bringt dem Schaf selbst eine mäßig glückliche Zeit. Sie ist zwar nicht so ergiebig wie die beiden vorangegangenen Jahre, doch jetzt kann sich das Schaf wieder wachsender Beliebtheit und an einem erfüllten gesellschaftlichen Leben erfreuen. Geschäftliche Unternehmungen hingegen können jetzt nicht gelingen, und alle Erwartungen müssen zurückgeschraubt werden. Feng-Shui-Veränderungen können in dieser Zeit in Angriff genommen werden.

Im Jahr des AFFEN zieht das Schaf wiederum das Glück an. Die Chancen auf Beförderung und Weiterkommen stehen ausgezeichnet. Unternehmungen zahlen sich aus, und Investitionen tragen ihre Früchte. Eine Vielzahl von positiven Entwicklungen hält das Jahr im weiteren Verlauf bereit. Es ist auch eine gute Zeit zur Realisierung von Feng-Shui-Maßnahmen in den eigenen vier Wänden und im geschäftlichen Umfeld, um das Glück auf diese Weise noch zu steigern.

Im Jahr des HAHNS gehen die Glücksjahre des Schafs langsam zu Ende. Jetzt tauchen wieder neue Konflikte und Auseinandersetzungen am Horizont auf, und auch um die Finanzen ist es weniger gut bestellt. Gegner treten auf den Plan, und Vorsicht ist jetzt generell angezeigt. Gesellschaftlich büßt das Schaf nichts von seiner Popularität ein, doch schlägt es einmal über die Stränge, so kommt ihm das teuer zu stehen. Dies ist keine gute Zeit für Feng-Shui-Maßnahmen.

Im Jahr des HUNDES muß das Schaf einige größere Rückschläge hinnehmen. Ein Schuldenberg türmt sich auf. Familiäre Probleme sind mehr als bedrückend. Bei Investitionen zeichnen sich Probleme ab, ebenso wie geschäftlich auf fast allen Ebenen. Sowohl am Arbeitsplatz als auch in der Familie manifestiert sich das schlechte Omen dieses Jahres. Auch gesundheitlich geht es dem Schaf nicht besonders gut, und Renovierungen sollten in dieser Zeit möglichst nicht in Angriff genommen werden.

Im Jahr des SCHWEINS durchlebt das Schaf ebenfalls schlimme Zeiten. Mißtrauen und Uneinigkeit bestimmen weiterhin das Leben. Sowohl Freunde als auch Geschäftspartner ebenso wie Mitarbeiter und Vorgesetzte zeigen sich eher unkooperativ. Das Familienleben steht unter keinem glücklichen Stern. Nur die Finanzen scheinen sich etwas zum Besseren zu entwickeln. Dies ist keine gute Zeit für Feng-Shui-Maßnahmen.

Der Affe

Der Affe ist das neunte Tier im chinesischen Zodiak und gilt als POSITIVES Zeichen. Bezüglich der Richtung symbolisiert er den WESTSÜDWESTEN und jahreszeitlich den SOMMER und darin den August als Monat. Folgende Jahre fallen unter das Zeichen des Affen:

- 20. 02. 1920 bis 07. 02. 1921
- 06. 02. 1932 bis 25. 01. 1933
- 25. 01. 1944 bis 12. 02. 1945
- 12. 02. 1956 bis 30. 01. 1957
- 30. 01. 1968 bis 16. 02. 1969
- 16. 02. 1980 bis 04. 02. 1981
- 04. 02. 1992 bis 22. 01. 1993
- 22. 01. 2004 bis 08. 02. 2005

猴

Das Jahr des Affen steht unter einem glücklichen und überaus kreativen Stern; es ist mit viel Spaß und Spiel gewürzt. Unmöglich erscheinende Unternehmungen laufen nun reibungslos an. In der Geschäfts- und Hochfinanzwelt werden vermehrt Fusionen und Firmenübernahmen registriert. Aber auch einige Skandale fliegen auf!

In China symbolisiert der Affe die Schlauheit und Wendigkeit, die Intelligenz und Kreativität. In den unter seinem Zeichen stehenden Jahren wächst generell die Zahl der raffinierten Geschäftsabschlüsse und geschickt gesteuerten, gewinnbringenden Aktivitäten. Der im Zeichen des Affen Geborene strahlt Optimismus und gesundes Selbstvertrauen aus; er läßt sich von dem Gedanken leiten, daß nichts unmöglich ist. Wagemut und Draufgängertum beherrschen das Szenario, und eine Welle stürmischer Expansionen charakterisiert den Verlauf des Jahres. Riskante und spekulative Unternehmungen stehen gerade jetzt hoch im Kurs. Wer flink, geistesgegenwärtig und schlagfertig ist, ist jetzt in seinem Element.

Im Jahr des Affen Geborene sind charmant und ideenreich. Sie gelten als aufgeweckt, genial, schlau, anpassungsfähig und einfallsreich. Der Affe ist insgesamt eine sehr positive Persönlichkeit, wenn auch ein bißchen arrogant und sich seiner eigenen Wichtigkeit manchmal allzu bewußt. In ihm wohnt ein äußerst erfinderischer Geist, und er sprüht nur so vor Energie. Von seiner Wesensart her ist er lebhaft und strahlend, äußerst unterhaltsam und amüsant; doch man hüte sich davor, ihn zu unterschätzen!

Den im Zeichen des Affen Geborenen geht es für gewöhnlich gut in den Jahren der Ratte, des Hasen, des Drachen, des Affen und des Hahns. Schwere Zeiten kommen auf sie zu in den Jahren des Tigers, des Hundes und des Schweins.

Wie sich die Geschicke des Affen in den einzelnen Jahren entwickeln, verrät der nachfolgende Abriß:

Das Jahr der RATTE steht für den Affen unter einem günstigen Stern. Es wird viel gefeiert, denn das Geld läßt sich leicht verdienen. Für Expansionen und die Durchsetzung von Interessen bei anderen stehen die Zeichen phantastisch gut, weil in diesem Jahr eigentlich so gut wie gar nichts schiefgehen kann. Nur kleinere Probleme treten auf, die sich jedoch leicht lösen lassen. Der Affe erfreut sich wachsender Beliebtheit. Dies ist eine exzellente Zeit für Hochzeiten, Geburten und die Durchführung von Feng-Shui-Maßnahmen.

Das Jahr des OCHSEN folgt einem gemächlicheren Tempo, was die Pläne und Ambitionen des Affen ein wenig behindert. Seine Geschicke stehen aber dennoch gut, wenn auch nicht ganz so hervorragend wie im Vorjahr. Die Fortschritte sind jetzt weniger rasant. Es könnten sogar Verluste und unangenehme gesundheitliche Störungen oder Krankheiten auftreten. Zur Durchführung von Feng-Shui-Veränderungen ist dies eine gute Zeit, besonders von Defensivmaßnahmen, um sich gegen das Unglück des kommenden Jahres zu wappnen.

Das Jahr des TIGERS bedeutet für den Affen eine völlig unkalkulierbare Phase. Allgemein steht sie unter einem schlechten Stern für ihn, und die meisten astrologischen Fachbücher sprechen hier von einer Zeit, in der der Affe seinen Feinden erliegen könnte. Zweifellos ein Jahr der Schwäche und Verletzlichkeit, in dem auch wirklich alles, was schiefgehen kann, schiefgeht. Am besten ist es, abzuwarten und sich passiv zu verhalten.

Im Jahr des HASEN bessern sich die Geschicke des Affen erheblich. Dem traumatischen Vorjahr entkommen, findet er wieder Beistand und viele hilfreiche Menschen an seiner Seite. Selbst wenn sich keine spektakulären Fortschritte am Arbeitsplatz oder im Geschäft abzeichnen, ist doch eine deutliche Besserung seiner Lage gegenüber dem Vorjahr erkennbar. Am häuslichen Herd verläuft alles reibungslos. Dies ist eine gute Zeit zur Realisierung von Feng-Shui-Maßnahmen.

Im Jahr des DRACHEN genießt der Affe in seinen eigenen Reihen Prestige und Anerkennung; er kann sich in seinem unmittelbaren Umfeld Autorität verschaffen. Doch trotz des offensichtlichen Statusgewinns ist dies nicht unbedingt ein ruhiges Jahr für ihn. Zwischenmenschliche Beziehungen bereiten ihm ebenso Sorgen wie zu hohe Ausgaben. Expansionspläne sollten in dieser Zeit besser nicht intensiv vorangetrieben werden. Eventuelle Feng-Shui-Maßnahmen erweisen sich allerdings als vorteilhaft.

Im Jahr der SCHLANGE wird den Ambitionen des Affen willkommene Hilfe und der Beistand von Fürsprechern und mächtigen Förderern zuteil. Es ist ein exzellentes Jahr für Geschäftserweiterungen, denn jetzt lassen sich solche Pläne reibungslos verwirklichen. Nur im familiären Kreis könnten Unannehmlichkeiten aufgrund von Meinungsverschiedenheiten auftreten. Für Feng-Shui-Veränderungen stehen die Zeichen dieses Jahres positiv.

Im Jahr des PFERDES muß der Affe seine fünf Sinne zusammenhalten und viel diplomatisches Geschick an den Tag legen, wenn er sich aus der verzwickten Lage, in die er sich in diesem Jahr hineinmanövriert hat, herauslavieren will. Alles in allem ist es dennoch ein glückbringendes Jahr, das so gut wie keine größeren Krisen heraufbeschwört, die künftigen Erfolgen im Weg stehen könnten. Es ist auch eine gute Zeit zur Durchführung von Feng-Shui-Maßnahmen, denn diese werden sich als vorteilhaft erweisen.

Das Jahr des SCHAFS beschert dem Affen großes Glück in allen geschäftlichen Angelegenheiten und in seinem beruflichen Weiterkommen. Bewegte Zeiten mit viel Unterhaltung und gesellschaftlichem Leben sind angesagt. Es werden auch wieder mehr Reisen anfallen als sonst üblich. Doch Achtung: In dieser Zeit könnten auch unvorhergesehene Rückschläge und Komplikationen eintreten, die von skrupellosen oder unehrlichen Menschen angezettelt wurden. Für Feng-Shui-Maßnahmen ist dies ein gutes Jahr.

Im Jahr des AFFEN fährt der im Zeichen des Affen Geborene große finanzielle Gewinne ein. Es ist ein ausgesprochen gutes Jahr, das viel Glück und Zufriedenheit sowie beständigen Fortschritt beschert. Der Affe steckt voller Energie und Tatkraft, und alle Projekte laufen ohne Zwischenfälle ab. Zweifelsohne ein gutes Jahr zur Realisierung von Feng-Shui-Maßnahmen, denn diese werden sich durchweg positiv auswirken.

Im Jahr des HAHNS hält das Glück des Affen an. Der finanzielle Erfolg bleibt ihm weiter treu, und hilfreiche Menschen stehen ihm immer noch zur Seite. In der Partnerschaft und im Liebesleben gibt es allerdings einige Probleme. Gleichzeitig muß der Affe mit einem gewissen Maß an Widerstand von anderen rechnen, was ihm Zwietracht und Konflikte beschert. Es ist ratsam, in dieser Zeit Feng-Shui-Maßnahmen defensiver Art durchzuführen, um sich gegen die nächsten zwei Jahre zu wappnen.

Im Jahr des HUNDES wendet sich das Schicksal des Affen zum Schlechteren. Gewisse finanzielle Verluste müssen nun hingenommen werden, und Investitionen erweisen sich meist als Fehlschläge. Auch Freunde wenden sich in dieser Zeit ab, getreu dem Motto »Freunde in der Not, tausend auf ein Lot«. Die Enttäuschungen häufen sich, und am besten verhält man sich in dieser Zeit passiv und abwartend. Sie ist nicht geeignet, um Feng-Shui-Maßnahmen durchzuführen. Der Affe sollte insgesamt sehr vorsichtig taktieren und achtsam sein!

Das Jahr des SCHWEINS bringt für den Affen noch nicht das Ende der Schwierigkeiten. Gerichtsprozesse und Finanzprobleme setzen ihm zu, auch sein Gesundheitszustand verschlechtert sich. Es ist ein ausgesprochen negatives Jahr für den im Zeichen des Affen Geborenen. Er muß Demütigungen und Niederlagen hinnehmen und kann praktisch niemandem mehr trauen. Alle Partnerschaften und geschäftlichen Zusammenschlüsse sind in Gefahr. Der Affe ist gut beraten, sich jetzt in Geduld zu üben.

Der Hahn

Der Hahn ist das zehnte Tier im chinesischen Zodiak und gilt als NEGATIVES Zeichen. Bezüglich der Richtung symbolisiert er den WESTEN und jahreszeitlich den HERBST im September.

Folgende Jahre fallen unter das Zeichen des Hahns:

- 08. 02. 1921 bis 27. 01. 1922
- 26. 01. 1933 bis 13. 02. 1934
- 13. 02. 1945 bis 01. 02. 1946
- 31. 01. 1957 bis 17. 02. 1958
- 17. 02. 1969 bis 05. 02. 1970
- 05. 02. 1981 bis 24. 01. 1982
- 23. 01. 1993 bis 09. 02. 1994
- 09. 02. 2005 bis 28. 02. 2006

雞

Das Jahr des Hahns verläuft im allgemeinen ebenso positiv wie das des Affen, doch es mangelt an seiner Kreativität und Findigkeit. In den unter der Regentschaft dieses Zeichens stehenden Zeiten kann es in Produktions- oder Gewerbebetrieben vermehrt zu ärgerlichen Komplikationen kommen, die sich noch dadurch verschlimmern, daß unnötig viel Lärm um sie gemacht wird. Meist entpuppt sich das Geschrei als Sturm im Wasserglas, und es gibt mehr leere Versprechungen als echte Erfolge oder gute Ideen. Die Konfrontationen haben jedoch für gewöhnlich keinen ernsthaften Charakter, und Streitigkeiten können normalerweise wieder beigelegt werden. Nahezu alle gesellschaftlichen Ereignisse des Jahres sind von Glanz und Glorie geprägt, doch greifbare Ergebnisse fehlen.

Das Jahr des Hahns gilt dennoch allgemein als Zeit des Aufschwungs, in der sich das Schicksal für viele Menschen für ge-

wöhnlich zum Besseren wendet. Den in seinem Zeichen stehenden Jahren wird zugeschrieben, daß sie genug Nahrung und Unterhalt für jeden bereithalten.
Unter dem Zeichen des Hahns Geborene sind in der Regel stolz und arrogant. Stets sind sie von einem Hauch von Würde umgeben, der sie als etwas Unverwechselbares erscheinen läßt. Der Hahn besitzt eine ganze Reihe von Eigenschaften, die mit Effizienz und Leistung verbunden sind. Viele unter dem Einfluß dieses Zeichens stehende Menschen sind auserkoren, diese außergewöhnlichen Fähigkeiten im Leben besonders zu entfalten.
Der Hahn kann auch gut mit Geld umgehen und wirtschaftlich haushalten; im allgemeinen ist er loyal und vertrauenswürdig. Er zählt zu den besten Geschäftspartnern, die man sich wünschen kann, aber er braucht viel Lob und reagiert allergisch auf jede Art von Kritik.
Am besten geht es dem Hahn in den Jahren des Tigers, des Drachen, der Schlange, des Schafs, des Hahns und des Hundes. Auf harte Zeiten und so manche Widrigkeit muß er sich in den Jahren der Ratte und des Pferdes einstellen.
Wie sich die Geschicke des Hahns in den einzelnen Jahren entwickeln, verrät der folgende Abriß:
Im Jahr der RATTE muß der Hahn mit starkem finanziellem Druck aufgrund von unvorhergesehenen Verpflichtungen rechnen. Auch bezüglich Gesundheit und Familie zeichnen sich Störungen und Querelen ab. Von Freunden und Kollegen kann der im Zeichen des Hahns Geborene nun keine Hilfe erwarten. Insgesamt ist es eine Zeit voller Prüfungen, die die Durchführung von Feng-Shui-Maßnahmen nicht gerade begünstigt.
Im Jahr des OCHSEN gelingt es dem Hahn, den im vorangegangenen Jahr verlorenen Boden wieder wettzumachen. Von außen wird ihm Hilfe zuteil, und die Finanzlage bessert sich. Was die

Gesundheit anbelangt, so weist das Jahreshoroskop auf eine irgendwie geartete Operation oder einen Blutverlust hin. Alles in allem kann diese Zeit dennoch als relativ gut angesehen werden. Feng-Shui-Maßnahmen erweisen sich als vorteilhaft.

Im Jahr des TIGERS durchlebt der Hahn eine aufregende Zeit mit ziemlich viel Glück in finanziellen Angelegenheiten und üppigen Renditen bei geschäftlichen Investitionen. Der überaus günstige Verlauf dieses Jahres bewirkt, daß sich unablässig neue Chancen auftun. Dennoch ist der Hahn gut beraten, nicht allzu leichtsinnig zu werden. Alle in dieser Zeit im privaten Wohnumfeld durchgeführten Feng-Shui-Maßnahmen erweisen sich als vorteilhaft.

Im Jahr des HASEN sollte der Hahn nicht übertrieben ehrgeizig und allzu vertrauensselig sein oder sich gar an spekulativen Transaktionen beteiligen. Dies ist zwar keine ausgesprochen schlechte Zeit für ihn, aber das Glück fließt nur spärlich, so daß er besser beraten ist, eine abwartende Haltung einzunehmen.

Im Jahr des DRACHEN winkt dem Hahn eine gewaltige Glückssträhne. Er steht im Rampenlicht des Erfolgs, und alle Scheinwerfer sind auf seine Errungenschaften und Fähigkeiten gerichtet. In diesen Zeiten wird ihm Macht und Autorität förmlich aufgedrängt. Zur Durchführung von Feng-Shui-Maßnahmen im privaten oder geschäftlichen Umfeld ist dies zweifelsohne ein phantastisches Jahr.

Im Jahr der SCHLANGE hält das Glück des Hahns an. Nun kann er die Früchte aus den Leistungen des Vorjahres ernten. Eine Konsolidierung im positiven Sinne zeichnet sich ab. Auch diese Zeit ist wiederum hervorragend geeignet, um Feng-Shui-Veränderungen vorzunehmen.

Im Jahr des PFERDES reißt die Glückssträhne des Hahns vorübergehend ab. Eine schwierige Phase setzt ein. Viele Steine werden ihm in den Weg gelegt, und zahlreiche Konflikte bahnen sich an. Was er auch anfängt – alles scheint schiefzulaufen, so daß er sich ständig auf eine veränderte Lage einstellen und neu kalkulieren muß. Auch in Beziehungsangelegenheiten ist keine gute Phase angesagt. Es kommt zu Streit und Auseinandersetzungen mit geliebten Menschen und auch mit Kollegen oder Mitarbeitern im Büro. Im schlimmsten Fall kann es passieren, daß der Hahn den Machenschaften skrupelloser Menschen erliegt. Er muß also sehr vorsichtig und wachsam sein!

Im Jahr des SCHAFS steht der Hahn unter dem Protektorat mächtiger und einflußreicher Leute. Die meisten Probleme der vergangenen zwölf Monate sind überstanden oder haben sich in Luft aufgelöst. Nun bleibt ihm sogar Zeit, sich um häusliche Angelegenheiten zu kümmern oder sich Muße zu gönnen. Es ist ein ausgezeichnetes Jahr, um das Feng Shui im privaten Wohnumfeld oder geschäftlichen Bereich zu überprüfen.

Im Jahr des AFFEN wird der Hahn mit finanziellen Schwierigkeiten konfrontiert, die zwar unangenehm und ärgerlich, aber nicht existentiell bedrohlich sind. Im nachhinein zeigt sich, daß die Dinge gar nicht so schlecht standen, wie sie anfangs erschienen. Mißverständnisse im zwischenmenschlichen Bereich könnten den Hahn unglücklich machen, und in der Familie kann es ebenfalls zu Problemen kommen. Im großen und ganzen stehen die Geschicke für den Hahn bestenfalls mäßig gut in dieser Zeit. Dennoch begünstigt sie die Realisierung von Feng-Shui-Maßnahmen.

Im Jahr des HAHNS erfährt der im Zeichen des Hahns Geborene eine spektakuläre Neubelebung seiner Persönlichkeit. Seine Geschicke wenden sich nun ganz entschieden zum Guten. Äußerst mächtige und einflußreiche Menschen treten in Erscheinung und nehmen direkten Einfluß, um seine geschäftlichen Pläne zu unterstützen und seinem Weiterkommen nach-

zuhelfen. Deshalb gilt dies als ein exzellentes Jahr, das auch die Durchführung von Feng-Shui-Maßnahmen im privaten Wohnumfeld begünstigt.
Im Jahr des HUNDES ist der Hahn vom Horoskop her erneut hervorragend gestellt. Alles, was er in den zurückliegenden Jahren verloren hat, wird er jetzt wiedererlangen. Es ist ein sehr gutes Jahr, bereits begonnene Projekte zu konsolidieren und weiter zu verfolgen. Die Popularität des im Zeichen des Hahns Geborenen befindet sich im Aufwind. Die Geschäfte laufen gut, nur im privaten Bereich gibt es einige Enttäuschungen. Dies ist eine gute Zeit für Feng-Shui-Maßnahmen.
Im Jahr des SCHWEINS könnte der Hahn leicht in Depressionen verfallen oder sich große Sorgen machen. Womöglich kommt es zu einem Vertrauensbruch durch enge Freunde oder Partner, und auch gewisse persönliche Enttäuschungen lassen sich nicht vermeiden. Dies ist keine gute Zeit, um das Feng Shui im eigenen Haus oder im Geschäft zu verändern. Damit sollte der Hahn besser noch ein paar Jahre warten.

Der Hund

Der Hund ist das elfte Tier im chinesischen Zodiak. Bezüglich der Richtung symbolisiert er den WESTNORDWESTEN, jahreszeitlich den HERBST und den Monat September. Es ist ein POSITIVES Zeichen.

Die Jahre des Hundes sind folgende Zeiträume:

- 28. 01. 1922 bis 15. 02. 1923
- 14. 02. 1934 bis 03. 02. 1935
- 02. 02. 1946 bis 21. 01. 1947

- 18. 02. 1958 bis 07. 02. 1959
- 06. 02. 1970 bis 26. 01. 1971
- 25. 01. 1982 bis 12. 02. 1983
- 10. 02. 1994 bis 30. 01. 1995
- 29. 02. 2006 bis 17. 01. 2007

狗

Im Jahr des Hundes ist das Schicksal wechselhaft, gute und schlechte Nachrichten halten sich die Waage. Nach dem chinesischen Zodiak symbolisiert der Hund Ehrlichkeit und Treue, Fairneß und Gerechtigkeit. Die hohen Tugenden des Patriotismus und der Loyalität verschaffen sich nun überall Gehör. Aber es ist auch eine Zeit, in der Entschlossenheit und Dickköpfigkeit willensstarker Menschen den Alltag regieren. Energisch auftretende Diktatoren haben nun im allgemeinen mehr Erfolg bei der Durchsetzung ihrer Ziele.

Das Jahr des Hundes könnte von Konfrontationen und Konflikten sowie Chaos und Aufständen geprägt sein. Der Blick in die Zukunft erscheint für so manchen trostlos, denn mühselige und schwere Zeiten stehen bevor. Eine Fülle von Kummer und Sorgen plagt den im Zeichen des Hundes Geborenen, und in der Partnerschaft sowie zwischen den Nationen reißen die Auseinandersetzungen nicht ab. Trotz all dieser Unannehmlichkeiten gilt diese Phase nicht unbedingt als instabil, weil der Hund auch ein Symbol für Ausgewogenheit und Harmonie ist. Die im Jahr des Hundes Geborenen sind im allgemeinen beständig und zuverlässig. Sie schließen wahre Freundschaften und sind für ihre Loyalität und Aufrichtigkeit bekannt. Der Hund ist direkt und offen, neigt allerdings dazu, die Welt aus einem sehr engen Blickwinkel heraus zu betrachten und alle Dinge gewissermaßen in Schubladen einzuordnen, wobei wenig Spielraum für Flexibilität und für die Grautöne zwischen Weiß und Schwarz übrigbleibt. Das manifestiert sich manchmal in einer recht dogmatischen Grundhaltung, die bisweilen an Dickköpfigkeit grenzt. Im Zeichen des Hundes Geborene sind immer und ewig Pessimisten. Sie können zwar viel Charme und Wärme ausstrahlen, doch in der Arbeitswelt geben sie sich generell kalt und gefühllos.

Sie sind diejenigen im Zodiak, die alles anzweifeln und in Frage stellen; und so dauert es relativ lange, bis sie sich auf Bindungen einlassen. Ist ihr Vertrauen jedoch einmal gewonnen, dann hat man in ihnen einen Freund fürs Leben gefunden.

Den im Zeichen des Hundes Geborenen geht es hervorragend in den Jahren der Ratte, des Tigers, der Schlange, des Pferdes und des Hundes. Auf Schwierigkeiten stoßen sie in den Jahren des Drachen und des Hahns; dann stehen harte Zeiten ins Haus.

Was das Glück in dem Zwölfjahreszyklus im einzelnen in petto hat, verrät der nachfolgende Abriß:

Im Jahr der RATTE hat der Hund Erfolg in geschäftlichen Angelegenheiten; Kapitalanlagen bringen nun satte Gewinne. Dies ist eine gute Zeit zur Durchführung von Feng-Shui-Maßnahmen im Wohnumfeld oder im geschäftlichen Bereich, denn alle Veränderungen, die darauf abzielen, das Glück zu mehren, sind jetzt besonders begünstigt.

Im Jahr des OCHSEN muß sich der Hund schwierigen Entscheidungen stellen. Im Freundes- und Kollegenkreis treten Mißverständnisse auf. Die guten Absichten des Hundes werden weder erkannt noch gewürdigt. Jetzt sollte er sich besser ruhig und abwartend verhalten und keineswegs den Versuch unternehmen, in potentiell explosiven Situationen vermittelnd oder beschwichtigend einzugreifen, denn der Zeitpunkt ist für eine gütliche Beilegung von Konflikten ungünstig. Auch Feng-Shui-Veränderungen sind jetzt nicht angezeigt.

Im Jahr des TIGERS verringern sich die persönlichen Beziehungsprobleme, mit denen sich der Hund im Vorjahr konfrontiert sah.

Das Konfliktpotential sinkt. In der Familie treten zwar immer noch einige Schwierigkeiten auf, doch diese lösen sich gegen Ende des laufenden Jahres auf. Alle in dieser Zeit durchgeführten Feng-Shui-Maßnahmen erweisen sich als vorteilhaft.
Das Jahr des HASEN bringt eine jähe Wende für die Geschicke des Hundes: Geschäft und Handel erblühen, und in finanziellen und partnerschaftlichen Angelegenheiten winkt das Glück erneut. Fortschritt und allgemeiner Aufschwung sind überall spürbar, und die Probleme halten sich in Grenzen. Eine gute Zeit zur Durchführung von Feng-Shui-Maßnahmen, insbesondere wenn sie zum Schutz gegen »Giftpfeile« – also defensiv – angelegt sind; sie erweisen sich nämlich später als sehr vorteilhaft.
Im Jahr des DRACHEN hat der Hund allerhand Mißgeschicke und Widrigkeiten zu bewältigen. Dies ist eine schwierige und aufreibende Zeit, die unter Umständen mit Geld-, Gesichts- oder auch Stellungsverlusten einhergeht. Das Horoskop des Hundes kündigt das Auftreten gefährlicher Gegner an. Es empfiehlt sich, gelassen und passiv zu bleiben.
Im Jahr der SCHLANGE wendet sich das Glücksblatt erneut, es geht wieder aufwärts für den Hund. Alle Probleme des Vorjahres werden zufriedenstellend gelöst. Welch ein Jahr! Von mächtigen Leuten bekommt der Hund nun Unterstützung; das finanzielle Glück und der materielle Erfolg winken ihm erneut. Diese Zeit begünstigt die Durchführung etwaiger Feng-Shui-Maßnahmen, um so von der Glückssträhne des Jahres in die Zukunft hinein zu profitieren.
Im Jahr des PFERDES setzt sich die glückbringende Phase fort. Dies ist eine Zeit der Expansion und Entwicklung, in der überall Fortschritte verzeichnet werden. Für den Hund ist dies wohl das beste Jahr im gesamten Zyklus, und er wäre gut beraten, wenn er das Optimale daraus machen würde. Belanglose Probleme

sollte er jetzt besser zur Seite schieben und sich statt dessen auf eine Konsolidierung und Mehrung der in dem Jahr zu erwirtschaftenden Gewinne konzentrieren. Mögliche Feng-Shui-Maßnahmen werden sich als vorteilhaft erweisen.
Im Jahr des SCHAFS wird die Zuversicht des Hundes durch plötzlich auftretende Rückschläge erschüttert. Trotzdem ist es ein relativ gutes Jahr, wenn sich auch das spektakuläre Glück des Vorjahres nicht fortsetzt. Alles in allem ist dies keine ungünstige Zeit, denn Verluste lassen sich vermeiden und Probleme lösen.
Im Jahr des AFFEN tritt der Hund in eine relativ ruhige Phase ein. Alles verläuft reibungslos und zufriedenstellend. Außergewöhnliches Glück ist zwar nicht angesagt, aber auch kein ausgesprochenes Unglück. Das Familienleben verläuft in glücklichen und geordneten Bahnen. Dies ist ein ausgezeichnetes Jahr zur Realisierung von Feng-Shui-Maßnahmen.
Im Jahr des HAHNS muß sich der Hund mit Problemen emotionaler Natur auseinandersetzen. Es könnte zu schwerwiegenden Konflikten mit Freunden und Kollegen kommen, gelegentlich sogar bis hin zu rechtlichen Auseinandersetzungen. Das zieht weitere Komplikationen nach sich und ufert womöglich in ernsthafte Schwierigkeiten aus. Das Jahr verheißt nur mäßiges Glück, und die in dieser Zeit erlittenen Verluste könnten sich auf Dauer bemerkbar machen.
Im Jahr des HUNDES steht der Hund unter dem Schutz seines eigenen Zeichens. Mit ein bißchen Glück kann er nun die Verluste des Vorjahres wettmachen. Doch wie dem auch sei, der Hund wird aus diesem Jahr gestärkt hervorgehen, weil er wertvolle Lektionen gelernt hat. Dies ist ein ungefährliches Jahr, aber kein großartiges! Geduld ist jetzt die wichtigste aller Tugenden! Wenn in dieser Zeit Feng-Shui-Maßnahmen realisiert werden, erweisen sie sich als vorteilhaft und wirkungsvoll.

Im Jahr des SCHWEINS genießt der Hund eine ruhige Zeit, in der er sich von den Schwierigkeiten der zurückliegenden Jahre erholen kann. Es gibt weder unerwartete größere Probleme noch sensationelle Erfolgsmeldungen. Am besten gönnt sich der Hund nun Erholung von vergangener Unbill und versucht, neue Freunde zu finden und wieder Kraft zu schöpfen. Alles in allem ist dies ein gutes Jahr zur Durchführung von Feng-Shui-Maßnahmen im Wohn- oder Geschäftsbereich.

Das Schwein

Das Schwein (beziehungsweise der Eber) ist das zwölfte Tier im chinesischen Zodiak und gilt als NEGATIVES Zeichen. Bezüglich der Richtung symbolisiert es den NORDNORDWESTEN und jahreszeitlich den HERBST und darin den November als Monat.

Folgende Jahre fallen unter das Zeichen des Schweins:

- 16. 02. 1923 bis 04. 02. 1924
- 04. 02. 1935 bis 23. 01. 1936
- 22. 01. 1947 bis 09. 02. 1948
- 08. 02. 1959 bis 27. 01. 1960
- 27. 01. 1971 bis 15. 01. 1972
- 13. 02. 1983 bis 01. 02. 1984
- 31. 01. 1995 bis 18. 02. 1996
- 18. 02. 2007 bis 06. 02. 2008

Das Jahr des Schweins steht unter dem Zeichen von Lebenslust und Fülle. In der Geschäftswelt winken üppige Abschlüsse und großartige Gewinnchancen; Industrie und Handel florie-

ren. Glückliche Zeiten sind jetzt für all jene im Zeichen des Schweins Geborenen angebrochen, die sich nicht auf die faule Haut legen, sondern ihre Pläne vorantreiben und aktiv tätig werden möchten.
Allenthalben macht sich ein Flair von Stil und Eleganz bis hin zur Extravaganz bemerkbar. Das gesellschaftliche Leben pulsiert, Partys werden gefeiert, Feste veranstaltet und die Freizeitaktivitäten stehen oft höher im Kurs als die Arbeit. Das Schwein läuft Gefahr, dabei leicht über die Stränge zu schlagen. Übermäßiger Hang zu Luxus könnte nämlich verheerende finanzielle Folgen nach sich ziehen und allzuviel Genuß zu Maßlosigkeit führen.
Im Zeichen des Schweins Geborene sind für gewöhnlich freundlich und unkompliziert. Sie betrachten die Welt aus einer eher oberflächlichen Sicht heraus und sehen sich selbst darin als joviale und sorglose Zeitgenossen, ohne die das Leben grau und farblos wäre. In der Regel sind sie äußerst gutmütig, liebenswürdig, mitfühlend und großzügig, aber auch ziemlich leichtfertig in ihrer Lebenseinstellung. Das Schwein liebt das Vergnügen und das süße Nichtstun! Es ist nicht von der fixen Idee besessen, große Vermögen und Reichtümer ansammeln zu müssen oder nach Macht und Prestige zu streben. Zweifellos ist dies das am wenigsten ehrgeizige Zeichen des Tierkreises.
Das chinesische Horoskop sagt dem Schwein ein Leben ohne große Zwischenfälle voraus. Sein Glück ist die meiste Zeit über mäßig. Es gibt kaum oder so gut wie keine hochdramatischen Ereignisse, wie sie im Alltag anderer lebhafterer Zeichen gang und gäbe sind. Dem Schwein geht es gut, und es genießt ausgesprochenes Glück in den Jahren des Ochsen, des Drachen und des Pferdes. Extrem schwere Zeiten brechen in den Jahren der Ratte, des Tigers und des Hundes an.

Wie sich seine Geschicke im Zyklus der zwölf Mondjahre entwickeln, verrät der nachfolgende Abriß:

Im Jahr der RATTE muß das Schwein ungewissen und problematischen Situationen ins Auge sehen. Ein mittelmäßiges Jahr, in dem sich Glück und Unglück die Waage halten. Es besteht eine Neigung zu Schwermut und Besorgnis, doch die Schwierigkeiten lassen sich in den Griff bekommen. Dies ist eine gute Zeit, um Feng-Shui-Maßnahmen durchzuführen, denn sie erweisen sich durchweg als segensreich.

Im Jahr des OCHSEN steht das Schwein unter einem besonders günstigen Stern. Jetzt kann es seiner Intuition und seinem eigenen Urteil folgen, denn geschäftliche Investitionen tragen schnelle und sichere Rendite. In finanziellen Angelegenheiten winkt dem Schwein besonders großes Glück, in Herzensangelegenheiten hingegen kann es zu schmerzlichen Rückschlägen kommen. Dies ist auf alle Fälle ein hervorragendes Jahr zur Realisierung von Feng-Shui-Maßnahmen.

Im Jahr des TIGERS muß das Schwein erneut mit Angriffen rechnen, und es steht oft ganz allein da. Ernsthafte finanzielle Probleme setzen ihm zu. Eine harte Zeit ist angesagt, in der das Schwein besonders auf der Hut sein muß, nicht allzu vertrauensselig gegenüber den Menschen zu sein, mit denen es zusammenarbeitet. Es kann sich nun nicht auf andere verlassen und ist ganz auf sich gestellt! Das ist eine schlechte Phase für eventuelle Feng-Shui-Veränderungen.

Im Jahr des HASEN gewinnt das Schwein langsam, wenn auch in bescheidenem Maß, an Boden. Aber es werden auch einige erwünschte Fortschritte erzielt! Zudem verspricht das Ende des Jahres gewisse finanzielle Erfolge. Das Familienleben verläuft glücklich und zufrieden. Dies ist eine gute Zeit, um Feng-Shui-Maßnahmen in den eigenen vier Wänden zu realisieren.

Im Jahr des DRACHEN verläuft der Alltag des Schweins in ausgeglichenen und glücklichen Bahnen. Mächtige und einflußreiche Freunde bieten jetzt ihren Beistand und ihre Hilfe an. Auch in der Öffentlichkeit stehen die Chancen auf Anerkennung und Ruhm nicht schlecht. Zwei oder drei kleinere Verluste müssen zwar hingenommen werden, aber sie beeinträchtigen keinesfalls das große Glück, das in diesem Jahr so deutlich spürbar wird. Dies ist eine exzellente Zeit zur Durchführung von Feng-Shui-Maßnahmen, denn sie erweisen sich allesamt als zuträglich und segensreich.
Im Jahr der SCHLANGE setzt sich das Glück des Schweins fort. Der positive Trend ist ungebrochen, allerdings geht es weitaus langsamer voran, und der Weg ist mit kleineren finanziellen Problemen gepflastert. Darüber hinaus sind einige Schwierigkeiten angesagt, die sich auf die familiäre Harmonie auswirken und für unangenehme Überraschungen sorgen. Es könnten auch traurige Nachrichten in bezug auf ein Mitglied der Familie eintreffen. Dies ist keine gute Zeit für Feng-Shui-Maßnahmen.
Im Jahr des PFERDES stehen die Geschicke des Schweins über alle Maßen gut. Spekulations- und Spielgewinne sind zwar nicht zu erwarten, doch im Geschäft und in den Finanzen sind generell keinerlei Probleme in Sicht. Allen Karrierebewußten bieten sich nun gute Aufstiegschancen, und bei entscheidenden Prüfungen oder Bewerbungsgesprächen können die im Zeichen des Schweins Geborenen mit positiven Ergebnissen rechnen. Für alle, die etwas Neues beginnen oder aufbauen möchten, stehen die Sterne in dieser Zeit besonders günstig, seien es neue Geschäftsbereiche, Arbeitsplätze oder Partnerschaften. Auch für Feng-Shui-Maßnahmen im privaten und geschäftlichen Umfeld ist dieses Jahr gleichermaßen exzellent.
Im Jahr des SCHAFS gerät das Schwein finanziell ein wenig unter Druck. In finanziellen Dingen ist ihm das Glück nicht wohl-

gesonnen. Was die Arbeit anbelangt, könnten jedoch Beförderungen und Aufstiegschancen winken. In solchen Zeiten wendet sich das Schwein besser der Planung und sorgfältigen Analyse von Gegebenheiten oder neuen Projekten zu, statt sich mit überstürzten Veränderungen zu befassen. Dies ist ein gutes Jahr, um das Feng Shui für sich zu entdecken!

Im Jahr des AFFEN verbessert sich die finanzielle Lage des Schweins nicht. Das Problem des übermäßigen Genusses ist noch nicht vom Tisch! Das Schwein sollte sich davor hüten, den Versuchungen »des schnellen Geldes« zu erliegen oder in spekulative hochriskante Anlagegeschäfte einzusteigen. In diesem Jahr ist generell mit Verschuldung zu rechnen.

Auch das Jahr des HAHNS bringt keine signifikante Besserung der Finanzen. In der Familie und im Beruf genießt das Schwein eine relativ ruhige Zeit, aber der Geldmangel macht sich überall als größeres Problem und ständiger Quell von Frustration bemerkbar. Dies ist kein schlechtes Jahr, um Feng-Shui-Maßnahmen im Wohnumfeld und geschäftlichen Bereich durchzuführen, denn sie erweisen sich allesamt als segensreich.

Im Jahr des HUNDES muß das Schwein abermals einer potentiell schwierigen Zeit ins Auge sehen. Von überall her und aus allen Bereichen des Lebens brechen Probleme herein: am Arbeitsplatz, im Büro, zu Hause und in den zwischenmenschlichen Beziehungen. Alles in allem ist dies ein Jahr voller Probleme und Enttäuschungen. Geduld ist nun die wichtigste Tugend. In diesem Jahr sollten die im Zeichen des Schweins Geborenen Feng-Shui-Veränderungen tunlichst unterlassen.

Im Jahr des SCHWEINS beginnt sich endlich das Blatt des Schicksals für das Schwein zu wenden. In finanziellen Angelegenheiten stabilisieren sich allmählich die Verhältnisse, und es werden Verbesserungen der Finanzlage erzielt. Kleinere Auseinandersetzungen finden zwar noch statt, aber im großen und ganzen hat sich das Glück gewandelt. Es stehen sogar einige positive Nachrichten ins Haus. Feng-Shui-Maßnahmen zur Steigerung des Glücks der kommenden Jahre können in dieser Zeit im privaten Wohnumfeld oder geschäftlichen Bereich getrost vorgenommen werden.

Die zwölf Zeichen und die Stunden

Die jeweiligen Persönlichkeitsmerkmale und Schicksalsprognosen der zwölf Tierzeichen werden auch durch die Stunde unserer Geburt beeinflußt. Die chinesische Astrologie unterteilt einen Vierundzwanzig-Stunden-Tag in zwölf Zwei-Stunden-Takte, denen sie jeweils ein Tier zuordnet. Die folgende Tafel dient zur besseren Übersicht:

Tierkreiszeichen	Stunden
Ratte	23.00 – 1.00 h
Ochse	1.00 – 3.00 h
Tiger	3.00 – 5.00 h
Hase	5.00 – 7.00 h
Drache	7.00 – 9.00 h
Schlange	9.00 – 11.00 h
Pferd	11.00 – 13.00 h
Schaf	13.00 – 15.00 h
Affe	15.00 – 17.00 h
Hahn	17.00 – 19.00 h
Hund	19.00 – 21.00 h
Schwein	21.00 – 23.00 h

Obwohl also generell das Tierzeichen des *Jahres* die Geschicke der Menschen regiert, beachtet die chinesische Astrologie auch das Tier, das zur Stunde der Geburt im Aszendenten steht. Diese zusätzliche Dimension in der Analyse deutet darauf hin, daß die Persönlichkeitszüge eines Menschen generell auch durch seine *Geburtsstunde* beeinflußt werden. Mit anderen Worten: Wer unter dem Zeichen des Drachen steht, aber in der Stunde des Schweins geboren ist, weist mithin auch einige Eigenschaften des Schweins auf.
Gleichermaßen mildert die *Geburtsstunde* auch die manchmal recht extremen Voraussagen und Prognosen ab, die aufgrund des Jahreshoroskops getroffen werden. In der Wahrsagekunst ist immer ein großer Spielraum zur subjektiven Beurteilung und Interpretation gegeben. Der Leser ist gut beraten, wenn er das Horoskop wirklich nur als einen allgemeinen Ratgeber und ein prognostisches Hilfsmittel betrachtet, um grobe Trends von Glück und Unglück zu erkennen, und darin nicht spezifische Voraussagen zu finden sucht.

Die zwölf Zeichen und die Elemente

Die fünf Elemente wirken sich direkt auf das Feng Shui aus. Darüber hinaus spielen sie eine Schlüsselrolle bei der Interpretation der Zeichen und Erstellung von Prognosen im Rahmen des chinesischen Horoskopverfahrens. Jedem der zwölf Tierkreiszeichen ist ein an das betreffende Jahr gebundenes Element zugeschrieben. Da es fünf Elemente gibt – Metall (oder Gold), Wasser, Holz, Feuer, Erde –, bilden diese zwölf Tiere zusammen mit den fünf Elementen einen Sechzig-Jahre-Zyklus. Die Zuordnung für dieses Jahrhundert mit dem für jedes einzelne Jahr

geltenden Zusammenspiel zwischen Tier und Element können Sie in den im dritten Kapitel abgebildeten vier Tabellen 1 A bis 1 D nachlesen.
Die auf dem produktiven und destruktiven Zyklus aufbauende Elemente-Analyse findet sowohl im Horoskop als auch im Feng Shui Anwendung. Zur weiteren Erhellung dieser Thematik möge sich der Leser mit den Wechselwirkungen der Elemente in besagtem Abschnitt befassen. Aus der Interaktion der Elemente mit den zwölf Tieren resultiert generell eine Veränderung der Charakterzüge und Vorhersagen. Es würde den Rahmen dieses Buches sprengen, weitere Einzelheiten hierzu anzuführen. In welcher Weise die generellen Merkmale der Elemente den Menschen berühren, wird nachfolgend kurz umrissen.

METALL: Die in Metall-Jahren geborenen Menschen tendieren im allgemeinen zu Unabhängigkeit, Härte, Kompromißlosigkeit, Kälte und Unbeugsamkeit. In der Regel sehr ehrgeizig und entschlossen, verlassen sie sich ausschließlich auf ihr eigenes Gefühl und Urteil. Das Metall wird vom Feuer beherrscht und kontrolliert seinerseits das Holz.

WASSER: Die in Wasser-Jahren geborenen Menschen sind äußerst gewandte Redner, die sich bestens zu artikulieren verstehen und sehr überzeugend auftreten. Sie haben nichts von der rigiden Art der Metall-Menschen in sich, sondern reagieren flexibel und intuitiv auf ihre Umwelt. Das Wasser wird von der Erde beherrscht und kontrolliert seinerseits das Feuer.

HOLZ: Die in Holz-Jahren geborenen Menschen haben hohe moralische Wertvorstellungen, einen ausgeprägten Gerechtigkeitssinn und strahlen großes Selbstbewußtsein aus. Sie sind die geborenen Führernaturen, dem Fortschritt zugewandt, großzügig und mit exzellenten organisatorischen Fähigkeiten ausgestattet. Das Holz wird vom Metall beherrscht und kontrolliert seinerseits die Erde.

FEUER: Die in Feuer-Jahren geborenen Menschen sind entscheidungsfreudig, kreativ, rational und verfügen über einen scharfen Verstand. Abenteuerlustig und mutig, sind sie die geborenen Gewinner. Das Feuer wird vom Wasser beherrscht und kontrolliert seinerseits das Metall.

ERDE: Die in den Erde-Jahren geborenen Menschen sind äußerst praktisch veranlagt und erdverbunden. Sie erfüllen stets gewissenhaft ihre Bürgerpflichten, sind in allem sehr systematisch und organisiert; zudem sind sie für gewöhnlich zuverlässig und diszipliniert. Die Erde wird vom Holz beherrscht und kontrolliert ihrerseits das Wasser.

Ein Schlußwort

Mein Versuch, in diesem Buch etwas von der Größe und Tiefe jener Weisheit weiterzugeben, die den philosophischen Hintergrund des Feng Shui bildet, kann bestenfalls von teilweisem Erfolg gekrönt sein, besonders wenn man bedenkt, mit welch weitreichendem mystischem Wissen wir es hier zu tun haben. Bei dieser Aufgabe habe ich mich von der Überzeugung leiten lassen, daß die Konzentration des Lesers auf die eher akademischen Aspekte der alten Texte nicht überstrapaziert und mit Dingen belastet werden sollte, die ihm nicht vertraut sind. Die theoretische Vielschichtigkeit, die den Wechselbeziehungen der verschiedenen alten chinesischen Symbole – den zentralen Säulen des Feng Shui – anhängt, stellt eine Herausforderung an das Denken des modernen Menschen dar. Deshalb erschien es unumgänglich, ein gewisses Maß an Wiederholung einfließen zu lassen. Diese Wiederholungen sind für ein solides Verständnis der zugrundeliegenden Prinzipien notwendig und sensibilisieren den Leser für die Zusammenhänge. Wer das

Feng-Shui-System der Kompaß-Schule vollständig begreifen und beherrschen möchte, muß tief in dessen theoretischen Unterbau eindringen und in diesem Sinne gute Vorarbeit leisten. Nur so wird die praktische Umsetzung der Formeln und Anwendungstechniken hinreichend verständlich. Hat man den Kern der Sache einmal erfaßt, dürften sich Interpretation und Analyse der Feng-Shui-Regeln zu einem äußerst fesselnden und zweifelsohne lohnenden Unterfangen entwickeln. Zugegebenermaßen basiert diese Beobachtung nur auf meiner eigenen persönlichen Erfahrung und Wahrnehmung. Anfänglich nahm ich viele Erläuterungen der Feng-Shui-Meister mit großer Skepsis auf. Ungeachtet meiner Zweifel beobachtete und experimentierte ich aber weiter. Und natürlich habe ich dabei auch Feng-Shui-Empfehlungen beherzigt. Schließlich hatte ich ja nichts zu verlieren ...

Das Wissen um meine persönlichen allerbesten und allerschlechtesten Lo-Shu-Richtungen gehört nun schon seit vielen Jahren zu meinem »Gepäck«. Jedesmal, wenn ich diese Orientierungen bisher aktivierte, konnte ich im nachhinein immer wieder das unglaubliche Potential erkennen, das darin steckt. Im Lauf der Jahre war mein Interesse am Feng Shui und an der Praxis dieser Kunst je nach Schicksalslage mal größer und mal kleiner. Trotzdem habe ich es mir schon seit langem zur Gewohnheit gemacht, bei allem, was ich tue und wo auch immer ich bin, stets meine Richtungen zu überprüfen. Ein kleiner Kompaß begleitet mich dazu auf all meinen Wegen.

Allerdings hat sich mir der tiefere Sinn des Feng Shui erst so richtig erschlossen, nachdem ich mich wirklich ernsthaft mit den Hintergründen des chinesischen Denkens auseinandergesetzt habe und dabei in die Theorien und Philosophien der alten Sagen und Mythen vorgedrungen bin. Dies war gerade zu der Zeit, als ich nach Hongkong übersiedelte. Seit jenen Tagen hat das Feng Shui mit seinen vielen Facetten und unterschiedlichen Deutungen meine intellektuelle Neugier entfacht. Zuvor hatte ich es allein nach dem Motto angewandt: »Lieber auf Nummer Sicher gehen.« In dieser Haltung spiegelt sich mein chinesisches Denken wider, bin ich doch eine große Verfechterin der Idee, alles in meiner Macht Stehende zu tun, um das Glück zu aktivieren!

Als ich Meister Yap vorschlug, wir könnten doch die Formeln der Ba-Gua-Lo-Shu-Schule des Feng Shui in einem Folgeband zu meinem Grundlagenbuch herausgeben, rechnete ich nur halb mit seiner Zustimmung. Aus meiner Erfahrung mit Feng-Shui-Meistern in Hongkong und Taiwan wußte ich, daß man auf gewisse Zurückhaltung und wenig Gegenliebe stößt, wenn man um eine wirklich eingehende Erläuterung der komplizierten Formeln, Techniken und Vorgehensweise bittet.

Meister Yaps bereitwillige Zustimmung zur Mitarbeit hat dieses Buch erst ermöglicht. Ich bin tief berührt von der Großzügigkeit, mit der er die Menschen auf der ganzen Welt an seinem Wissen teilhaben läßt, und sehr beeindruckt von der Tatsache, daß er sich so unendlich viel Mühe gab, die alten Schriften zu übersetzen sowie die komplexen und manchmal offenkundigen Widersprüche zu erläutern. Gab es Anlaß für Bedenken oder tauchten Mehrdeutigkeiten auf, fand sich stets nach langer Diskussion und intensivem Abwägen eine Lösung. Und im gleichen Augenblick wurde die betreffende Regel oder in Frage stehende Leitlinie verblüffend klar.

Ich habe mir die Freiheit genommen, diese alten Schriften so weit wie möglich zu vereinfachen, insbesondere was die Benutzung und Anwendung der Formeln betrifft. Die Ergänzungen zum Thema Landschafts-Feng-Shui sind in diesem Buch weitgehend ausgeklammert, weil sie größtenteils schon in meinen ersten Büchern enthalten sind. Wo meiner Meinung nach die

Ausführungen zur jeweiligen Symbolik und dem Hintergrund etwas weiter gehen sollten, habe ich ihnen entsprechend Raum gewidmet. In fast all diesen Fällen habe ich die jeweiligen Kapitel mit weiterführenden Erkenntnisssen aus anderen Quellen ergänzt.

Das wohl größte Glück eines Schriftstellers oder einer Schriftstellerin ist die sich durch sein/ihr Werk bietende Gelegenheit, für eine kurze Weile mit dem Leben anderer Menschen in Berührung zu kommen. Es ist eine ungemein faszinierende und bereichernde Erfahrung. Und so widme ich dieses Werk all den vielen Lesern meiner vorhergehenden Bücher, die sich die Mühe gemacht haben, den Gedankenaustausch mit mir zu suchen.

Möge auch dieser Feng-Shui-Band eine echte und positive Wende in Ihrem Leben bewirken!

Lillian Too